JN303392

地方からの社会学

―― 農と古里の再生をもとめて ――

堤 マサエ
徳野 貞雄　編著
山本 努

学文社

執 筆 者

*山本　　努　県立広島大学教授（はじめに，序章，5章）
*堤　マサエ　山梨県立大学教授（1章，3章）
　大友由紀子　十文字学園女子大学准教授（2章）
　高野　和良　九州大学准教授（4章）
　速水　聖子　関東学院大学非常勤講師（6章）
*徳野　貞雄　熊本大学教授（7章）
　靍　理恵子　吉備国際大学准教授（8章）

（執筆順・＊は編者）

はじめに

　人間の「命＝生活（life）」を考える時，都市よりも地方（農山村）の方がより根源的である．食料（命の糧）を作るのは地方（農山村）であるし，出生率（命そのものの再生産）も地方で高いのが普通だからである．東京の食料自給率は1％（2006年度カロリーベース，農林水産省データ），合計特殊出生率は1.01（2004年，厚生労働省データ）にすぎない．ともに全国最低の数字である．ついで自給率が低いのが大阪の2％，神奈川の3％である（ちなみに，2005年国勢調査で東京の人口は1257万人，ついで大阪882万人，神奈川879万人である）．加えて，大阪，神奈川の合計特殊出生率はともに1.20であり，こちらも全国最下位近くである．

　「都市は人間の生産者というより消費者である」といわれる．アメリカの都市社会学者ワース（1978）のこの言明は，東京や大阪や神奈川の自給率や出生率の数字をみても正しいようである．だとすれば，地方（農山村）の存続なしに，日本社会全体（の，あるいは大都市）の存続可能性も大いに疑わしい．

　ところで，最新の『食料・農業・農村白書（平成19年度版）』によれば，1965年の食料自給率（カロリーベース）が73％，この当時，日本人は1日ごはん5杯を食べていた．これが2006年で39％，1日ごはん3杯に落ち込んでいる．ここにみられるのは，「飽食」化（食生活の多様化，豊富化）とグローバリズムの端的な表現だが，グローバル化（≒国際市場化）の力は，今や地方や農山村の生活を大きく切り崩しつつある．

　細かいデータは後（5章）にゆずるが，過疎地域は，「子ども（14歳以下）人口中心の将来展望可能な」社会（1960年）から，「少子化し，若手労働（30～

49歳）人口中心の現状維持は一応可能だが，将来展望が困難な」社会（1990年）を経て，今現在（2000年）「少子化し，高齢者（65歳以上）人口中心の将来展望の困難な」社会に変化した．人口ピラミッドで約言すれば，△（ピラミッド）型（1960年）→◇（中太り）型（1990年）→▽（逆ピラミッド）型（2000年）の変化である．

　以上から示されるのは，地方や過疎農山村の疲弊の深さであり，地方（農山村）の存続の困難である．昨今，限界集落や限界自治体という言葉が流行している．その理由は上記のような人口変化にある．しかし，「限界集落」的と思える集落も，実は意外に消滅していないという報告もある．国土交通省が1999年に実施した過疎市町村集落調査で，「10年以内消滅」とされた全国の419集落の内，現時点（調査から7年経過時点）で実際に消滅したのは14.6%（61集落）にとどまっている．

　この国土交通省（2007）の調査結果は，検討の余地はあるだろう[1]．しかし，われわれは地方や農山村が一方的に滅びるのみとは思わない．過疎農山村にも人口Uターンは少なからずあるし，地域の土着的人口供給構造もそれなりに生きている（5章）．過疎農山村は超高齢化社会だが，高齢者の生活をささえる種々の仕組みも滅び去ってはいない（4章）．農村高齢者の多くは，生きがいを感じて暮らしている（「はじめに」コラム）．農業・農村の機能は，きちんと再評価・再検討しなければならない現代の根本問題となっている（7章）．地域の内発的発展の可能性も追求されてしかるべき大事な課題である（8章）．今後の農山村の持続的発展のためには，今でも男性社会の性質の濃い農村地域であるが，女性の社会参加も重要な問題である（2章）．農村（地方）家族（1章）や少子化（3章）の地域的差異や現代的変容は地域生活構造の基盤であり，きちんと実証的に議論すべき大事な基本問題である．混住化は従来，ほとんど研究がないが，農村と都市化の出会い（文化接触，文化葛藤，文化統合など）の問題でありきわめて重要な課題である（6章）．

本書各章の論点はこれらに尽きないが，いずれもローカリズムの危機（問題性）とともに，その存立可能性を実証的に提示することを試みている．本書は小さな書物であるが，これらの課題の追求から，地方や農山村の存続可能性やその必要性が何程か説得的に示されていれば，筆者一同，大いに喜びとするものである．

　学文社田中千津子社長からは，今回も誠に行き届いたご配慮をいただいた．末筆ながら，あつく御礼申し上げたい．

　2008年6月

山本　努

注）
1) 得られた知見は重要である．ただし，国土交通省の調査では集落の定義は，「一定の土地に数戸以上の社会的まとまりが形成された，住民生活の基本的な地域単位であり，市町村行政において扱う行政区の基本単位（農業センサスにおける農業集落とは異なる）」とされる（国土交通省，2007：3）．この定義は農林業センサスの農業集落（農林統計協会，2000）よりも広い範域を含むものと思われる．この点などにも注意しての吟味が必要となろう．

参考文献

国土交通省，2007，『過疎地域等における集落の状況に関するアンケート調査結果（中間報告）』．

農林統計協会，2000，『改訂新版農林水産統計用語事典』農林統計協会．

ワース・L，1978，高橋勇悦訳「生活様式としてのアーバニズム」鈴木広編『都市化の社会学［増補］』誠信書房．

コラム　農村高齢者の生きがい意識

　われわれの実施した過疎地域高齢者調査（2002年2月広島県庄原市にて調査実施，庄原市は人口二万ほどの過疎小市．有効回収率79.8%）によれば，生きがいを感じない高齢者（「あまり感じない」「ほとんど感じない」）は15%程度にすぎなかった（表1・男女別）．つまり，高齢者の大部分（8割強）は生きがいを感じて暮らしていた．ただし，生きがいを感じない高齢者の割合は，加齢とともに大きく増える．とくに，80歳未満（12.0%）と80歳以上（26.9%）の差は顕著である（表1・年齢別）．社会学による高齢者研究の中核は「生きがい」研究，「幸せ」研究にあるといえるが，このような生きがい感の数字（の推移）自体，「地方からの社会学」で解明が待たれる重要問題の一角である．同様の結果は，木下（1991：80）の大都市（福岡市）調査でも得られており，8割以上の都市高齢者も生きがいを感じて暮らしている．

表1　生きがい感（性別・年齢別）

（単位：%）

	とても感じる	やや感じる	あまり感じない	ほとんど感じない	合　計
男	44.6	40.0	13.8	1.6	487人
女	38.4	46.6	11.6	3.4	644人
65〜69歳	47.9	41.3	9.2	1.6	315人
70〜74歳	44.6	43.5	9.8	2.1	336人
75〜79歳	40.2	46.2	12.4	1.2	249人
80〜84歳	26.2	47.0	21.5	5.4	149人
85歳以上	32.9	40.0	18.8	8.2	85人

（注）要介護認定を受けてない高齢者（65歳以上）が対象．

参考文献
木下謙治，1991，『家族・農村・コミュニティ』恒星社厚生閣．

本書各章の論点はこれらに尽きないが，いずれもローカリズムの危機（問題性）とともに，その存立可能性を実証的に提示することを試みている．本書は小さな書物であるが，これらの課題の追求から，地方や農山村の存続可能性やその必要性が何程か説得的に示されていれば，筆者一同，大いに喜びとするものである．

　学文社田中千津子社長からは，今回も誠に行き届いたご配慮をいただいた．末筆ながら，あつく御礼申し上げたい．

　2008年6月

山本　努

注）

1) 得られた知見は重要である．ただし，国土交通省の調査では集落の定義は，「一定の土地に数戸以上の社会的まとまりが形成された，住民生活の基本的な地域単位であり，市町村行政において扱う行政区の基本単位（農業センサスにおける農業集落とは異なる）」とされる（国土交通省，2007：3）．この定義は農林業センサスの農業集落（農林統計協会，2000）よりも広い範域を含むものと思われる．この点などにも注意しての吟味が必要となろう．

参考文献

国土交通省，2007，『過疎地域等における集落の状況に関するアンケート調査結果（中間報告）』．
農林統計協会，2000，『改訂新版農林水産統計用語事典』農林統計協会．
ワース・L，1978，高橋勇悦訳「生活様式としてのアーバニズム」鈴木広編『都市化の社会学［増補］』誠信書房．

コラム　農村高齢者の生きがい意識

われわれの実施した過疎地域高齢者調査（2002年2月広島県庄原市にて調査実施．庄原市は人口二万ほどの過疎小市．有効回収率79.8%）によれば，生きがいを感じない高齢者（「あまり感じない」「ほとんど感じない」）は15%程度にすぎなかった（表1・男女別）．つまり，高齢者の大部分（8割強）は生きがいを感じて暮らしていた．ただし，生きがいを感じない高齢者の割合は，加齢とともに大きく増える．とくに，80歳未満（12.0%）と80歳以上（26.9%）の差は顕著である（表1・年齢別）．社会学による高齢者研究の中核は「生きがい」研究，「幸せ」研究にあるといえるが，このような生きがい感の数字（の推移）自体，「地方からの社会学」で解明が待たれる重要問題の一角である．同様の結果は，木下（1991：80）の大都市（福岡市）調査でも得られており，8割以上の都市高齢者も生きがいを感じて暮らしている．

表1　生きがい感（性別・年齢別）

（単位：%）

	とても感じる	やや感じる	あまり感じない	ほとんど感じない	合　計
男	44.6	40.0	13.8	1.6	487人
女	38.4	46.6	11.6	3.4	644人
65〜69歳	47.9	41.3	9.2	1.6	315人
70〜74歳	44.6	43.5	9.8	2.1	336人
75〜79歳	40.2	46.2	12.4	1.2	249人
80〜84歳	26.2	47.0	21.5	5.4	149人
85歳以上	32.9	40.0	18.8	8.2	85人

（注）要介護認定を受けてない高齢者（65歳以上）が対象．

参考文献
木下謙治，1991，『家族・農村・コミュニティ』恒星社厚生閣．

目次

はじめに……………………………………………………………… i

序　章　「地方からの社会学」の必要性 ……………………………… 1
　1．地方とは　1
　2．地方の操作的（統計的）把握　2
　3．地方の問題，都会の問題　6

第一部　家族・女性

1章　人びとの生活拠点としての家族と暮らし ………………………14
　1．農村と家族研究から学ぶ　14
　2．家族をめぐる概念と特質　21
　3．戦後日本社会と地方の暮らしをめぐる変化　29
　4．日本家族の変化と地方の動向　34
　5．変わる人びとの暮らし方と課題　46

2章　地域社会における女性の暮らしと労働の変化 …………………58
　1．農業の担い手としての女性　58
　2．農村女性のライフコースにみる世代変化　63
　3．農業政策の展開と女性の地位・役割の変化　71

第二部　少子高齢化

3章　少子化の社会的背景と人が育つこと ……………………………90
　1．少子化の歴史的背景　90
　2．暮らしの変化と少子化の時代認識　99

3．社会での子育てと家庭教育　106

　4．少子化時代の人・地域づくり　110

4章　地域の高齢化と福祉……………………………………………118

　1．高齢化と地域社会の変化　118

　2．農村高齢化の特徴　119

　3．地域社会の弱体化と地域福祉　128

　4．過疎高齢者の生活実態　131

　5．高齢者の生活を支える条件　132

　6．農村で老いること　137

第三部　地域社会

5章　過疎地域——過疎化の現段階と人口供給——……………………142

　1．問題の所在　142

　2．過疎の現段階(1)——「少子・高齢者人口中心」社会——　144

　3．過疎の現段階(2)——集落分化型過疎——　146

　4．調査地域（広島県比婆郡西城町）と調査の概要　148

　5．定住経歴にみる，地域社会の持続と変容　150

　6．性別の定住経歴にみる，地域社会の持続と変容　152

　7．性・世代別Uターンの経路分析　157

　8．むすびにかえて　162

6章　混住化と地域社会……………………………………………164

　1．混住化とは何か　164

　2．混住化の進展と地域社会の対応
　　　——混住化地域の現実からわかること——　171

3．混住化社会の生活構造と地域社会の意味
　　—地域選択の多様化がもたらすもの—　178

第四部　農業・環境

7章　農業の現代的意義……………………………………………………186
　1．農耕と人間　187
　2．人口と農業　188
　3．農業危機と農業の現代的意味
　　—農業の危機＝食料の危機＝農村の危機＝環境の危機—　191
　4．農業と自然　196
　5．田んぼと畑　198
　6．コメとご飯　201
　7．【現代的消費者】の出現と特徴　202
　8．現代的消費者の四類型　205
　9．農業と現代社会　207
　10．暮らしと「食と農」のゆくえ　211

8章　地域開発と環境破壊……………………………………………………216
　1．はじめに　216
　2．公害問題による生活環境破壊　217
　3．公共事業による生活環境破壊　224
　4．新たな地域開発のかたち　231
　5．まとめ　234

索　引　239

序章　「地方からの社会学」の必要性

1．地方とは

　『地方からの社会学』というからには，「地方」という言葉の意味を，説明しておく必要があるだろう．地方という言葉には曖昧な部分がなしとはしないが，少なくとも3つの意味があるだろう[1]．

　まず，①国に対する地方であり，地方自治という時の「地方」である[2]．ここでは，東京都も沖縄県も山口県も地方である．本書で使う「地方」の意味はこれではない．

　ついで，②「ある国の中のある地域」（『大辞泉』より）「国内の一部分の土地」（『広辞苑』より）の意味で「地方」の語を用いる場合がある．関東地方，関西地方という時の使い方である．ここでの「地方」とは，一定の地理的範囲を指す言葉である．この意味の「地方」も本書のものとやや異なる．

　さらに，③「首都などの大都市に対してそれ以外の土地」（『大辞泉』より）「首府以外の土地．いなか．⇔中央」（『広辞苑』より）の意味で「地方」の語を用いる場合がある．ここでは，東京は「地方」ではないが，熊本や山梨や広島は明確に「地方」である．地方は「いなか」も含むが，大都市以外の地方都市も含むと考えたい．大都市と地方都市の境は，厳密には決め難いが，日本全国を基準にとれば，東京に対して広島市や仙台市は地方となる．しかし，広島県を基準にとれば，広島市は中枢の都市であり，地方の程度はかなり薄くなる．

　本書が念頭においている「地方」とは，この③の用法に近く，国内における非中枢的な地域社会を意味したい．そこには，1．大雑把には過疎的地域か

2

ら中小都市までが含まれる．2．このような意味での「地方」は，「ムラ」と「マチ」からなり，日本の伝統的（産業化達成以前の）地域社会の範域と重なることがしばしばある．3) 3．これら地域の人口はあまり大きくなく，人口吸収力は強くなく，人口減少ないし，横ばいが，典型である．高齢化が進み，人口自然減の地域も多い．

2．地方の操作的（統計的）把握

　この3．の基準で現代日本の地方を大枠で示せば，もっとも単純には，東京都以外のすべての地域が地方であると考えることもできる．けれどもこれをもう少し広げて，東京都，神奈川県，愛知県以外のすべての地域は地方である，という考え方もあるだろう．2005年の国勢調査によれば，32道県で人口減少となったが（図序—1），東京，神奈川，愛知は巨大な人口をもち（東京都1,257万（1位），神奈川県879万（3位），愛知県725万（4位）），はっきりと人口増加傾向を示す（人口増加率（全国0.7％），東京都4.2％（1位），神奈川県3.5％（2位），愛知3.0％（3位））．したがって，これら3都県（とくに東京都）は中枢性が非常に高く，地方の色彩は薄い．これら3都県に準ずるのが，千葉県（人口606万

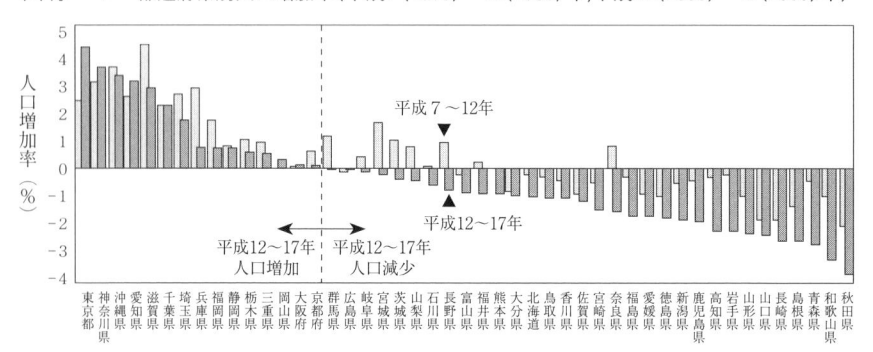

図 序—1　都道府県別人口増加率（平成7(1995)～12(2000)年,平成12(2000)～17(2005)年）

出所）国勢調査より

図 序—2 都市勢力圏の勢力関連

(矢印は影響力の流れ)

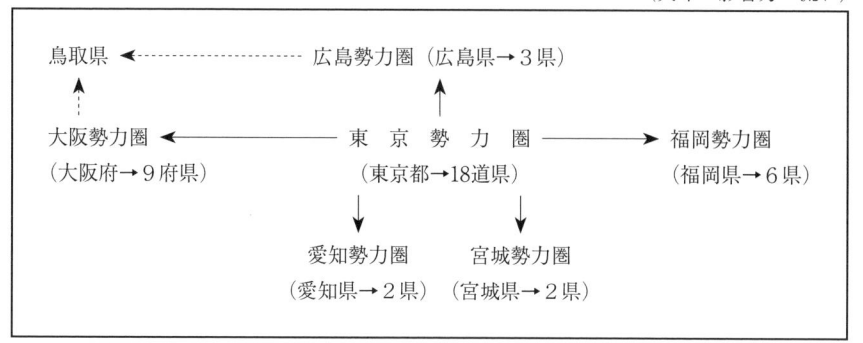

```
鳥取県 ◀┈┈┈┈┈┈┈┈┈ 広島勢力圏（広島県→3県）
  ▲                        ▲
  │                        │
大阪勢力圏 ◀━━━━━ 東 京 勢 力 圏 ━━━━━▶ 福岡勢力圏
（大阪府→9府県）    （東京都→18道県）       （福岡県→6県）
                 │           │
                 ▼           ▼
              愛知勢力圏    宮城勢力圏
             （愛知県→2県） （宮城県→2県）
```

注）鳥取県は，島根・大阪・広島と連結する例外的な県である．
各勢力圏は以下のような都道府県からなる．東京勢力圏：東京，北海道，青森，宮城，秋田，福島，茨城，栃木，群馬，埼玉，千葉，神奈川，新潟，石川，山梨，長野，静岡，福岡，沖縄．大阪勢力圏：大阪，福井，京都，兵庫，奈良，和歌山，徳島，香川，愛媛，高知．福岡勢力圏：福岡，佐賀，長崎，熊本，大分，宮崎，鹿児島．広島勢力圏：広島，島根．山口，岡山．愛知勢力圏：愛知，岐阜，三重．宮城勢力圏：宮城，岩手，山形．
出所）山本，2003

（6位），人口増加率2.2％（6位）），埼玉県（人口705万（5位），人口増加率1.7％（7位））である．したがって，東京，神奈川に千葉，埼玉を加えた東京大都市圏，および，愛知県を別格として，それら以外の地域を「地方」とみることもできるだろう．大阪府は人口882万（2位）と巨大だが，人口増加率はかろうじて横ばい（0.1％）である．地方の範疇に入れておくのがよいだろう[4]．

さらに人口吸収力（＝各都道府県（転出前の住所地）からどの都道府県（転出後の住所地）に向っての人口移動が多いか）に着目すれば，日本の地域社会は東京勢力圏，大阪勢力圏，愛知勢力圏，福岡勢力圏，宮城勢力圏，広島勢力圏の6つに分かつことができる（図序—2）．これら6つの勢力圏の中心都県以外を「地方」とみることもできよう．この見方をすれば，東京都，大阪府，愛知県，福岡県，宮城県，広島県以外の道府県がより地方的である．

また，市町村レベルで「地方」を設定するのは，限界はあるが相当，有効である．県にくらべて，地域住民の個別・具体的な生活に近い地域単位であり，

表序―1　広島県市町村の人口・出生率・死亡率・高齢化率

	人口(2005年)	出生率(2004年)	死亡率(2004年)	高齢化率(2005年)
広島市*	1,154,391	10.0	6.8	16.9
呉市	251,003	7.5	11.1	25.6
竹原市	30,657	6.9	11.4	28.9
三原市	104,196	7.9	10.3	25.6
尾道市	150,225	7.1	11.3	27.5
福山市*	459,087	9.5	7.8	19.9
府中市	45,188	7.3	9.6	27.3
三次市	59,314	8.1	12.2	29.9
庄原市	43,149	6.3	14.5	36.2
大竹市	30,279	8.1	10.2	25.1
東広島市*	184,430	9.9	7.4	16.4
廿日市市*	115,530	7.9	7.3	19.9
安芸高田市	33,096	7.0	13.2	32.5
江田島市	29,939	5.5	13.2	31.7
府中町*	50,732	10.6	6.3	16.6
海田町	29,137	10.8	5.9	15.7
熊野町	25,103	8.3	7.1	20.1
坂町*	12,399	6.5	11.4	24.8
安芸太田町	8,238	4.1	18.9	42.6
北広島町	20,857	7.0	14.8	33.2
大崎上島町	9,236	3.8	15.2	39.7
世羅町	18,866	5.9	14.0	34.9
神石高原町	11,590	4.7	15.1	42.8
広島県	2,876,642	9.0	8.6	20.9

注)　*は2000年国勢調査人口より増加を示す．高齢化率は65歳以上人口比率．
出所)　人口・高齢化率は国勢調査．出生・死亡率は県福祉保健総務室より

かつ，生活のかなりの部分をそこで営むという包括性・総合性という性質を合わせもつ地域単位であるからである．そこで市町村レベルでみれば，次のような地域区分になろう．広島県内の場合で例示する（表序―1）．

(1) 地方中枢都市……広島市．人口は約115万で県人口の40％を占める．人口増，かつ，人口自然増であり，高齢化率は低く，県内での中枢性がきわめて高い．

(2) 地方中都市……福山市，東広島市，廿日市市が入る．人口は50万弱から10数万で，人口増，人口自然増，高齢化率は低めの地域である．この内，東

広島市，廿日市市は広島市に近接する．

(3) 地方小都市……府中町，海田町，熊野町，坂町が入る．人口は5万以下で小さいが，広島市に近く，人口増，または人口自然増を示す．高齢化率は低めの地域である．

(4) 小市，町……呉市，竹原市，三原市，尾道市，府中市，三次市，庄原市，大竹市，安芸高田市，江田島市，安芸太田町，北広島町，大崎上島町，世羅

コラム　日本は2005年から人口減少社会に入った

　日本は2005年から人口減少局面に入ったようである（下表）．2005年国勢調査では，前回（2000年）調査に比べて，人口はごくわずか（0.7％）だが増加した．しかし，この増加率は国勢調査開始以来，最低の数字である．これに伴い，2005年調査では，32道県で人口減少がみられた．この内，9県は新たに減少に転じた県である．増加率の高いのは東京，神奈川，沖縄などであり，減少率の大きいのは秋田，和歌山，青森といった県である（図序―1）．

　市町村では全国2,217市町村のうち，1,605市町村（72％）で人口減となっている．市町村別人口は東京都特別区が848万で最大だが，以下，横浜市，大阪市，名古屋市，札幌市，神戸市，京都市，福岡市，川崎市，さいたま市，広島市，仙台市が人口100万以上となっている．これら12大都市に人口減はみられない（2005年国勢調査より）．

10月1日現在の推計人口（2000～2005年）

（単位：千人）

年　次	2000年	2001年	2002年	2003年	2004年	2005年
人　口	126,926	127,313	127,480	127,687	127,776	127,757
増加数	−	387	167	207	89	−19

注）2000年，2005年は国勢調査．その他の年度は，推計人口．
出所）総務省 http://www.stat.go.jp/data/kokusei/2005/youkei/01.htm

町，神石高原町が入る．呉，尾道は人口25万，15万とやや大きいが，大半が人口数万程度である．これらの市町で県の面積の70％を占めるが，人口は30％にすぎず，人口減，人口自然減，高齢化率の高い地域である．

これらの地域区分は，(1)地方中枢都市→(2)地方中都市→(3)地方小都市→(4)小市・町の方向で，地域の中枢性が薄まり，「地方」の色彩が強くなる（ただし，地方中枢都市に相当する，突出した都市のない県も多いだろう．たとえば，山口県）．とくに，人口減少時代に入った現代日本では（本章コラム参照），小市・町は重要である．日本の未来は，人口減・人口自然減・少ない人口の地域に先取りして，現れているからである．このような訳で，本書における「地方」の典型は小市・町のような地域に求められている．

3．地方の問題，都会の問題

ところで，この小市・町のような地域は，東京や大都市に比べ劣った地域かといえば，われわれはそうは考えない．かつて山本陽三は熊本県矢部町を調査して，「矢部は儲けるところではなく，暮らすところだ」と農民の名せりふを紹介した（山本，1981：129）．別の社会学者（徳野貞雄）は，「都会のサラリーマン」と「農村の安定兼業農家」を比較して，所得と教育（学歴）は「都会のサラリーマン」の生活指標が上だが，その他の生活指標ではそうではないと指摘した．つまり，図序—3に示すように，所得と学歴以外の「暮らし」（家族／世帯員数，生活財（車やテレビ），家屋／部屋数，自然／環境，70歳時点の仕事，自分の葬式の会葬者予測）を考えると，「安定兼業農家」の方が上だろうというのである．

このように地方は中枢性（経済や権力や威信の中心性）では劣るが，暮らしの豊かさでは大都市を上回る可能性をもつ．しかし現実には，地方では人口減少（地域によっては自然減）が進み，地域の存続可能性に重大な支障が生じつつある．また住民意識の上でも，中央に対する「地方」の格差意識が指摘されてい

図序—3　都会のサラリーマンと安定兼業農家の生活社会指標

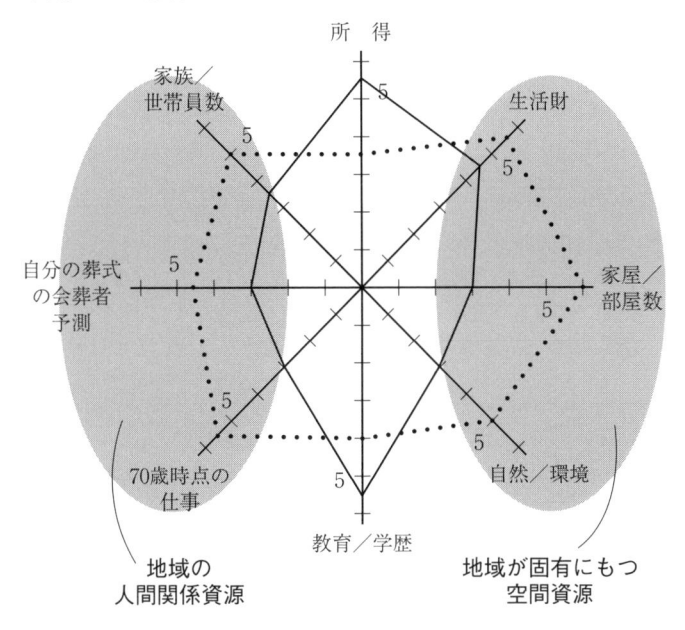

・・・・・・・・・・　安定兼業農家
――――――　都会のサラリーマン

出所）徳野，2007

る（表序—2）．

さらにはグローバル化を背景に市場の力は，地方の暮らしを大きく切り崩しつつある．「20世紀の終わりの三分の一は，先進産業諸国において社会を紡いできた糸が急速にほどけた時代である．……その背景には，市場の力が社会のすみずみまで浸透して，そのために社会生活が大きく変容したことが

表序—2(1)　地域格差の有無

(単位：％)

ない	1.1
どちらともいえない	12.9
ある	86.0

N=535

注）「中央-地方という言葉がありますが，あなたは地域の間に，高い，低いの格差があると思いますか」と質問した．

出所）内藤，2004

表 序—2(2) 地域格差の程度

	平均点	割合（%）				
		1 最も高い	2 やや高い	3 ふつう	4 やや低い	5 最も低い
1．東　京	1.09	91.9	7.2	0.9	0	0
2．人口100万以上の都市（大阪・福岡など）	1.75	29.8	65.1	5.0	0	0
3．人口50〜100万の都市（鹿児島など）	2.79	1.1	29.5	58.7	10.3	0.4
4．人口10〜50万の都市（宮崎・大分など）	3.14	0.4	14.6	55.7	28.8	0.4
5．人口10万以下の都市（鹿屋・川内など）	3.72	0	3.9	29.9	56.6	9.6
6．町　村	4.56	0.2	0.9	8.7	23.4	66.8

注）表 序—2(1)で格差があると回答した86%の人に，人口規模別の6つの市町村—1．東京，2．人口100万以上の都市（大阪・福岡など），3．人口50〜100万の都市（鹿児島など），4．人口10〜50万の都市（宮崎・大分など），5．人口10万以下の都市（鹿屋・川内など），6．町村—ごとに，5段階の評価—1．最も高い，2．やや高い，3．ふつう，4．やや低い，5．最も低い—の判定をしてもらった．鹿児島県大隅町の農家女性が対象，1989年調査実施．
出所）内藤，2004

ある」（ヤング，2007：11）．ヤングのこの指摘は，日本の地方を想定しても，非常に重要である．

　ヤングはこの言明で「包摂型社会」から「排除型社会」へのトータルな社会変動を主張している．そして，「新たな形態のコミュニティや，市場の気まぐれに左右されない雇用，新たな構造をもつ家族—これらをどう実現するかという問題」（ヤング，2007：81）がきわめて重要だと問題提起する．これらの課題が，日本の地方の緊急課題でもあるのはいうまでもない．

　では，地方に押し寄せつつある，これら諸困難に地方の人びとはどのように対応できるのか．本書の各章が関心を寄せるのは，このような問題である．つまり，本書『地方からの社会学』では，グローバル化・市場化の時代におけるローカリズム（＝地方社会を土台においた生活構造）の現状や存立可能性について考えてみた．人間の「命」を考えると，都市よりも地方（農山村）の方がより根源的である．食料（いのちの糧）を作るのは地方（農山村）であるし，出生率

（命そのものの再生産）も地方で高いのが普通である．「都市は人間の生産者というより消費者である」（ワース，1978）．したがって，社会は中央や首都や大都市だけでは成り立たない．これが本書の立場である．

注）
1）本節で地方の意味を考えるにあたって，額賀（2001：39-40）は参考になった．
2）地方自治を定義すれば，「住民生活に密接にかかわる地域の共通のしごとを，国家の行政から切り離して地域共同体の手に委ね，地域住民の意思と責任に基づいて自主的に処理させる地方行政のやり方のこと」（原田，1991：4）とされる．
3）「ムラ」と「マチ」からなる，日本の伝統的（産業化達成以前の）地域社会の範域や性格をどのように理解するかは非常に難しい問題である．が，ここでは宮本常一の学説にしたがっておきたい．宮本によれば，「日本の町はすべて農村の中からうまれ，……政治都市，宿場町，門前町などをのぞいては，農民のために生まれた町といってもよかった…」（宮本，1968：240）．

　幕末のころまで非農業集落（マチ）は，次の8つである．(1)城下，(2)門前町，(3)宿場，(4)市民的都市（商人町），(5)港町，(6)在郷町（問屋町），(7)商業的農家集落（定期市，道の交差するところ），(8)漁業集落．これらのうち，商業的農家集落がもっとも多く，全国で1,500程度にのぼったとされる．これらは，貨幣経済の浸透に伴って，農民の必要から自然発生的に生まれた（宮本，1968：222）．

　また，戦後日本の多くの市は城下町など江戸期以前に由来するが，城下町と農民（農村）との関係は以下のようであった．「本来，町は商工業を中心にして成り立つものであるが，日本の近世では……武士の居住を中心にした町が生まれ，それが町というものの性格になった．ということは単に商工業によって発展したのでなく，政治的に城下に農民を奉仕させることによって根本的にはその町が成りたったのであって，このような考え方はずっと尾をひいて今日にいたっている．……こうした町に農民が親しみをおぼえて押しかけるようになるのは明治になってからである．住居の制限がとかれたこともあるが，武士が没落し，権威を失い，彼らに頭をさげて通らなくてもすむようになったからである」（宮本，1968：180）．

　これらの宮本の主張から，日本には，「ムラ」と「マチ」からなる伝統的生活圏（地域）があったものと考えてよいだろう．

　なお，戦後日本の多くの都市は城下町など幕末開国以前に起源をもつ「在来都市」だが，それらを含めて，戦後の市は以下のように分類される（山口，1952）．山口のこの分類は古いものだが，今日でも重要である．

(1) 在来都市（210市・78％）……城下町124市（熊本など），港町29市（長崎など），宿場町25市（藤沢など），市場町4市（一宮など），門前町・寺内町7市（長野など），城下町を除く複合的な町2市（防府など），生産機能の町10市（西宮（酒造）など），種々の機能の複合した町9市.
　　(2) 新興都市（59市・22％）……工業都市14市（小野田など），鉱業都市4市（夕張など），交通都市13市（門司など），軍事都市5市（呉など），地方行政都市3市（札幌など），衛星都市13市（池田など），温泉観光遊覧都市3市（熱海など），農業地域の中心都市2市（帯広など），新興の要素による都市2市（下松など）.
4）大阪府は「1995年から10年間で，資本金100億以上の大企業に限っても，18社が本社を東京に移している．30年の推計人口は，東京や愛知が2000年に比べて横ばいなのに，大阪は87％と大きく減る見通しだ」（『朝日新聞』2007年12月6日社説）．このような点からも，大阪は地方に入れるべきだろう．
5）もちろん，この問題は「地方」のみの問題ではない．大都市（≒現代文明）の存立可能性（「不妊化・不生殖化するアーバニズム」（鈴木，2002）の問題）も同時並行・相互連関・複眼的に論及されるべきである．
　　「農業や農村の現状は非常に厳しいものです．産業として分離された農業が所得にならない，林業はとうの昔に所得にならなくなっている．若い後継者はいない，結婚相手はいない．そして独居老人の問題と，地域のこうした部分は，ものすごく厳しい状況でしょう．現在，農村の内部から再生していく力，内発的な形で再生なり，発展をしていく力はゼロとはいいませんが，相当落ちています．……だからと言って，都市がハッピーなわけではありません．これから急速に進む高齢化，人間関係の孤立化，競争原理の貫徹など，むしろ農村より厳しい状況がまっています．今，日本人は国民全体が戸惑っています」（徳野，2007：36）．このような現状認識が妥当であろう．
6）「はじめに」および第7章参照．また，「地方」の重要性を考えるには，東京生まれ，東京育ちの都市社会学者である，磯村英一の次の言明も重要であろう．「東京に生れ，東京に育った者としておよそ〈地方〉という言葉には無縁であったように思う．しかし，東京をはじめ世界の大都市・メガポリスを研究の対象とすると，都市のほんとうのルーツは地方の都市にあるように思われてきた」（磯村，1980：ii）．磯村は，地方に立脚しない大都市はあり得ないと，主張しているのであろう．

参考文献
原田尚彦，1991，『地方自治の法としくみ（補訂版）』学陽書房.
磯村英一，1980，『地方の時代』東海大学出版会.
宮本常一，1968，『町のなりたち』未来社.

内藤考至，2004，『農村の結婚と結婚難』九州大学出版会.
額賀信，2001，『「過疎列島」の孤独』時事通信社.
鈴木広，2002,「現代都市社会学の課題」鈴木広監修，木下謙治ほか編『地域社会学の現在』ミネルヴァ書房：3-16.
徳野貞雄，2007，『農村の幸せ，都会の幸せ』NHK出版.
ワース・L，1978，高橋勇悦訳「生活様式としてのアーバニズム」鈴木広編『都市化の社会学［増補］』誠信書房.
山口恵一郎，1952,「形成次第による日本の都市の分類」『都市問題』43巻1号.
山本努，2003,「都市化社会」井上眞理子ほか編『欲望社会』学文社：139-154.
山本陽三，1981，『農村集落の構造分析』御茶の水書房.
ヤング・J，2007，青木秀男ほか訳『排除型社会』洛北出版.

第一部
家族・女性

1章　人びとの生活拠点としての家族と暮らし

> **学習のねらい**
>
> 　ここでは農村と家族，農村家族をどのようにみてきたか，またどのようにみると現実がみえるかを地方の視点から考える．「農村にある家族」と「農村と家族」，「農民・農家・農村の家族」について，どのように捉えているかを見出し，1970年代から今日までの研究を概観する．
>
> 　家族をめぐる概念については家族と「家」，世帯の違いを学習し，戦後から今日までの社会・経済の変化と家族，暮らしの変化を辿るとどのような変化が見出せるかを明らかにする．さらに，日本家族の形態的変化と地方の家族変化について，全国平均からすると10年以上遅れて変化する地方の家族について，データを用いて検討し，その違い，特質について確認する．そして，今，人びとの暮らしの生活の拠点である家族，地方の暮らしに良いものをどう残すか，どのようなことが課題になってきているかを学習する．

1．農村と家族研究から学ぶ

（1）農村と家族の捉え方

　農村家族は農民家族，農家家族などと類似する概念とともに使われていた．ここでいう地方とは，首都圏，京阪神圏，中京圏の3大都市圏以外の地域であ

表1—1 農村と都市の区分

	農村的特徴	都市的特徴
1. 人口	密度小さい	密度大きい
2. 自然環境	豊か，自然環境と深いつながり	乏しい，人工的環境が強い
3. 産業	農業従事者等第一次産業従事者が多い	商工業，サービス産業など非農業的従事者が多い
4. 交通手段	公共交通が少ない，自動車が主	交通手段が多い，多様な手段がある
5. 異質性と同質性	継承性強く，行動様式等同質的	住民の出身地，行動様式等異質的
6. 階層差	地位の高低差が少ない	地位の高低差が大きい
7. 社会分業	役割分化が少ない	役割分化が著しい
8. 社会移動	村から都市への移動が多い．住居，職業地位等の異動が少ない	都市内では村に比べてあらゆる移動が激しい．都市から村への移動は少ないが最近はU，Iターンがいわれている
9. 相互作用	同じ人びとが相互行動で接触する．人間的ふれあい，アイツーアイコンタクトがある	広く，浅い付き合いが多く，人間関係の省略現象が生じやすい．
10. 社会資本整備	公共的施設は都市に比べて少ない．大型商業施設も少なく，道路整備等未整備もある	公共的施設は多く，便利である．大型商業施設，文化施設も多く，集客がある．

るといってもよい．農村家族は都市家族と区別して農村にある家族とみる．農村には農業を営む家族が多い．農村家族には農を生業とする人びとの家族，すなわち農民家族が多い．農村は兼業化してきたことによって労働者，勤労者も多くなり労働者家族，勤労者家族の比率も高まっている．農業者の家族は都市に比較すると多い（表1—1参照）．近年は，都市・農村の区別もしにくくなってきた．

農村家族をどのように捉えるかについて，「農村にある家族」であるが，「農村のあり方と家族」とは深く関連している．前者は「にある」inであり，後者は「農村と家族」andである．森岡清美はandを問う研究は1980年代まで乏しかったという（篠原・土田，1981：1-3）．

（2）「むらの家族」から「農村家族」へ

1970年代に姫岡勤を中心とするグループが『むらの家族』を出版している

（姫岡・土田・長谷川，1973）．そこには農村家族の視点はなく，また地方という見方もない．地方は都市が発達し，首都圏のような都市圏が形成されて意識的に使用されるようになった概念である．

『むらの家族』は民俗学的な方法論のアプローチを背景にもつ．通婚圏研究や結婚の慣習の研究が収められている．また，この時期，わが国の農村では伝統的な直系家族形態が多く，『三世代家族』が注目された（上子・増田，1976）．これらのなかに，農村家族研究としては基本的な研究の方向，社会と家族の関連を問う研究が示された．

姫岡勤を中心とするグループの家族・村落社会の研究は，人類学，民俗学に影響を受けたモノグラフ的研究である．『むらの家族』はもともと「庶民の家族」の構想のもとに，普通に生きている一般の人たちの生活慣行調査を通じて体系的組織的に人びとの暮らしを描こうとしている．『むらの家族』の「むら」とは山村，農村，漁村社会であり，そこにおける家族の婚姻，家族慣行の実態を分析している．戦前における支配的な家制度とは異なる庶民の家族，慣行を示したものとして注目される[1]．これらの研究は，村落の解体過程から農村研究へ，「いえ」から家族研究へと力点を変えていくことになった．

ここでは「むら」に山村も取り上げられるが，次第に山村は姿を消し，「むら」は農村を意味するようになる．山村の衰退は林業の衰退と関連している．農村の衰退は農業の衰退とも関連しているが，人びとの暮らしは姿を変えて営まれていく．林業・農業が衰退しても人びとの暮らしがあることは，その土地の風土，自然と深く人びとの暮らしが関連しているからである．その視点が自然を守りたいという方向に向けられると環境保護，環境問題などの社会学的研究にベクトルを変えていくのである．「むら」の研究で示されている山村の通婚圏，志摩漁村の〈つまどい婚〉と〈よめいり婚〉は社会学の領域からの民俗学的なモノグラフ研究として貴重な研究でもある．これらは農村の劇的な変動期の研究といえよう．このようにして「むらの家族」から「農村家族」研究へと進んでいった．

(3) 農民家族，農家家族，農村家族の捉え方

　光吉利之は，農村地域社会と農民家族の相互的連関に関する研究には，大別して2つ，ひとつは家連合，もうひとつは村落共同体の流れを認めることができるという．家連合論が，日本農村の原型の再構成を志向したのに対して，村落共同体論は日本資本主義の発展に即して，村落の存在形態を段階的に究明することを主要な理論的課題としていたという（姫岡・土田・長谷川，1973：78）．概念内容は異なるが，それらを「いえ」と「むら」に限定した点で共通しているとみていた．「いえ」は「生活共同体」，「むら」はこれらの複合として把握していた．そして，農村地域社会の構造と変動，農民家族の構造と変動を成員，装置，規範，目標の4要素から生活を構造化，図式化して説明している（同上：84）．その上で，農村地域社会の変動と農民家族の関係について論じ，「むら」と「いえ」が伝統的な要素を存続させているのは多様な要因が複雑に作用しているという点を指摘している（同上：89）．しかし，今日においても，光吉の指摘が実証研究から解明されている訳ではない．

　農村家族研究について，蓮見音彦は，労働者家族と農家家族の相違を明らかにし，農民家族は生産の単位である点を強調し，生産と消費が物理的にも経済的にも未分離のまま進行しているという．加えて，近年の家族社会学は都市家族が日本の一般家族であるかのように取り扱っている感が強いと批判する．労働者と共通要因をなす兼業の比重が増しているにもかかわらず，農家家族はなお基本的には直系家族と規定することができるという（青井・庄司，1980：40）．農家家族のあり方を検討することは，日本農民の歴史的階級的性格の検討との深い関連のもとになされる必要があるという（同上：121-141）．ここでは労働者家族と農家家族という概念を使っているが，労働者家族との比較であると農業者家族である．農家家族は農業を家業継承する前提でみているが，農業者家族は農業を職業とみる違いがある．

　長谷川昭彦は変動する農村家族の生活を分析し，農村社会学の課題は「家」と「村」の解明であり，その中心課題は「家族」と「地域社会」に求められる

と位置づける．縦軸には「農業」と「生活」の領域を設定して農村研究を進めることが妥当であるとしている．農家兼業化の要因分析，その分類，類型化の提示は農村家族の変動を検討するとき重要な視点である．農村家族の展開については，共同体志向型家族，家志向型家族，個人志向型家族の3類型を示している．その中で「家」志向型家族，農村直系家族の変容と課題について実証研究を基に論じている（長谷川，1986）．

中川紀子は，農民家族を労働者の家族とは異なる特質をもつとみる．機械化がもたらした農民家族の実態，生活様式の変化，とくに家事労働の歴史的推移，生活用具の発展とその変化を検討し，農家に内在する婦人問題を指摘している．中川は，農民家族は，農業を営むための基礎である土地所有の単位であり，農業労働を行う労働力を供給する単位であるとする．戦後農民家族の推移をみると，農家世帯の減少が進行したのは山間地域である．機械化の普及は農業生産力を変え，農薬の使用からくる社会問題，耐久消費財の普及による家事労働の変化は都市的生活様式を招き，農民の生活様式の大きな変化に繋がった．まだなお農家に内在する経営，土地の所有を巡る問題，性別分業の存在，女性のみが家事労働を担う問題を指摘し，農民の家庭生活を守る女性たちの運動，グループ活動の重要性を提案する（中川，1982：88-111）．

（4）農村と家族・女性の変動

杉岡直人は，日本家族の変化を追求するとき，変わりゆくものと変わらないものを明らかにすることを可能にするには，まず，日本家族の原型ともいうべき農村家族に注目する視点を明らかにしている．家族と農村を取り巻く問題の系譜をみると，農家相続における後継者の地位と役割の問題，機械化に伴う共同化の推進，農業構造改善の実施による地域社会の再編成などさまざまな問題がある．農村地域社会と家族の変動では十勝地方を対象にした実態分析を行い，家族周期とその変容パターン，生産共同組織の変容過程を分析している．戦後に日本農村地域社会と家族の変化を3段階に区分して，農村地域社会と家

族の変動図式を整理している．そして，政策的な点から，農村福祉計画の総合的なビジョンの確立を提案している（杉岡，1990）．

永野由紀子は，農村や農業を取り巻く状況は厳しいものがあるという認識をもち，経営をになう女性を対象に就労や意識の状況について，庄内地方の事例をもとに検討している．就労形態に現れた家族内役割分担を家族内地位ごとに類型化し，世代間の家事分担を分析，生活面の役割として，女性には家事労働がいかに大きな比重を占めているかを指摘している．農村女性は，世代間分業と性別役割分業を織りまぜた多角的・重層的な役割分担をしており，多様な実態がある．農村女性の能力を十分生かすことなく農家経営の維持存続は困難であるという（永野，1992：89-115）．

また，永野は，庄内地方の農村家族調査の資料をもとに農村女性の生活と意識について，その実態を見出そうとしている．家族の変容というより家族構成からみた女性の家族内地位を見出し，家族内役割分担の類型化を試みている．さらに，就労状態，家事分担の特徴を整理，それをもとに事例分析をしている．農村社会学においても，家族社会学においても農村女性の問題は十分扱われてこなかった．農村女性の生活および意識の変容について，事例的に嫁姑の意識の変化を明らかにし，大きな質的変化がみられるという．農村と都市というカテゴリーを廃止し，地域社会という方が妥当という意見があるが，農村で生活する人びとの現実を捉えることが必要とみている．農村女性の就労状況は，「後進性」というよりはむしろ都市サラリーマン家族とは区別される農村家族の独自の生活諸条件に基づいた農村女性に特有の就労状況に他ならないという（永野，1994：1-21）．

さらに，永野は，農村社会の現実に則して具体的に捉える視点をもつことの重要性を指摘し，生活面の担い手である農村女性の現状を理解し，庄内地方の事例に注目して考察している．農村女性は，基幹的農業従事者として5割を占めているが，その役割を十分認識されているとはいえず中途半端な立場である．地域への政策決定の場への参画は少ない．かつての嫁姑関係の世代間分業

がそのまま持続しているのではなく，世代間相互協力・協業に変わり，農家の労働力配分が変化してきている．結婚の仕方，嫁姑の関係，自由に使えるお金のあり方が大きく変わった．嫁世代の家族内の地位を質的に変化させ，向上した．農村女性の個の確立という点からみると，大きく前進した．自立の萌芽はあるが，まだまだ不十分で，農村女性は「働き手」の域にとどまり，本当の意味での「担い手」とはなりえていない．山形県の女性の就労曲線は台形に近いが，それは低賃金と同居率の高さからである．これを「後進性」と捉えることはできない．農村独自の生活の諸条件とのかかわりで考えなければならないという．女性の「個」の自立を考えるには新たな家族農業経営のあり方を模索することが重要な課題である．女性農業者のネットワークづくりの胎動を見逃すことができない（永野，1996）．また，永野は庄内地方の実証研究から得た資料を基に小経営組織，生活保障組織としての「家」の特質と女性についても論じている（永野，2005）．

（5）農村女性の地位向上・地域活性化

　農村女性の地位向上に関しては，家族協定と関連した研究があるが，さらに資産形成，社会参加に関わる地位向上について，近年，女性の資産形成や快適定住などの研究が現れてきている．

　女性の資産形成については，安倍澄子らが，農家女性の資産形成や財産権取得の実態を家計の主宰との関連から調査し，女性が個人資産を形成していく上での問題点と課題について多様な経営農家を比較している（安倍ほか，2000 a）．

　農村・農業女性の社会参加，地域活性化についてみると，次のような研究がある．農業・農村女性にとって重要な意味をもつ2つの法，男女共同参画社会基本法と食料・農業・農村基本法が成立した．このなかで，中道仁美は，農村女性の社会参画の現状と課題を明らかにし，地域特性を施策へ反映することの重要性を提案している（中道，2000 a：37-46）．さらに，女性が農家，農業，農村で働くことの意味を問い，女性が働くことを再考し，真の意味での男女共同

参画をめざした地域づくりを提案している（中道，2000b，2001：44-47）．

また，農村生活総合研究センターの安倍澄子らによる「女性農業者の地位向上に関する実態調査」がある．これは自らの意思で積極的に農業経営に参画する農村女性を育成・支援するための課題を明らかにするための研究である．専業・兼業で抱える課題は異なるが，総合的な施策を辛抱強く勧めることの重要性が指摘されている（安倍ほか，2000b）．

同研究センター，林賢一・片山千栄の「農村における女性の快適な定住条件の解明とその条件整備に関する研究」は，農村・農業の担い手として，農業後継者である子どもを産み育てる重要な役割を担う女性の農村への定住をはかり，活性化のためにどのような諸条件があるかを明らかにしている．その結果，促進要因として，「農業・農村への愛着」，「故郷意識」，「多世代同居志向，明確な農業後継意思」，また社会条件として，「同世代の女性が多い世代間交流」，「子どもがのびのびと育つ自然環境」，「農業で生計可能」などが指摘されている（林・片山，2001）[2]．

2．家族をめぐる概念と特質

（1）今，家族とは

私たちにとって，「家族とは何か」と問われれば，何と答えるか．多くの人は「血のつながりのある人の集まり」「かけがいのない人たち」「空気みたいな存在でいないと大変困る」など「大切な存在」の一番目にあげている．

若い人に「あなたの家族は」といえば，「父，母，兄，妹，ねこ」と動物を家族に入れるが，祖父母は入ってこない．国民のおよそ3世帯に1世帯が単身世帯で暮らすようになってきた今日，家族はいないという人もある．一夫一婦制を原則とするが，結婚して離婚して，再婚をする経験を繰り返す人の場合，継続的には一夫一婦制である．100歳の老人に「家族とは」と聞いたら，70歳から入居している老人施設が家族であるという．地方の大きな住宅には4世代

の人びとがほどよい距離を保ちながら暮らしている．寿命の延びによる多世代同居の実現である．現代日本の家族は小さい家族から大きな家族まで多様であり，どのようにみればよいか難しい．

家族という語は専門用語であるが，日常用語でもある．英語の family は多義的で日本語では家族のほかに世帯，家，親族にちかい意味がある．日本語と英語では指し示す範囲，意味するところが少し異なる．私たちが使う日常用語でも家族と世帯，家，家庭とよく似た用語をそのときどきに応じて使用している．たとえば，「息子が世帯を分けた」といういい方は家族を分離したという意味である．ここでいう世帯と家族は同じ意味で使われている．同様に，「私の家にはおじいさんがいます」という「家」の意味は家族の人を指しており，家族と同じ意味である．このように，異なる言葉が同じことを意味する場合もある．日常生活ではそれほど区別している訳ではないが，厳密にはそれらの学術用語は異なる．そこで次に，家族を中心に家，世帯，家庭の概念の区別について考えてみよう．

（2）家族と親族——概念をめぐって

家族は，血縁と姻縁からなる親族（kin）集団の一部分である．親族は，自分を中心にすると，父系と母系の双系的に広がっている．血縁とは，親子関係のような血族の結びつきであり，姻縁とは，夫婦関係のように婚姻によって結ばれた姻族のことである．

家族は寝食をともにする親子，きょうだい関係からなる血縁集団であり，親族関係の一部分であるという見方がある．かつて，社会人類学の立場から，家族の概念を論じた中根千枝は，国際比較の視点から，(1)血縁（親子，きょうだい関係），(2)食事（台所，かまど），(3)住居（家屋，部屋，屋敷），(4)経済（消費，生産，経営，財産），の4つが家族にとって不可欠の要素であるとした（中根，1970：5-7）．

戦後まもなく中国社会や家族の研究をした清水盛光も，家族を集団と捉え，

同居，同財，同爨が重要な要件であり，親族の共同体と考えられていたという（清水，1953：2）．

　家族を定義するとき親族と寝食，居住を手がかりにすることが，一般的に重要な視点であると見なされ，親族と居住の2点から家族の定義をしている森岡清美は，「家族とは，夫婦・親子・きょうだいなど少数の近親者を主要な成員とし，成員相互の深い感情的かかわりあいで結ばれた，幸福（Well-being）追求の集団である」とする．この定義における要素は形態，結合，機能の3つの特色からなっている．この3つの面の特色を中心に考えてみよう（森岡・望月，1983，1987，1993，1997，2000：4）．

（3）家族の形態的基礎は夫婦か親子か

　形態面の特色については，一緒に住んでいる親族の核となる関係はまず「夫婦」である．家族が形成される基本は夫婦関係である．そこから親子関係ができ，さらに，親子関係が複数できれば，きょうだい関係ができる．家族という集団の形成は夫婦という婚姻による男女の関係である．この点から考えれば，家族を形成する基礎的関係は夫婦である．

　自分が生まれ，育っていく一生の点から考えれば，自分は母親から生まれる．したがって，母子関係から出発をし，父親との関係が形成され父子関係，父母・親子関係が確立する．このように集団形成の点からは夫婦関係が基礎になり，人の一生の点からいえば母子，父子，親子関係が基礎となる．どの点からみるかによって基礎となる関係の力点が異なる．

　家族は小さな社会であり，家族は個人と社会を結ぶ集団と位置づけられる．したがって家族がどこに住むかにより，そこに特色が出てくる．地方に住む家族は近くに親族関係が多くあるが，都市に住む家族の場合は，親族は遠く田舎にいることが多い．親族関係の近さよりも距離の近さで親戚付き合いの頻度が異なることも多い．家族の人間関係は社会関係の基礎を形成する．また，それは男女・異なる世代を含み，社会的に許された性関係のある夫婦関係や，古い

もの新しいものが同時に存在する親子関係など，性差，世代差をもつ．

（4）家族の結びつき

　形態面は人の出生，死亡，転出等の移動によって変化する．それに伴って家族の機能は変化する．ところが，家族の結合面は形態や機能面に比べると大きく変わらない．また，変わらず愛情や信頼，非打算的な感情によって結ばれているものである．利害関係の少ない運命的ともいえる関係を保ちつつ毎日の共同生活を営むなかで，さまざまな感情によって離れがたく結びついていると考えられている．しかし，時によっては感情の食い違いや，緊張，葛藤が生じることもある．家族は社会経済の変化にかかわらず変化しにくい側面をもっている．

　ところが家族は，社会経済の変化や多様化に，間接，直接に影響され，私たちが認識しないところで変わっていく．携帯電話の普及によって，家族員の社会との結びつきがみえにくくなってきた．かつては娘の友人が誰であるかを母親は知っていた．夫婦関係も個人化し，それぞれがお互いに自分中心の生活をしていて，家族以外の外に心が向いていることが多くなったともいわれる．ホテル家族という表現にも違和感を感じず，一緒に暮らしていてもテレビを別々に見，食事を別々に取るなど，家族間で交流がない場合も増えてきたといわれる．妻も就労するようになるとつき合いも外へと広がるようになる．かつて，戸田貞三が指摘したように，成員相互の感情的融合，人格的合一化にのみ家族の結合の意味を見出すことができにくくなってきたといえよう．

　そのようななかでも家族は大切であり，心のよりどころであるという観念と実態は，矛盾しているようでも，それが現実でもある．家族はかつてのような結びつきをしなくなった，質を変えてきたといってよいか，まだ，明確ではない．家族以外の集団やシステムと結びつきやすくなっている家族員は，家族の内だけでなく外にも関心や心を向けて生活をするようになってきた．観念としては既成のあり方を肯定しつつ，現実の家族外の変化の激しさにギャップを感

じている。私たちはこのような実態に目を向けていくことが大切である。

(5) 家族のはたらき――よりよい暮らしのために

　機能面の特色については，森岡が幸福（well-being）追求の集団であると要約している。これは個人化する現代家族のなかでは，まず何よりも家族の人たちが幸せになれるようにお互いに支え合う努力をすることが大切であることを示している。機能には個別機能，普遍的機能，派生的機能などさまざまに分けてみることができるが，これは家族の普遍的機能，包括的機能を表現している。

　家族機能は家族の人たちが幸せに暮らせるようにみんなで支えあうことを第一に働くということである。これは家族員のなかには寝たきりになり，自分だけでは日常生活が不自由な人もいる。また，勉学中のため経済的には援助がないと暮らせない人もいる。このような場合，家族員の可能な人がこれを支えるように努力する。自立して福祉追求の可能な家族員が不可能な人をまず援助し，それが不可能であれば，なんらかの家族外の援助を求め，家族の維持，存続ができるように調整をするのである。子どもが小さいときは保育園・幼稚園で養育・教育することが多くなったが，病気になったとき，まず，安静にさせてどこの病院がよいか，いつものかかりつけの医院がよいか判断をして連れて行く。急を要する時はともかく，まずは家族のなかで看病して様子をみる。そして，家族のなかで不可能な場合，家族外の援助を得る。

　このような家族内における機能が最近は家族の縮小化，単身世帯化に伴う機能の縮小化等により外部移譲化してきている。家族機能は縮小化したのではなく，むしろ生活が複雑・多様になり，相対的には増大したという見方もある。地方や農村地域では，これまで作業の共同化が行われることが多かったが，就業構造の変化などにより減少してきており，人びととの結びつきも弱くなってきている。家族の機能のあり方は家族形態に規定されるが，また地域社会の変化にも大きく影響される側面をもつ。その意味で，形態，結合面よりも社会とのかかわりがある。

(6)「家」の捉え方

　家族の概念をもとに，家族と「家」との区別を試みてみよう．とはいえ，今日では，「家（イエ）」は制度としてはなくなったので，家族と「家」との区別といっても実感しにくく，観念としての「家」が仮にあったとしても，その差もなくなってきた．かつて，規模の大きな商家や農家の「家」の場合，経営と家計が分離しているものや同じものなど，数タイプが同時に存在していた．

　「家」とは日本の家族，すなわち直系制家族のことである（有賀，1966，1969）．基本的には「家」の概念は家族のそれより広いと考えてよい．どのように広いのかについて，「家」の形態と結合，機能の3点についてみよう．

　まず，「家」の形態の面について，家族の構成に加えて家長と親族関係のない非家族員と成員は先祖から子孫までを含む連続的な観念で考えられる．この場合の非家族員というのはかつて家長の家族と一緒に「家」の経営に携わっていた住込の奉公人とか使用人，またはそれらの家族を指している．「家」と家族との違いは「家」の成員は家長の親族関係者だけに限らないところである．家の永続的繁栄という目標があり，家が系譜的に連続していくことが重視される．

　次に，「家」の結合の面について，夫婦の愛情よりも親子の結びつきが強調され，上下の関係が優先された．「家」は家産に基づく家業経営体であると考えられていた．したがって，家業の経営が繁栄し，永く続くことが大切と考えられ，親から子への家業の継承が何よりも優先され，「家」の系譜的関係によって生活の基盤が築かれていた．かつて多くの「家」は単独で自立していくことが困難であったから，他のより大きな家業経営体に従属して生活や経営を維持していた．このような結合は，農家の場合，地主と小作という土地の賃借関係にみられるような上下関係，商家の場合の本店と分店，本家と分家のような上下関係にみられた．

　さらに，「家」の機能の面については，家族の機能に加えて管理と継承，先祖祭祀が重視された．「家」が永続的に繁栄することが何よりも優先された．

そのために，家名，家産，家業，先祖祭祀などの継承は重要であった．さらに，家長が中心になって家産の管理を行い，家業を経営することが求められた．「家」は生産と消費を統轄し，家産を管理し，家父長がその担い手としての権力を行使した．家父長といえども伝統からの拘束をまぬがれることはできなかった．

（7）家族と「家」の違い

家族は親族を結び付ける血縁と姻縁の2つの族縁によって結合しているが，「家」はさらに広く非血縁者も含む．「家」はその内部に夫婦，親子のような血縁関係を含むが，生活の共同という原理によって構造化され，「家」として連続していくことが優先された．そのため，「家」の成員であれば，「家」のために奉仕することが第一に重要であり，血縁者でも非血縁者でも「家」の成員として同じ「家」の規範によって支えられていた．「家」は父方の長男子相続で直系的に「家」を連続させることを優先した．あとつぎ以外の子どもたちは分家，養子，結婚で転出するなどした．

（8）世帯：消費生活の単位としての集団

世帯は，1918年国勢調査令において行政用語として採用され，今日までさまざまな場面で用いられている．歴史的にみると，この用語が使われるまで，国民生活の単位は「家」であった．人びとは「家」のあるところに戸籍上の存在があった．ところが，日露戦争後から景気がよくなり，人びとは都市へ仕事を求めて社会移動し始めた．そのため，「家」のあるところと実際に住んでいるところが異なる人が多く出てきた．戸籍では生活の実態を把握しきれない事態が生じてきた．そのため，国民生活の事実上の単位として，政府は消費の単位である世帯に注目したといわれている．今日，全国規模で行われる「国勢調査」は，家族調査ではなく世帯調査である．

世帯とは「消費生活の単位」であり，「住居と大部分の生計を共同する人び

とからなる集団」（森岡・望月，2007：6）で，現住所のあるところに住民票，世帯票がある．住民票と戸籍のあるところが異なる場合もある．

（9）家族と世帯の違い

　単身赴任をしている父親は家族員であるが世帯員ではない，というと父親は世帯主ではないのかと疑問をもつ人がいる．世帯主は世帯を代表する人で，世帯に一人いればよい．それは昔，戸主であった家長でなく，現在は誰でも代表者になれるのである．一人世帯の場合はその人が代表者でもある．家族と同居をしないで一人暮らしの場合，準世帯として扱い，普通世帯とは区別している．家計は親に依存して下宿をしていたり，学生寮，寄宿舎など単身者の集りのなかにいる場合，病院，社会福祉施設等に一時的に入所している場合などはこれに当てはまる（森岡・望月，2007：7-8）．

　世帯と家族の違いについて，その構成や範囲は合致する場合もあるが異なることもある．合致する場合とは，家族員の誰も別居していない場合である．合致しない場合とは，学出や，単身で就業している場合である．たとえば，高等学校を卒業して，自分の育った親の元の家族から大学，専門学校などに通えない場合，アパートやマンションで一人暮らしをして通学をする．また，学卒後，就職のため親の元を離れて一人暮らしをする．このような場合，親の元の世帯員ではないが，家族員である．あるいは知り合いの家族と同居をする場合，親の元の家族員であるが，親の元の世帯員ではない．世帯では血縁や婚姻で結ばれた家族員とは異なる同居人，使用人も家計や居住を共にしていれば同一世帯員とみなされる．この点が家族員の範囲とは異なっている．

3．戦後日本社会と地方の暮らしをめぐる変化

（1）転換期にある地域・家族・暮らし

　戦後から今日まで，大きな社会・経済的変化に影響されて家族・暮らしが変わったとみられる転換期は今を含めると4度ある．1度目は戦後まもなくの制度的変化の時期，2度目は経済の高度成長期，3度目は経済の安定成長期，地方の時代，女性の時代といわれ始めた時期，大量生産から多種類少量生産への転換の時期である．そして今日，新しい世紀になり，国内外の混迷動向，新しい制度の制定，行政の再編・構造転換などから4度目の大きな変化の時期が始まったといえよう．この変化は地方の暮らしの変化とも関連している．

（2）家族・暮らしに関する制度的変化：混乱から安定へ

　戦後まもなく1946～1948年の頃は，私たちの暮らしや家族にかかわるさまざまな制度が設定された．それらは憲法，民法，労働組合法，学校教育法，農地改革などである．とくに地方における農地改革は大きな社会構造変化をもたらした．また，財閥が解体されたことは都市，農村においても大きな影響を与えた．

　「家」制度が廃止されて，夫婦家族制度になったことは大きな転換であった．日本の伝統的な家族制度が，夫婦を単位とする制度に変わったことによって，人間関係の力点が親子関係から夫婦関係中心へと変化したことはよく知られている．一般的な社会関係においても，上下の関係（タテ）から平等な関係（ヨコ）が重視されるように変化していった．これに伴って，「家」制度で重んじられていた本家と分家の関係もなくなる方向が指し示された．従属的な立場にいた人たちが解放された．とくに，社会的に従属的な地位にあった女性がさまざまな領域で変わることになった．

　暮らしにおいては生活のあらゆる領域で民主化の方向が指し示されたが，制度が変わったからといって，すぐさま暮らしが変わるということはなかった．

少しずつ人びとの意識が変化していくことによって，暮らしに浸透していった．第一次ベビーブームはその後のさまざまな領域に影響をもたらすことになった．多産多死からまもなく多産少死になり，少産少死になるのは戦後10年もたたない1950年代前半の時期である．急速に日本は高齢化社会になっていく．寿命の伸びよりも少子化の方が早いことが示されている．

その頃，発刊された『サザエさん』は家族の形態でいえば娘夫婦と同居をする親にとっても子にとっても理想的な家族形態であった．ところが家族の規範，意識は伝統的な家族意識を示している．家族の人間関係において，平等で民主的な装いをもっているが，その行動規範は男性を優先し，女性は一歩下がって行動することをよしとしている．主人公の親夫婦と子夫婦では内助の功の果たし方が異なっている．親世代よりも子世代は伝統的行動パターンよりも現代的行動パターンを好んでいる．主人公は専業主婦という設定であり，次に来る大きな変化の高度経済成長期，働く男性を支える女性のあり方を示している．サザエさんも日本の社会の発展とともにその生活スタイルに適応しているが，発刊当時からすると，新しい女性の生き方，家族のあり方を示していたことが読み取れる．都市家族であり地方家族ではない．地方家族が出てくるのは1980年代のちびまるこちゃんの登場からである．

制度の変化で人びとの生活は大きく変わるというより経済の高度成長によって，人びとの生活が急変した．経済の急激な成長が戦後における第2の大きな変化の波である．

（3）暮らしを変えた経済の高度成長：地方から都市へ

1960年前後3年の間に，第一次産業は減少，第二次，第三次産業が増加したことは産業構造の変化などからよく知られていることである（図1―1参照）．

人びとは地方・農村から都市へと仕事を求めて移動をした．人びとが仕事を求めて都市に移り住むようになると，消費行動も都市的生活様式になった．都市の住宅は狭いため，家族の人数は少なく，高学歴志向とあわせて子ども人数

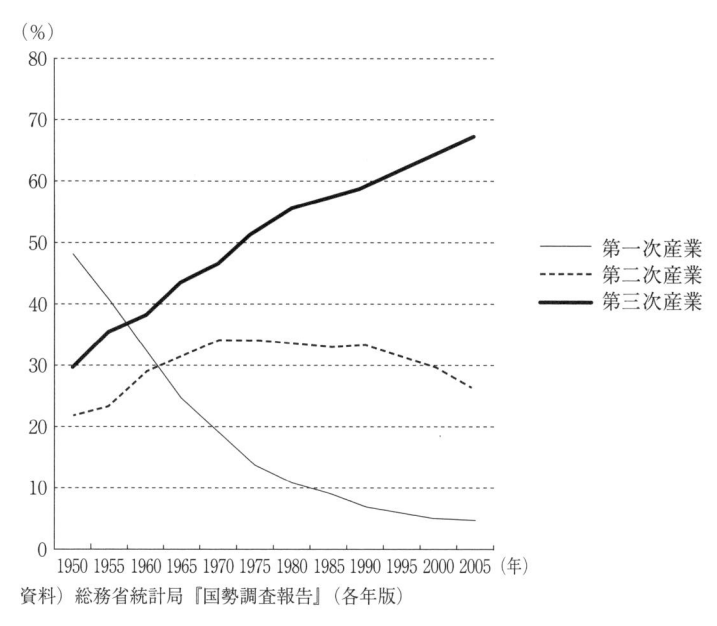

図1－1　産業（大分類）別就業者比率の推移

（凡例）第一次産業／第二次産業／第三次産業

資料）総務省統計局『国勢調査報告』（各年版）

も制限され，家族の形態や機能が変わっていった．

　ところが地方・農村では人口を排出する側にあり，都市的生活様式がもたらされるのはその後であった．人口が都市に集中すると日本人のライフスタイルの平均的な姿は都市的ライフスタイルとして示された．日本の家族はこの頃から急激に，核家族化，小家族化していくことになったが，地方・農村にもともとあり，農業を営む直系制家族は農業を営む限りそれほど大きく変化することはなかった．大きく変化するようになるのは，都市的なライフスタイルが地方・農村に浸透していく時期になってからで，そこにはタイムラグがある．家族形態が変わることは家族機能にも影響をもたらすことになり，その結果，暮らしが大きく変わることになる．

　暮らしの大きな変化として，1万円札の発行，インスタントラーメンの発売が注目される．この時期には三種の神器といって冷蔵庫，テレビ，洗濯機が普及し，それらが家事労働の軽減につながった．地方の農家においてもこの時期

に耐久消費財の購入があり，生活革命ともいえる大きな変化がみられた．このような生活レベルの変化は家族のあり方を大きく変えるベクトルをもたらすことになった．

　地方においては農業が主産業のため，女性が工場に働きに行くことはなかったが，日本全体でみると既婚女性が働き始めるようになっていく．農業経営の仕方によっては農家の女性たちも働きに行くようになった．家族が変わり始めたのは結婚の仕方が伝統的，慣習的な見合い結婚から女性が家族外で働くことによって出会いの場が生じてきて恋愛結婚へと変化をしてきたことによる．結婚や家族に関する意識がこのころから少しずつ変化をし始めた．

　地方の家族は高度経済成長の頃から，少しずつ家族の形態が変わり，加えて家族内部の構造，人間関係のあり方も変わり始めた．地方は，都市への人口排出をくい止められず，人口が減少し始め，過疎化へと進むことになる．

（4）暮らしの中身の変化：地方の時代へ

　1970年代は変動相場制に移行し，ドルショック，オイルショックなどがあり，経済の安定までには至らなかった．1980年頃から，日本は経済的に安定成長に入っている．さまざまな経済指標，社会指標のデータを確認すると，日本はようやく国際的なレベルで先進国の役割を担えるような援助をし始めている．円高が進み，東北・上越新幹線の開通など地方にも開発の効果が現れている．あらゆることが首都圏に集中していたが，少し地方に分散する方向が出てきた．都市に人口が集中した結果，都市問題として交通渋滞，住宅問題，騒音などの環境問題が生じてきた．首都圏，都市への一極集中を是正し多極分散型の地域づくりの必要性がいわれ，地域おこしが始まってくる．

　男女平等，働き方のしくみを変える制度として，男女雇用機会均等法が成立，徐々にではあるが女性が社会で働くための制度が整えられてきた．また，情報化の進展による就業構造の変化，国際化の進展による規制緩和などのしくみの変化が実行され始めていく．国際競争力に対応するための社会の構造転

換,いわゆるリストラクチャリング（再構築）が始まったのもこの頃からである.国鉄（現 JR）の分割・民営化,電電公社（現 NTT）の民営化,大企業から始まった時間短縮による週休二日制などの導入,さらに消費税導入など,新しい社会構造への転換がこのことを示している.

先進国の仲間入りをするようになると,人びとの生活水準は上昇し,高学歴化,核家族化が進み,多くの女性が社会へ出て働くようになる.家族は核家族化,小家族化に加え単身化,個人化の傾向を強めることになっていく.人びとの価値観は物優先,経済優先からこころ,ゆとり,生活優先の方向をもつようになった.死亡率,出生率は低下し,高齢化問題の認識が高まり,介護や跡継ぎ問題がクローズアップされるようになってくる.とくに農家の跡継ぎ問題は早くからいわれていたが,さらに深刻さを増してくる.出生率の 1.57 ショック以降,少子化の問題が社会的に認識されるようになった.さまざまな領域において,生活の質（クオリティ・オブ・ライフ：QOL）が注目されるようになった.価値観の変化・多様化の方向があらわれてきた.

（5）構造転換：格差拡大へ

1995 年に阪神淡路大震災が起こり,人びとは災害の悲惨さを目の当たりにして,安全・安心な暮らしの大切さを実感した.自然災害の及ぼす甚大さを知り,自然環境との調和の大切さを認識し始めた.安全・安心な暮らしのためには環境を保護しなければならないという認識が高まり,大量生産・大量消費から多種類少量生産への移行,さらに質を求める暮らしを志向するようになってきた.量から質の変化はブランド志向,グルメ志向がそれを現している.地方・農村には都市的な便利で快適な生活を,都市にも自然や緑もある暮らしを求める方向,QOL をさらに人びとが求め始めてきた.

身近な日常生活から世界的な地球規模までの問題がさまざまな領域で現れてきている.情報化の進展,経済のグローバル化,日常生活のごみ減量から,廃棄物の処理,地球全体の環境保全,環境問題まで,世代を超えて取り組む必要

性が語られるようになった．オートメーション化の進展は職場から家庭にまで劇的に変化し，あらゆる領域において技術革新，IT革命への対応に追われ始めた．世界的にはテロの恐怖から，安全な国家，安心した暮らしを人びとは求めてきている．

暮らしにかかわる動向をみると女性の社会参加，既婚女性の就労が高まってきた．一方，失業率は高まり，若者の就労，働き方などの問題がクローズアップされ出してきた．少子化が社会的な問題として認識され，若者を含めた少子化対策が行政でとられるようになってきた．国民のおよそ3人に1人が一人暮らしをすることからも個人化が一般化してきている．中高年の離婚増加をみても，家族関係，家族のあり方の中身が変化してきたとみられる背景がある．税金，消費の単位は世帯単位であったが個人単位に変わろうとしている状況が読み取れる．

国際化・情報化・高齢化が日常の暮らしのなかで実感できるようになってきた．戦後日本の多くの制度が設定されて半世紀以上経たため，現実の生活，状況と合わないものが出てきている．制度は現実にあったものに改正していくことが必要になってきた．制度によって現実の生活が変わる部分もあるが，現実の生活に合わせて制度を変えていかなければならないところもある．社会構造の転換，都市と地方・農村の格差問題が話題になってきている．このように，21世紀の幕開けの少し前から徐々に人びとのライフスタイルが変化をし，地方にも変化の波が押し寄せてきた．

4．日本家族の変化と地方の動向

（1）直系制家族と夫婦制家族：農村家族と都市家族

現代日本における家族制度は夫婦制家族である．これは結婚によって成立し，夫婦の一方，ないし双方の死亡で消滅する夫婦一代限りの家族であり，子どもの生殖家族とは同居をしないことを原則としている．このような家族が，

制度的にも一般化し経済の構造変化と合わせてその比重が多くなってきた．夫婦家族制イデオロギーは若い世代の独立を促し，集団の論理よりも個人の意志を尊重する傾向があるため，若い世代に受け入れられやすい．最近では，子世代が住宅事情の悪さや共働きのため，親との同居を便宜的に取り入れようとするが，親世代がそれを嫌がるという傾向さえでてきた．最近，カンガルー族[3]の増加もいわれるようになり，多様な実態が現れてきている．一緒に住みたくても仕事の都合で不可能であった状態から，親子が住まいを選ぶようになってきた．

このように，現代日本の家族は，制度としては夫婦家族制度であるが，直系制家族の伝統を一部分受けて親との便宜的同居を積極的に行う面もあり，今までとはそのあり方が少しずつ変化してきている．また，現代の直系制家族は夫婦制家族の影響をうけて，跡継ぎの家族との別居，生活分離を認める傾向がある．そのため，現実の実態とその家族が有する理念型は必ずしも一致しないことが多い．理念を実現するように努力をするが，歴史的類型変化は制度的変化を基礎とし，さらなる経済的変化を背景に押し進められる．現実の家族は便宜的な同居や別居をしながら存在しているが，その比重は確実に，直系制家族から夫婦制家族へと変化している．地方の家族は居住地が広いこともあり，親とは敷地内別棟に住むようになってきている．

地方では直系制家族の比率が高く，大家族も多い．都市では夫婦制家族で小家族の比率が高い傾向があったとデータ上も，一般的にも認められていた．日本の家族は制度的には直系制家族から夫婦制家族へ変化した．この2つの家族類型は近代と現代，戦前と戦後を特徴づけるともいえる．すなわち，近代日本の家族の変化は「家」から現代家族，直系制家族から夫婦制家族へと変化したと理解されている．その意味で，都市と農村的家族の典型と位置づけることもできる．

しかし，歴史的空間の次元において，この両者の併存もある．直系家族制の時代にも夫婦家族制は存在しており，現代は夫婦制家族が一般的理念としてあ

るが，直系制家族も存在している．現実の日本の家族はかなり夫婦制家族が大勢を占めるようになってきたとはいえ，まだなお直系制家族を志向する部分が残存し，この両者がさまざまな形で混在している．同一の家族にもこれらが多少とも領域を分けて共存している場合がある．

ここでいう日本家族の「歴史的類型変化」とは，直系制家族が多数を占める状態から夫婦制家族が多数を占めるようになることと，直系制家族が混じった形で夫婦制家族の割合が多くなることを意味する．社会変化は，比重がどれだけを占めるかで測れることが多い．今日，地方にも都市的生活様式が浸透し，都市化社会が成立してくるに従い，家族の変化も個別的，多様性をもってきた（堤，1980）．

（2）家族形態の変化

家族形態は，その家族に何人の成員がいるかという「規模の面」と，その成員がどんな間柄かという「構成の面」の両面から捉えていく．そのため，家族形態の変化も，規模と構成の2つの面から特徴づけられる．規模の面では，小家族化は人数の減少・小規模化，構成の面では，核家族化は世帯構成の単純化の傾向である．小家族化と核家族化は異なる面の変化であるが，わが国では高度成長期に同時に現れたことはよく知られている．

アメリカやイギリスに比べ遅れて産業化した日本では，欧米に比べて急激に家族の規模を減少させている．1920年から1955年までの普通世帯員はほぼ5人前後であり，大きな量的変化はみられなかった．家族の規模は戦前，戦後を通して多少の増減はあるが停滞していた．日本は遅れて産業化に入り，長い間家族の規模が5人前後と変化しない状態を続けてきたが，1955年頃から1980年頃まで短期間のうちに一挙に欧米の水準に追いついて3人台半ばになった．家族の規模がこのような急激な変化をしたということは，さまざまな面での変化の現れとみることができる．

核家族化とは，拡大家族形態から核家族形態に変化することと核家族率の上

昇のことである．戦後日本の家族は，戦前に比べて複雑な構成から単純な構成へと変化している．この傾向は核家族世帯，単独世帯の増加として示されている．とりわけ，一人暮らしの増加は単純化，個人化の顕著な傾向である．夫婦家族が世帯構成の面で増加することは，夫婦家族制の確立に裏づけられた核家族化ということである．

　家族形態の変化に関しては，産業化，それに伴う人びとの地域移動，都市化，賃金労働者化が関連しているといわれている．産業化が進むと直系家族から核家族になる見方とそうではない見方がある．それは国によって異なり，そのどちらの見方もあり得ることが認められている．小家族化と核家族化は，今日では世界的な傾向であるが，伝統的に核家族であった国においても，若者の晩婚化，シングル化，カンガルー族，パラサイトシングルが増え，3世代家族が増加をしてきたと見られる．そこで次に，小家族化，核家族化，単独世帯化の日本的動向と地方の特色について実際の統計資料を中心にみてみよう．

（3）全国と地方の小家族化

　小家族化の傾向は世帯人数別世帯数と平均世帯人数の推移によってみることができる．表1-2・3・4によって，国，県，町について検討しよう．

　全国の世帯数は増加の一途を辿り，減少することはなかった．1960年から1970年の10年間はその後の期間よりも増加は多いが，どの期間も平均的な増加傾向を示している．2000年でもっとも多いのは一人世帯で4分の1の割合，つまり国民の4人に1人が一人暮らしをしているのである．2005年になるとさらに3人に1人に近づく割合で単独世帯が多くなってきている．

　全国については，総世帯数は1960年から2000年の40年間に2倍以上に増加をしていた．これを人数別に1960年を100とした指数でみると，一人世帯が3.5倍，2人世帯は4.7倍，3人世帯は2.8倍，4人世帯は2.1倍，5人世帯は1960年から1995年までは増加か横ばいであったが2000年になり100をわる減少，6人世帯は約半減，7人以上の世帯は1960年代の約4分の1に減

表1—2 全国世帯人数別変化

年	人数	1人	2人	3人	4人	5人	6人	7人以上	計
全国	1960	3,722,110	2,519,576	3,154,512	3,704,488	3,391,318	2,605,060	3,441,581	22,538,645
	1970	6,137,443	4,183,902	5,321,911	6,884,785	3,907,031	2,285,353	1,576,589	30,297,014
	1975	6,561,316	5,256,774	6,258,725	8,301,309	3,904,137	2,036,681	1,276,786	33,595,728
	1980	7,105,246	6,001,075	6,475,220	9,070,100	3,981,763	2,032,848	1,157,357	35,823,609
	1985	7,894,636	6,985,292	6,813,402	8,988,042	4,201,242	1,984,619	1,112,751	37,979,984
	1990	9,389,660	8,370,087	7,350,639	8,787,908	3,805,147	1,903,065	1,063,969	40,670,475
	1995	11,239,389	10,079,958	8,131,151	8,277,047	3,511,770	1,712,927	947,681	43,899,923
	2000	12,911,318	11,743,432	8,810,437	7,924,827	3,167,227	1,448,960	776,182	46,782,383
	2005	14,457,083	13,023,662	9,196,084	7,707,216	2,847,699	1,207,777	623,009	49,062,530

年	人数	1人	2人	3人	4人	5人	6人	7人以上	計
全国	1960	100.0	100.0	100.0	100.0	100.0	100.0	100.0	100.0
	1970	164.9	166.1	168.7	185.8	115.2	87.7	45.8	134.4
	1975	176.3	208.6	198.4	224.1	115.1	78.2	37.1	149.1
	1980	190.9	238.2	205.3	244.8	117.4	78.0	33.6	158.9
	1985	212.1	277.2	216.0	242.6	123.9	76.2	32.3	168.5
	1990	252.3	332.2	233.0	237.2	112.2	73.1	30.9	180.4
	1995	302.0	400.1	257.8	223.4	103.6	65.8	27.5	194.8
	2000	346.9	466.1	279.3	213.9	93.4	55.6	22.6	207.6
	2005	388.4	516.9	291.5	208.1	84.0	46.4	18.1	217.7

出所）総務省統計局『国勢調査報告』（各年版）第24表世帯人員（10区分）別一般世帯数より堤作成

少している．

　地方自治体である県レベルでも世帯数は全国と同様，増加傾向を示し，小家族化傾向は明確である．4人に1人は一人世帯であることも，全国の傾向と同様である．しかし，市町村レベルになると多様な様相を示し，ひとつの町村のみでみることができないくらい多様であるが，多くの地方では小家族化している．ここで取り上げた都市近郊の事例の町は一人世帯は約5倍に増加しても，一人世帯は10人に1人の割合である．2000年になって夫婦2人暮らしの増加が多くなっている．このように近年の小家族化は注目に値する．

　平均世帯人数は図1—2のようである．日本は1950年代まで約5人前後で推移していた世帯規模は1960年代から減少し始める．1960年から1970年の間は1人の減少をしている．その後1980年半ばまで3人台であったが，1990

1章 人びとの生活拠点としての家族と暮らし　39

表1-3　山梨県世帯人数別変化

年	人数	1人	2人	3人	4人	5人	6人	7人以上	計
山梨県	1960	6,700	16,100	22,500	27,100	31,100	25,300	30,300	159,872
	1965	10,412	20,639	27,540	36,159	31,842	23,514	21,565	171,671
	1970	16,363	25,654	33,522	44,332	32,418	21,386	14,474	188,149
	1975	22,410	32,935	39,859	50,532	31,053	19,091	44,812	207,692
	1980	28,494	38,562	42,129	53,628	30,960	18,647	10,334	222,754
	1985	40,875	44,627	44,405	54,222	32,329	18,048	9,661	244,167
	1990	50,270	52,829	48,482	55,006	28,962	17,443	9,203	262,195
	1995	65,425	64,784	54,187	54,702	27,165	15,787	8,299	290,339
	2000	74,413	75,037	59,026	54,268	24,893	13,619	6,660	307,916
	2005	82,843	83,187	61,173	53,798	22,745	11,082	5,342	320,170

年	人数	1人	2人	3人	4人	5人	6人	7人以上	計
山梨県	1960	100.0	100.0	100.0	100.0	100.0	100.0	100.0	100.0
	1965	155.4	128.2	122.4	133.4	102.4	92.9	71.2	107.4
	1970	244.2	159.3	149.0	163.6	104.2	84.5	47.8	117.7
	1975	334.5	204.6	177.2	186.5	99.8	75.5	147.9	129.9
	1980	425.3	239.5	187.2	197.9	99.5	73.7	34.1	139.3
	1985	610.1	277.2	197.4	200.1	104.0	71.3	31.9	152.7
	1990	750.3	328.1	215.5	203.0	93.1	68.9	30.4	164.0
	1995	976.5	402.4	240.8	201.9	87.3	62.4	27.4	181.6
	2000	1,110.6	466.1	262.3	200.3	80.0	53.8	22.0	192.6
	2005	1,236.5	516.7	271.9	198.5	73.1	43.8	17.6	200.3

出所）総務省統計局『国勢調査報告』（各年版）より堤作成

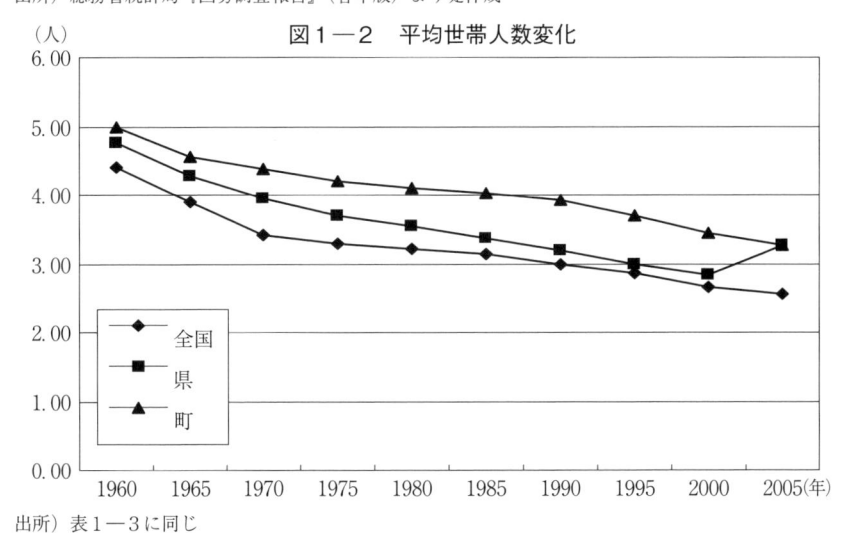

図1-2　平均世帯人数変化

（人）

（凡例：◆全国　■県　▲町）

出所）表1-3に同じ

表1―4　K町世帯人数別変化

年＼人数		1人	2人	3人	4人	5人	6人	7人以上	計
K町	1960	56	182	239	363	418	419	476	2,152
	1965	67	219	301	432	476	393	258	2,146
	1970	70	240	303	486	445	370	145	2,095
	1975	85	298	343	471	433	313	130	2,101
	1980	86	323	371	459	407	306	146	2,098
	1985	117	368	395	446	383	314	159	2,182
	1990	125	424	409	439	328	297	175	2,197
	1995	204	512	461	473	336	249	176	2,411
	2000	262	654	553	547	325	225	118	2,684
	2005	303	710	617	576	306	169	84	2,765

年＼人数		1人	2人	3人	4人	5人	6人	7人以上	計
K町	1960	100.0	100.0	100.0	100.0	100.0	100.0	100.0	100.0
	1965	119.6	120.3	125.9	119.0	113.9	93.8	54.2	99.7
	1970	125.0	131.9	126.8	133.9	106.5	88.3	30.5	97.4
	1975	151.8	163.7	143.5	129.8	103.6	74.7	27.3	97.6
	1980	153.6	177.5	155.2	126.4	97.4	73.0	30.7	97.5
	1985	208.9	202.2	165.3	122.9	91.6	74.9	33.4	101.4
	1990	223.2	233.0	171.1	120.9	78.5	70.9	36.8	102.1
	1995	364.3	281.3	192.9	130.3	80.4	59.4	37.0	112.0
	2000	467.9	359.3	231.4	150.7	77.8	53.7	24.8	124.7
	2005	541.1	390.1	258.2	158.7	73.2	40.3	17.6	128.5

出所）「国勢調査」,「町勢調査」から堤作成

年代になると2人台になる．徐々に減少をしている．県も全国の傾向と同様な減少傾向を示しているが，縮小化のスピードは全国よりも5年ほど遅い．1960年から1965年の時期の減少が大きいが，各期間徐々に減少をしている．町の平均世帯人数は国や県よりも大きい．町の2000年の規模は全国の1960年の頃と同じ，県では1985年くらいの規模になる．町は世帯規模が大きいことが確認される．

（4）全国と地方の家族類型の推移：核家族化から単独世帯化へ

わが国の直系家族世帯は戦後次第に減少している．理念型としての直系家族も減少し，今日，「家」はなくなったといわれる．しかし，注目すべきことは，

たしかに直系家族世帯の比率は減少しているが，実数は大幅な減少をしていない．核家族化の傾向がある中，子ども夫婦と老親の同居は，実質的にそれほど大きく変化していない．全体の世帯数が増加をしているためもあるが，人口の高齢化が進む中，老人の一人暮らしや老夫婦家族の増加は，介護の問題や扶養の点からさまざまな問題を抱えている．

家族形態の変化を世帯の家族類型別普通世帯数の推移（表1−5〜7）から，全国と地方を比較してみよう．まず，全国の親族世帯，非親族世帯，単独世帯の区分については，親族世帯の実数は1960年から2000年の間1.8倍に増加しているが，比率は94.9％から72.0％に減少している．その比率の減少分は単独世帯の増加であり，実数の増加は14倍，比率の増加は4.7％から27.6％へ約6倍と著しい増加を示している．

核家族率の推移は，全国のデータよりも地方・県は少しずつ低く推移している．町はさらに県よりも核家族率は低く推移していたにもかかわらず，1995年，2000年になると急激に全国，県に近づいている．

直系家族世帯の推移は，核家族世帯とは逆に町，県，全国の順に高い．全国と県は平衡して推移している．町はかなりかけ離れて高い比率を示しているが，1990年代になると急激に減少している．

単独世帯は，全国，県の急激な上昇が示されている．町も1990年から急速に単独世帯率が上昇していることが確認される．

大友由紀子は農村の家族変化と地域性について，福武直を引用しながら，「家業継承を必要とする農家では，一般に直系家族を理想としてきたものの，東北型では直系家族制の規範が強いのに対し，西南型では夫婦家族制の規範が見られた」という．このように地方によって，都市化の進展や家族規範により家族の変化は多様であることを指摘している（大友，2007：83）．

核家族化の要因は小家族化の要因と関連している．これらの要因の共通するところは一般に産業構造の高度化，人口構造の変化，夫婦家族制の理念の浸透の3点が指摘されている（森岡・望月，1997：161-162）．核家族化は，とくに産

表1-5　世帯の家族類型別普通世帯数（全国）

		1960年	1965年	1970年	1975年	1980年	1985年	1990年	1995年	2000年	2005年
	総　　数	19,571,300 (100.0)	23,117,100 (100.0)	27,071,166 (100.0)	31,270,506 (100.0)	34,105,958 (100.0)	37,979,984 (100.0)	40,670,475 (100.0)	43,899,923 (100.0)	46,782,383 (100.0)	49,062,530 (100.0)
A	計	18,578,700 (94.9)	21,222,900 (91.8)	24,059,463 (88.9)	26,967,882 (86.2)	28,656,818 (84.0)	30,012,715 (79.0)	31,203,904 (76.7)	32,532,560 (74.1)	33,679,286 (72.0)	34337386 (70.0)
I 核家族世帯	小計（タイプI）	11,788,300 (60.2)	14,443,800 (62.5)	17,185,912 (63.5)	19,980,366 (63.9)	21,594,236 (63.3)	22,803,619 (60.0)	24,218,079 (59.5)	25,759,706 (58.7)	27,332,035 (58.4)	28,393,707 (57.9)
	(1) 夫婦のみの世帯 (C)	1,630,300 (8.3)	2,262,400 (9.8)	2,971,840 (11.0)	3,880,428 (12.4)	4,460,240 (13.1)	5,211,892 (13.7)	6,293,858 (15.5)	7,619,082 (17.4)	8,835,119 (18.9)	9,636,533 (19.6)
	(2) 夫婦と子どもからなる世帯 (N)	8,488,600 (43.4)	10,492,600 (45.4)	12,470,599 (46.1)	14,289,951 (45.7)	15,081,043 (44.2)	15,188,773 (40.0)	15,171,520 (37.3)	15,032,192 (34.2)	14,919,185 (31.9)	14,645,655 (29.9)
	(3) 男親と子どもからなる世帯 (F)	245,400 (1.3)	228,100 (1.0)	252,868 (0.9)	257,249 (0.8)	297,276 (0.9)	355,588 (0.9)	425,089 (1.0)	484,586 (1.1)	545,323 (1.2)	620,562 (1.3)
	(4) 女親と子どもからなる世帯 (M)	1,424,000 (7.3)	1,460,700 (6.3)	1,490,605 (5.5)	1,552,738 (5.0)	1,755,677 (5.1)	2,047,366 (5.4)	2,327,612 (5.7)	2,623,849 (6.0)	3,032,408 (6.5)	3,490,957 (7.1)
II その他の親族世帯	小計（タイプII）	6,780,400 (34.6)	6,779,100 (29.3)	6,873,551 (25.4)	6,987,516 (22.3)	7,062,582 (20.7)	7,209,096 (19.0)	6,985,825 (17.2)	6,772,851 (15.4)	6,347,251 (13.6)	5,943,679 (12.1)
	(5) 夫婦と両親からなる世帯 (C-C)	246,000 (1.3)	207,300 (0.9)	111,782 (0.4)	165,471 (0.5)	192,992 (0.6)	204,558 (0.5)	211,748 (0.5)	227,474 (0.5)	238,455 (0.5)	246,725 (0.5)
	(6) 夫婦と片親からなる世帯 (F.M-C)	238,800 (1.2)	249,000 (1.1)	242,039 (0.9)	335,328 (1.1)	415,128 (1.2)	477,600 (1.3)	554,538 (1.4)	637,502 (1.5)	698,759 (1.5)	738,489 (1.5)
	(7) 夫婦と子どもと両親 (C-N)	1,690,200 (8.6)	1,797,700 (7.8)	1,240,684 (4.6)	1,468,139 (4.7)	1,732,459 (5.1)	1,888,111 (5.0)	1,844,073 (4.5)	1,719,330 (3.9)	1,441,698 (3.1)	1,180,033 (2.4)
	(8) 夫婦と子どもと片親 (F.M-N)	2,419,300 (12.4)	2,705,600 (11.7)	2,441,068 (9.0)	2,514,171 (8.0)	2,637,509 (7.7)	2,617,703 (6.9)	2,457,466 (6.0)	2,326,302 (5.3)	2,083,801 (4.5)	1,823,570 (3.7)
	(9) 夫婦と他の親族 (C-親族)	54,700 (0.3)	37,600 (0.2)	137,133 (0.5)	133,221 (0.4)	113,597 (0.3)	116,542 (0.3)	11,752 (0.0)	118,886 (0.3)	122,938 (0.3)	125,465 (0.3)
	(10) 夫婦と子どもと他の親族 (N-親族)	282,600 (1.4)	227,900 (1.0)	597,292 (2.2)	521,054 (1.7)	340,696 (1.0)	350,075 (0.9)	337,097 (0.8)	330,316 (0.8)	370,715 (0.8)	412,758 (0.8)
	(11) 夫婦・親と他の親族 (C-C-親族)	299,700 (1.5)	208,000 (0.9)	249,854 (0.9)	217,424 (0.7)	160,987 (0.5)	153,955 (0.4)	130,719 (0.3)	125,705 (0.3)	119,530 (0.3)	113,320 (0.2)
	(12) 夫婦・子ども・親と他の親族 (C-N-親族)	860,800 (4.4)	656,600 (2.8)	1,194,037 (4.4)	979,601 (3.1)	1,062,112 (3.1)	962,275 (2.5)	877,771 (2.2)	809,633 (1.8)	754,700 (1.6)	725,553 (1.5)
	(13) 他の分類されない	688,800 (3.5)	689,400 (3.0)	659,662 (2.4)	653,107 (2.1)	407,102 (1.2)	438,277 (1.2)	454,661 (1.1)	478,046 (1.1)	516,655 (1.1)	577,766 (1.2)
B	非親族世帯	73,800 (0.4)	78,400 (0.3)	100,108 (0.4)	66,530 (0.2)	61,545 (0.2)	72,633 (0.2)	76,911 (0.2)	127,974 (0.3)	191,779 (0.4)	268,061 (0.5)
C	単独世帯	918,800 (4.7)	1,815,800 (7.9)	2,911,595 (10.8)	4,236,094 (13.5)	5,387,595 (15.8)	7,894,636 (20.8)	9,389,660 (23.1)	11,239,369 (25.6)	12,911,318 (27.6)	14,457,083 (29.5)

出所）各年次、「国勢調査」から堤作成

1章 人びとの生活拠点としての家族と暮らし　43

表1-6　世帯の家族類型別普通世帯数（山梨県）

		1960年	1965年	1970年	1975年	1980年	1985年	1990年	1995年	2000年	2005年
	総　数	159,100 (99.9)	171,820 (100.1)	188,149 (99.9)	207,692 (100.2)	222,754 (100.0)	244,167 (100.0)	262,195 (100.0)	292,339 (100.0)	307,916 (100.0)	320,170 (100.0)
	A　計	152,400 (95.7)	161,290 (94.0)	171,263 (90.9)	184,927 (89.2)	193,980 (85.9)	202,967 (83.1)	211,925 (80.8)	224,335 (76.7)	232,473 (75.5)	236,087 (73.7)
I 核家族世帯	小計（タイプI）	92,000 (57.8)	103,535 (60.3)	112,029 (59.9)	12,442 (60.0)	132,694 (59.5)	140,308 (57.5)	150,782 (57.5)	164,849 (56.4)	176,805 (57.4)	184,285 (57.6)
	(1) 夫婦のみの世帯（C）	7,800 (4.9)	13,445 (7.8)	17,476 (9.3)	24,040 (11.0)	28,597 (12.8)	33,357 (13.7)	39,832 (15.2)	49,278 (16.9)	56,422 (18.3)	61,736 (19.3)
	(2) 夫婦と子どもからなる世帯（N）	68,100 (42.8)	76,255 (44.4)	81,426 (43.3)	87,364 (42.1)	89,858 (40.3)	90,974 (37.3)	92,911 (35.4)	95,452 (32.7)	97,164 (31.6)	95,986 (30.0)
	(3) 男親と子どもからなる世帯（F）	2,200 (1.4)	2,025 (1.2)	1,851 (1)	1,846 (0.9)	2,089 (0.9)	2,424 (1.0)	2,915 (1.1)	3,222 (1.1)	3,669 (1.2)	4,225 (1.3)
	(4) 女親と子どもからなる世帯（M）	13,900 (8.7)	11,810 (6.9)	11,276 (6)	11,192 (5.4)	12,150 (5.5)	13,553 (5.6)	15,124 (5.8)	16,897 (5.8)	19,550 (6.3)	22,344 (7.0)
II その他の親族世帯	小計（タイプII）	60,400 (37.9)	57,755 (33.7)	59,234 (31.3)	60,485 (29.2)	61,286 (26.4)	62,659 (25.7)	61,143 (23.3)	59,486 (20.3)	55,668 (18.1)	51,802 (16.2)
	(5) 夫婦と両親からなる世帯（C-C）	1,800 (1.1)	1,900 (1.1)	998 (0.5)	1,376 (0.7)	1,932 (0.9)	1,733 (0.7)	1,785 (0.7)	1,897 (0.6)	2,009 (0.7)	2,168 (0.7)
	(6) 夫婦と片親からなる世帯（F, M-C）	2,000 (1.3)	2,090 (1.2)	1,973 (1)	2,752 (1.3)	3,322 (1.5)	3,724 (1.5)	4,228 (1.6)	5,086 (1.7)	5,698 (1.9)	6,158 (1.9)
	(7) 夫婦と子どもと両親（C-N）	17,600 (11.1)	16,285 (9.5)	11,872 (6.3)	13,707 (6.6)	16,164 (7.3)	17,701 (7.2)	17,500 (6.7)	16,581 (5.7)	13,836 (4.5)	11,263 (3.5)
	(8) 夫婦と子どもと片親（F, M-N）	26,100 (16.4)	26,575 (15.5)	23,915 (12.7)	24,390 (11.7)	25,257 (11.3)	25,378 (10.4)	24,081 (9.2)	22,809 (7.8)	20,826 (6.8)	18,316 (5.7)
	(9) 夫婦と他の親族（C-親族）	200 (0.1)	205 (0.1)	735 (0.4)	793 (0.4)	674 (0.3)	731 (0.3)	792 (0.3)	776 (0.3)	874 (0.3)	839 (0.3)
	(10) 夫婦と子どもと他の親族（C-N-親族）	1,800 (1.1)	1,580 (0.9)	4,040 (2.1)	3,648 (1.8)	2,387 (1.1)	2,588 (1.1)	2,621 (1.0)	2,450 (0.8)	2,812 (0.9)	3,174 (1.0)
	(11) 夫婦・親と他の親族（C-C-親族）	1,100 (0.7)	970 (0.5)	1,934 (1)	1,781 (0.9)	1,167 (0.5)	1,095 (0.4)	951 (0.4)	929 (0.3)	917 (0.3)	810 (0.3)
	(12) 夫婦・子ども・親と他の親族（C-N-親族）	6,600 (4.1)	4,785 (2.9)	9,788 (5.2)	8,065 (3.9)	6,901 (3.1)	5,673 (2.3)	5,956 (2.3)	5,410 (1.9)	4,020 (1.3)	4,834 (1.5)
	(13) 他の分類されない	3,200 (2)	3,365 (2)	3,979 (2.1)	3,973 (1.9)	847 (0.4)	3,133 (1.3)	3,229 (1.2)	3,548 (1.2)	3,676 (1.2)	4,240 (1.3)
B	非親族世帯	500 (0.3)	405 (0.2)	523 (0.3)	355 (0.2)	2,915 (1.3)	325 (0.1)	502 (0.2)	579 (0.2)	1,030 (0.3)	1,240 (0.4)
C	単独世帯	6,200 (3.9)	10,125 (5.9)	16,363 8.7	22,410 (10.8)	28,494 (12.8)	40,875 (16.7)	49,768 (19.0)	65,425 (22.4)	74,413 (24.2)	82,843 (25.9)

出所）表1-5に同じ

表1-7　K町の世帯構成推移

			1965	1975	1980	1985	1990	1995	2000	2005
	総数		2,155 (100.0)	2,101 (100.0)	2,098 (100.0)	2,182 (100.0)	2,197 (100.0)	2,411 (100.0)	2,684 (100.0)	2,765 (100.0)
A	I 核家族世帯	計（タイプ）	2,110 (97.9)	2,014 (95.9)	2,008 (95.7)	2,064 (94.6)	2,072 (94.3)	2,204 (91.4)	2,420 (90.2)	2,458 (88.9)
		小計 夫婦のみの世帯（C）	1,150 (53.4)	1,015 (48.3)	1,005 (47.9)	1,059 (48.5)	1,086 (49.4)	1,270 (52.7)	1,533 (57.1)	1,647 (59.6)
		(1) 夫婦のみの世帯（C）	180 (8.4)	231 (11.0)	241 (11.5)	285 (13.1)	319 (14.5)	409 (17.0)	509 (19.0)	546 (19.7)
		(2) 夫婦と子どもからなる世帯（N）	800 (37.1)	685 (32.6)	653 (31.1)	663 (30.4)	638 (29.0)	736 (30.5)	844 (31.4)	891 (32.2)
		(3) 男親と子どもからなる世帯（F）	20 (0.9)	13 (0.6)	15 (0.7)	22 (1.0)	22 (1.0)	18 (0.7)	32 (1.2)	37 (1.3)
		(4) 女親と子どもからなる世帯（M）	150 (7.0)	86 (4.1)	96 (4.6)	89 (4.1)	107 (4.9)	107 (4.4)	148 (5.5)	173 (6.3)
	II その他の親族世帯	小計	975 (45.2)	999 (47.5)	1,003 (47.8)	1,005 (46.1)	986 (44.9)	934 (38.7)	887 (33.0)	811 (29.3)
		(5) 夫婦と両親からなる世帯（C-C）	50 (2.3)	22 (1.0)	35 (1.7)	30 (1.4)	28 (1.3)	24 (1.0)	40 (1.5)	27 (1.0)
		(6) 夫婦と片親からなる世帯（F, M-C）	20 (0.9)	40 (1.9)	44 (2.1)	47 (2.2)	56 (2.5)	68 (2.8)	84 (3.1)	108 (3.9)
		(7) 夫婦と子どもと両親（C-N）	335 (15.5)	290 (13.8)	316 (15.1)	339 (15.5)	342 (15.6)	318 (13.2)	261 (9.7)	193 (7.0)
		(8) 夫婦と子どもと片親（F, M-N）	400 (18.6)	417 (19.8)	415 (19.8)	411 (18.8)	393 (17.9)	362 (15.0)	348 (13.0)	319 (11.5)
		(9) 夫婦と他の親族（C-親族）	5 (0.2)	11 (0.5)	11 (0.5)	12 (0.5)	7 (0.3)	6 (0.2)	4 (0.1)	6 (0.2)
		(10) 夫婦・親と他の親族（N-親族）	10 (0.5)	39 (1.9)	25 (1.2)	23 (1.1)	32 (1.5)	29 (1.2)	30 (1.1)	42 (1.5)
		(11) 夫婦・親と他の親族（C-C-親族）	15 (0.7)	27 (1.3)	23 (1.1)	10 (0.5)	17 (0.8)	14 (0.6)	9 (0.3)	12 (0.4)
		(12) 夫婦・子ども・親と他の親族（C-N-親族）	55 (2.6)	111 (5.3)	101 (4.8)	113 (5.2)	70 (3.2)	70 (2.9)	59 (2.1)	58 (2.1)
		(13) 他の分類されない	85 (3.9)	42 (2.0)	33 (1.6)	30 (1.4)	41 (1.9)	43 (1.8)	52 (1.9)	46 (1.7)
B	非親族世帯		0 (0.0)	2 (0.1)	4 (0.2)	1 (0.0)	1 (0.0)	3 (0.1)	2 (0.1)	4 (0.1)
C	単独世帯		45 (2.1)	85 (4.0)	86 (4.1)	117 (5.4)	124 (5.6)	204 (8.5)	262 (9.8)	303 (11.0)

出所）「国勢調査」資料より堤作成

> **コラム　戦前の家族は大家族？**
>
> 　戦前の日本家族は，直系家族で大家族がほとんどであったというイメージをもっているのではなかろうか．日本ではじめて国勢調査が行われたのは，1920（大正 9）年である．その頃，家族制度は「家」制度であった．その時の核家族世帯の比率は 55.3% で，日本全体の世帯構成のなかで，核家族世帯はすでに過半数を超えていた．
>
> 　1920 年から今日までに，人口増加に伴って，核家族世帯の実数は約 4 倍，直系家族は約 2 倍になっている．比率については，核家族，単身世帯が増加し，直系家族は減少している．そのため，直系家族が大きく減少したようにみられるが，比率は減少していても実数では変わらないのである．最近，単身世帯が増加し直系家族が減少し始めたがそれほどの減少ではない．家族の大きさは，戦前は平均 5 人前後であったが，1955 年から急激に減少して今日では，3 人以下になってきた．
>
> 　このように，今日は小家族化，核家族化，さらに単身世帯化してきたが，戦前から日本は核家族が多く，それほどの大家族ではなかったのである．戦前の家族は大家族というイメージを統計でみると違いがあることがわかる．

業構造の高度化が大きな影響を与えていると考えられる．小家族化は，出生率の低下，出生児数の減少など人口構造の変化が大きな影響を与えているといわれる．

　全国の家族動向と地方の特色をみると，地方の家族は全国平均に 10 年以上遅れて変化している．全国的な平均，都市的家族とのギャップは大きい．変化する地方の家族にはよいものを残す知恵と工夫が求められている．

5. 変わる人びとの暮らし方と課題

（1）変化と持続の視点

　私たちの生活を見渡してみると，一般的には都市のほうが早く変わるが農村では変化が遅い．生活のあらゆる局面において同時に変わることはなく早く変わる面と少しも変わらない面とがある．家族生活において，家族の変わった面を強調して捉える立場と変らない持続の面を強調して捉える立場がある．それらは家族のどの領域を捉えるかによって異なる．どのような暮らしの局面をクローズアップするかによって視点を選ぶことが必要である．

　変わる人びとの暮らし方を捉える場合，変化しやすい生活領域，変化の速度など多様な実態を捉える視点が必要である．変化の面を強調し過ぎると持続の面を見落してしまうこともある．変化の実態は多様であり，一律的，一直線的に変わるものではない．

　家族の概念に対応して考えれば，家族の形態や機能の面は変化しやすいが，家族の結合，人間関係の面は変化しにくい．親が子どもの成長を喜び，子どもが年老いた親の心配をする気持ちは，時代が変わり，社会が異なっても大きく変わらない．家族の人間関係の結びつきは，普遍的で変わりにくい．しかし，家族の形態や機能面は社会の変化に影響されやすいため，変わりやすい．

（2）衣食住の暮らしにみる変化

　変化してきた面，変化しやすい面を暮らしの衣食住領域について簡単にみてみよう．

① 衣生活の変化

　衣生活については，制服のような集団的，均一的なものから個性の表現に変化し，多様化してきた．和服から洋服の一般化，大量生産，大量消費による既製品化，多種類多デザイン化してきた．日本の伝統的な和服は，冠婚葬祭か何か特別の場合以外にはほとんど見かけなくなった．男性の和服の紐で幼児をお

んぶをした経験のある世代は少なくなり，和服をもっている人も少なくなってきた．

外着と内着の区別も少なくなり，場所と時に合わせて変えるようになって来た．日本人の意識構造を形成する「内」と「外」の使い分けが不明確にもなってきた．とくに既製品の流行は多様化し，鞄，靴などいろいろな持ち物においても短い期間に目まぐるしいデザインの変化がある．

衣生活の領域が多様化，個性化するに伴い，髪の色も個人が選ぶようになり，装身具もさまざまなものが現れ，性や年齢を超えた流行がある．衣生活は社会の変化に敏感な領域である．

② **食生活の変化**

食生活における変化は，多様な調理方法，洋風化，既製品化，冷凍食品化などがある．食べ物には旬があるが，今や，季節感はなくなり，とくに野菜は，いつでも時期に関係なく栽培されている．物の流通が活発になり，簡単に外国の物が手に入るようになった．食糧の国内自給率は先進諸国の中でも低く，地産地消の重要性がいわれている．都市の暮らしよりも自給率が高い地方の暮らしはフードマイレージが少なく，環境にやさしい生活であるといわれ始めている．家族機能が社会化し，外食産業が発達してきた．この傾向はさらに出来合いのものを買って自宅で食べる「中食」も増やしている．すべてを家庭で作って食べる「内食」が当たり前であった時代から，それらをバランスよく組み合わせる食生活に変化をしてきた．多様化の傾向は食生活にも現れてきている．

③ **住生活の変化**

住生活の領域では，木と紙の文化を象徴する日本の建物は少なくなり，建て替えが進むと鉄筋が多くなってきた．学校などの公共の建物は鉄筋の箱型になり，すっかり，木造建築は姿を消してしまった．住生活は衣，食生活のように短い間に変化するものではない．経済の高度成長期をピークとする時期には，家族の生活の外枠を決める住居も，和式から和洋折衷式に変わった．それによって木と障子だけでなく，畳や襖も少なくなった．農村に多くみられた日本的

間取りの特徴といわれた四つ間取り型が個室に改築され，冠婚葬祭の時は公共の施設やホテルを使うようになった．襖を外せば宴会場になる四つ間取りはその機能をなくした．高度経済成長の頃から，結婚式は外の施設を利用していたが，最近では葬式においても自宅外の施設で行うようになってきた．個人化と個室化は関連しているが，そればかりではなく，住まい方が家族の人間関係，さらに近隣の関係にさまざまなかたちで影響している．冠婚葬祭の際，近隣同士で郷土食を作る機会が少なくなり，伝承されなくなってきた．農村でも都市でも，住居が改築，新築されれば，新しい耐久消費財が普及し，より便利で合理的な生活を創り出していく．地方にも都市的ライフスタイルが浸透していくことになる．

（3）暮らしと家族意識の時代差

　身近な暮らしの集団である家族は，制度的には直系家族制度から夫婦家族制度に転換して半世紀以上が過ぎ，「家」イデオロギーはかなり弱まった．形態的にも夫婦家族が一般化しつつあるとともに，一人暮らしが多くなり，ライフスタイルが大きく変わってきた．しかし，制度や形態が変わっても，なお人びとの意識には伝統的な意識を強めている領域，あるいは残存している領域がある．現代家族では，直系家族を規範，制度上や形態でとっていても，かつての「家」制度そのままではない．

　私たちの現実の生活は，自らの意志や希望，理想といったことを実現できるように行動する．しかし，必ずしも，実現できる条件がない時は適応したり，修正したりせざるを得ない．家族の生活を営む上で，個人がもつ意識の統合体を家族意識とするならば，その家族意識は少なからず現実の生活や社会的背景に影響されている．個人の意識は，個人の生きてきた過程で，さまざまな現実とその認識の中で形成されるといってよい．

　家族意識は昔よりも今のほうが近代的な考えが強くなったと思われるが，必ずしもそうではなく，現代の方が以前よりも伝統的な意識が強い領域もある．

それはさまざまな条件によって変化するためである．親世代は伝統的意識が強く子世代は伝統的意識が弱い場合は世代間で伝統的意識が変化したといえる．世代間の差は社会の変化，時代差とみることも可能である．個人の意識が伝統的であっても他の家族員が近代的な意識をもっているとその調整が行われ，家族意識はダイナミックに変化をする．

家族意識は主として制度や規範に影響されるが，経済構造の変化やさまざまな条件，その人の置かれている環境にも関連するようである．今後は，戦後の教育を受けた人たちが多くなり，社会構造が変わってくると，家族意識も今までとは異なる変化をみせることが予想される．

（4）家族意識の領域差

家族意識はそれぞれの領域によって異なる．伝統的意識が強い生活領域とそうではない領域がある．とくに今日の晩婚化，シングル化，適齢期意識の弱化は結婚に関する伝統的意識の弱化と関連する．たとえば，農家の跡取りが結婚するとき，お嫁さんは親が決めるのがよいという人はいなくなり，結婚相手は本人が決めるのが当たり前になった．以前は親が決めたり，親と相談して決めることが多かった．また，娘ばかりの場合，婿養子を迎えた方がよい，という考えは減少した．一方で，最近では長男が婿養子になることも珍しいことではないといわれる．それだけ，結婚に関する伝統的意識が弱まったということである．現在，嫁という言葉を使うこと自体，伝統的であるという若い層の認識が一般化しつつある．財産相続についての意識も「家」意識が強まったり弱まったりしながら変化している．

「家」の継承では先祖祭祀の意識は強い．意識の強い順序に列挙すると，「家のつきあい」「家屋，宅地」「家名」「農地」となっている．「継承させたいが見込はわからない」という回答は，「農地」に最も多い．あとつぎがどのような職業を選択するかによって，不確実であるということもあるが，農地が生産手段としてよりも資産としての意味を強めてきているということである．「家」

の機能としての土地をめぐる継承・管理よりも儀式的な領域や人間関係的なところに「家」の継承意識が強く残る傾向がある[4]．

（5）誰が後を継ぐか

「家」の継承は制度の面からもなくなり，現実には多様なあり方をしている．誰が後を継ぐかを決める条件は，きょうだい構成，続柄，同居の仕方，農業継承，職業等が関連する．

直系制家族は，あとつぎの生殖家族との同居を世代的にくりかえすことが期待され，家族が直系的に連続し，再生産される．ところが今日，農村の直系制家族であっても，あとつぎとの居住関係は多様化し，直系制家族の再生産も不確定なものになっている．住まいの仕方が屋敷内同居，同一住居内別居など多様なあり方をするようになってきた．今日，あとつぎとは誰なのか，必ずしも明確ではない．その認知も曖昧である．

今日，子世代への継承では，2世代夫婦の同居関係にバリエーションが生じ，同居だけからでは直系制家族の世代的継承が捉えられなくなってきた．「家」を継承する人は長男と決まっていた時代から誰でも可能な不特定な時代になってきた．

あとつぎの世代的推移をみると，若い世代ほど長男が後を継いでいる．子どもの数が減っている中で，直系制家族の世代継承はまだなお長男志向がある．しかし，結婚後，親との同居も，必ずしも一貫したものではない途中同居の事例もある．既婚の孫が途中で同居した事例もある．子世代の世代継承でも，途中別居や途中同居の事例は多くある．

今日，世代継承は親と子の同居だけで判断することは正確ではなくなってきた．高齢未婚で農業を継承している事例，家業は継承しているが通勤農業で別居をしている事例，親は長男にあとつぎを期待していたが，長男の妻方と同居あるいは近居している事例，長男はいるが同居の長女にあとつぎを期待するようになるなど，完全に世代継承するまでにさまざまな経緯がある．また，同居

をしていて，世代が継承されているようにみえても，親があとつぎを認知していない場合もある．同敷地内別棟同居は親子のあとつぎ認識に温度差がある．詳細に事例をみないと長男であるだけでは決まらない．あとつぎを決める背景は同居と家業のみではなく，さらに未婚・既婚，家業以外の職業も関連する．

　世代継承が確実に行われていると判断される場合は，孫が出生して，すっかり世帯の権限や役割をあとつぎに任せ，農業を継承している事例である．あとつぎが確実になるためには，親がどのように子どもに期待しているかを子どもにわかりやすい表現で伝えているか，また，子どもがあとつぎとしての自覚をどのようにもつかが重要である．現実の実態はさまざまな様相を示していて，親が思うようにはあとつぎ問題は順調ではない．それにはさまざまな条件やチャンス，時間がかかるようである．

（6）農家の財産相続

　日本の相続制度は「家」制度から夫婦家族制度になり，一子単独相続から均分相続になって60年以上が過ぎた．ところが，農地は均分すれば経営ができないことから，農業を継承する者が相続をし，後の相続人は相続放棄をすることが一般的に行われている形態である．その代わり，結婚や独立するときに現金や結婚費用などを出すことによって，農地相続に換える．農家の相続はメンバーに何らかの変化がないとあまり生じない出来事である．農業を連続させるためには農地をあとつぎに継承させることは重要なことである．しかし，最近はあとつぎが勤務をする場合が多く，農業継承が困難であることから，農業の法人化の方向が加速してきている．農業を家業として継承するのではなく職業として選択するようになってきている．

　今日，相続は制度的には均分相続であるが，その内容は多様である．農家の場合，あとつぎ優先，一括相続がほとんどである．生前贈与が行われている．人びとの暮らし方が変わってきても相続の仕方はそれほど変わらない生活の領域である．

父死亡による相続の特徴を年次ごとにみた結果によると，1960年代は長男子，単独相続であり，1970年代も引き続き長男子相続で，相続問題でトラブルが生じる例は少ない．不動産を均分相続するような事例はほとんどない．1980年代になってもあとつぎが一括相続である．あとつぎが長男である場合が多く，その子が農業を継ぐ子どもということになっていた．1990年代になっても，あとつぎ一括相続は多いながら，均分ではないが，相続放棄をしない事例も以前より多くなり，均分相続意識が現れてきている．

　相続は親世代が死亡して行われることが多い．相続の仕方は社会のあり方，時代とともに変化する．しかし，社会が変化しても変わらない側面もある．どちらかといえば相続の領域は農村直系制家族の持続を促す側面が強いと思われる（堤，2000）．

　日本の農村家族は小農経営で，家族内労働力を中心に，あとつぎが農地を継承・相続する方法で営まれてきた．今日も，農地は私有財産であり，専業農家は農地を生産手段として農業を営んでいる．それ以外の兼業農家は農地を維持するために農業を営んでいる．産業構造の高度化は，農業から工業を推し進め，農業は集団経営化してきている．生産手段である土地は，今や資産の傾向をもつようになった．現在，農業を継承する子どもは少なくなり，農地は生産手段としての意味をもちにくくなってきた．生産手段が資産化され，あとつぎ，担い手がいない状況は農家のみの問題ではなく，商家も同じである．「家」経営を基本に営まれていた家業経営の形態が変化してきたのである．そのような中に日本的経営，伝統的文化を背景にもつ営みがある．すべてを変化させるのではなく，何を残し何を変えていくかが，今問われている．

　変わりにくい相続の領域も，農村・農業の存続，後継者の問題という現実問題に直面し，どのように対応していくか困難な状況があり課題は多い．今，新しい農業基本法が施行され地域に生きる人びとにそのあり方が問われてきている．

(7) 薄れる地域の人びとの絆――変わる葬儀の事例

　むら（村）で生まれ，むらで育ち，むらで仕事をし，むら以外で暮らしたのは戦争に行ったときだけのＡさん．近くに病院がないため，１時間以上離れた病院で90歳の生涯を閉じた．静かな一本道にかすかな街頭が夜道を照らす．むらの住民が集落につく車を待っていた．長男は病院から父親の亡骸を運んで帰ってきた．集まった集落の人たち十数人に深々とお辞儀をした．住民の人たちはみんな亡くなった父親をよく知る人たちである．お世話になったと手を合わせ，底冷えする寒さもものともしない．

　翌朝からＡさん宅は近所の人が出たり入ったりと通夜，葬儀の準備に追われた．この辺では女性たちは女衆（おんなし），男性は男衆（おとこし）という．集落の葬儀では男と女の役割が決まっている．女性たちは割烹着を着て葬儀で振る舞う煮物，てんぷら，味噌汁，和え物を作り，お坊さんや弔問客をもてなす．男性たちは墓掃除，葬式の飾りなどの準備をする．とくに集落の組長は葬儀の準備，進行，僧侶との打ち合わせなどを取り仕切る．それに従い，近所の住民は組長の指示に従い，決められた役割分担を果たす．遠くから駆けつけた元住民や親族の姿で，懐かしい顔合わせをするひとときがある．その数は50人以上になることが普通である．親族は懐かしい人に亡くなった父親の様子，人柄を話しながら亡骸をしのぶ．

　地域内ではほとんどが村（むら）親戚ということもあり，宗派が同じこともあるが，どんなに宗派が違っても集落みんなで死者を送り出すのが慣例であった．このような葬儀が近年まで当たり前のように行われていた．

　この地域には「マキ」「巻き」という独特の親族関係が潜んでいた．「マキ」「巻き」は一族，一統のことで，本家，分家関係があり，もともとは共通の親族関係，先祖をもつ一族を意味していた．世代を重ねるに従い，本家・分家，親分子分関係も薄れていった経緯がある．集落全体が同じ鈴木姓であったり，望月姓であったりしていた．「あの家とは同じマキだ」とか「同じ一統だ」と呼びあい，村親戚の付き合いをしていた．それが集落全体に広がり葬儀などで

相互扶助をし，結束をする慣わしがあった．

　かつて死者は土葬であった．葬儀は自宅から離れた寺に向かう．住民を代表する人がちょうちんを手に列の先頭に立ち，葬儀の飾りをつけた竹やお経文を書いた旗をもち，隣組の住民，親族が続く．葬送の順序も決まっていた．こうして，男性，女性の役割，隣組の役割，葬式に作る郷土料理は慣習としてその地域に長く伝えられてきた．

　しかし，ここ数年前から，業者が取り仕切り，親族が中心になって弔問客を迎えるセレモニーホールでの葬儀に変わってきた．集落で葬儀をすれば，同じ組であれば3日間葬儀の手伝いをしなければならなかった．それだけ仕事を休まなければならなかった．業者に任せれば，組の男衆，女衆の手伝いもいらなくなった．受付をすればよいだけになったという．人里離れた集落の中で亡くなっても，近くの町の施設で葬儀をするようになり，集落みんなで送ることがなくなった．高齢化，核家族化，都市的生活スタイルの浸透によるうねりが，伝統文化，郷土の慣習を変えようとしている．薄れゆく地域の人びとの絆をどのようにつなぎとめるかが今問われている．

注）
1）このことはさまざまな家族・村落のあり様を見出す類型化の作業へと導くことになった．たとえば，長谷川昭彦の家族類型論などである（長谷川，1986）．
2）その他に，同研究センター，2000，「山村に輝く女性たち―女性のパワーが地域を動かす―」（国土庁地方振興局）では，全国各地の女性たちがいきいきと活動をしている事例を3つの分野，すなわち，①生計・経営参画，②文化継承，③地域運営に分け紹介している．いずれもよいモデルになるものばかりである．これらはどのように実践ができるか，施策への反映に負うところも多い（農村生活総合研究センター，2001b）．同研究センターは，実際に農村の暮らしに飛び込んで，農村において自らの職業とライフスタイルを見出した女性たちを通して，都市の若者（女性）に農村の魅力と新しいライフスタイルをアピールした東京シンポジウムとIターン女性の受け入れ条件に関する対応を検討するための地方シンポジウムを岡山で開催，これらを含んだ報告書を出している（農村生活総合研究センター，2001a）．このように社会の変化に対応した新しい女性の政策に生かす研究がいくつか出された．また，熊谷の次の文献がある（熊谷，1991，

1995，1996)．
3) 親世代が経済的に苦しい子世代と同居をして援助するライフスタイルで，親子世代が同居している家族形態のことである．直系制家族の理念をもって同居しているわけではなく，主に経済的理由による．
4) 1972年から1997年まで同じ夫婦に「家」と家族意識を調査した．家族意識のどの領域で変わり，どの領域で変わらないかを分析した．女の子ばかりの場合，婿養子を迎えるという比率が減少．結婚を決めるのは本人中心になってきたことが見い出せた (堤，1998：77-106)．

参考文献
安倍澄子ほか，2000a，「農家女性の経済的地位の向上をはかるための家族経営協定締結効果に関する調査事業報告」農村生活総合センター．
安倍澄子ほか，2000b，「稲作複合経営・畑作経営における女性の資産形成」『農家世帯における家計・畑作経営における女性の資産形成』農村生活総合センター．
青井和夫・庄司興吉編，1980，『家族と地域の社会学』東京大学出版会：121-141．
有賀喜左衛門，1966，『有賀喜左衛門著作集Ⅰ』未来社．
有賀喜左衛門，1969，『有賀喜左衛門著作集Ⅲ』未来社．
長谷川昭彦，1971，「農村家族の類型」『ソシオロジ』17巻1・2号：133-149．
長谷川昭彦，1981，「地域社会と家族の機能」『地域社会と家族』培風館：47-61．
長谷川昭彦，1986，『農村の家族と地域社会―その論理と課題―』御茶の水書房．
長谷川昭彦，1997，『近代化のなかの村落』日本経済評論社．
蓮見音彦，1980，「農家の家族と農家生活」『家族と地域の社会学』東京大学出版会：121-141．
林賢一・片山千栄，2001，『農村における女性の快適な定住条件の解明とその条件整備に関する研究』農村生活総合センター．
姫岡勤・土田英雄・長谷川昭彦編，1973，『むらの家族』ミネルヴァ書房．
石原邦雄，1981，「農村家族研究の動向と問題点」『地域社会と家族』培風館：28-46．
石原豊美，1996，『農家の家族変動』日本評論社．
上子武次・増田光吉編著，1976，『三世代家族―世代間関係の実証的研究―』垣内出版．
熊谷苑子，1991，「農業機械化と農家婦人生活の変化―生活時間事例調査をつうじて」『清泉女子大学紀要』：39．
熊谷苑子，1995，「家族農業経営における女性労働の役割評価とその意義」『村落社会研究年報31』農山漁村文化協会．
熊谷苑子，1996，「家族農業経営と女性労働―生活時間データの分析をつうじて―」『淑徳大学社会学部研究紀要』：31．

光吉利之，1981，「農民家族」『地域社会と家族』培風館：78-91.
森岡清美・望月嵩，1983・1987・1993・1997・2000，2007，『新しい家族社会学』培風館.
森岡清美監修，石原邦雄ほか編，1993，『家族社会学の展開』培風館.
中川紀子，1982，「戦後農村社会の発展と農民家族」『現代の家』青木書店：88-111.
中根千枝，1970，『家族の構造』東京大学出版会.
中道仁美，2000a，「農村女性社会参加の現状と課題」『農業と経済』官民協会.
中道仁美，2000b，「女性が農家，農業，農村で働くことの意味」『月刊JA』8月号：44-47.
中道仁美，2001，「農村女性問題と地域活性化」『農林業問題研究』114号.
永野由紀子，1992，「農村女性の就労状況と意識の現況―1990年時点山形県庄内地方の事例―」『社会学年報』XXI：89-115.
永野由紀子，1994，「農村家族の変容と農村女性―山形県庄内地方の場合―」『日本文化研究所研究報告』別巻31集：1-21.
永野由紀子，1996，「現代日本の農村家族と農村社会―農村女性の「個」の自立化をめぐって―」『家族と地域社会，シリーズ比較家族5』早稲田大学出版部.
永野由紀子，2005，『現代農村における「家」と女性―庄内地方に見る歴史の連続と断絶―』刀水書房.
新保満・松田（熊谷）苑子，1986，『現代日本農村社会の変動―岩手県志和地区の発展過程』御茶の水書房.
日本村落研究学会編，鳥越晧之責任編，2007，『むらの社会を研究する』農文協.
日本村落研究学会編，池上甲一責任編，2007，『むらの資源を研究する』農文協.
農村生活総合センター，2001a，「Iターン女性とともに創る魅力的な田舎暮らし」『中山間若者定住対策シンポジウム報告』.
農村生活総合センター，2001b，「山村に輝く女性たち―女性のパワーが地域を動かす―」国土庁地方振興局.
大友由紀子，2007，「縮小化する世帯家族と家の変化」『むらの社会を研究する』農文協：76-83.
大内雅利，2005，『戦後日本農村の社会変動』農林統計協会.
佐藤宏子，2007，『家族の変遷・女性の変化』日本評論社.
清水浩昭，1984，「家族・世帯構成の地域差」『老年社会科学』6巻1号：37-50.
清水盛光，1953，『家族』岩波全書.
篠原武夫・土田英雄編，1981，『地域社会と家族』培風館.
杉岡直人，1990，『農村地域社会と家族の変動』ミネルヴァ書房.
堤マサエ，1980，「家族変動とその日本的特徴」『現代社会の社会学』川島書店：24-46.

堤マサエ，1998,「農村家族における家族「家」意識の持続と変化」『山梨県立女子短期大学』32号：77-106.

堤マサエ，2000,「農家相続の事例研究」『地域研究』創刊号，山梨県立女子短期大学：43-61.

Tsutsumi, Masae ed., 2000, *Women and Families in Rural Japan*, Tsukuba-shobou.

利谷信義ほか，1964,「あとつぎ問題―家族農業経営の承継に関する法社会学的調査研究―」農政調査委員会『日本の農業』34号.

湯沢雍彦，1964,「農業家族の経営承継過程」農政調査委員会『日本の農業』34号：62-71.

2章　地域社会における女性の暮らしと労働の変化

> **学習のねらい**
>
> 　農業の重要な担い手である女性の地位と役割について，その実態を把握し，女性労働力の評価や経営参画，家族経営協定などの課題について学習する．農業労働に従事した女性を歴史的にみると重要な役割を果たした世代が浮かび上がってくる．また，女性をライフコースの視点でみると世代によって異なる特徴がある．このような歴史的変化や世代差は社会の変動を現している．農家女性たちは，戦後日本社会の民主化・近代化・地域活動を暮らしの面で支えたキーパーソンであることを農業政策，実証研究から学ぶ．農家女性の視点からさまざまな日本社会，とりわけ地方の特徴を学ぶことができる．

1. 農業の担い手としての女性

(1) 女性へのまなざし

　わが国の農業は家族経営であり，農家では，家産である農地を生産手段として，世代を超えて農業を営んできた．明治民法の家制度の下では，家督と財産は長男子によって一括単独相続されることが規定されていた．戦後，民法改正によって家制度は廃止され，財産も均分相続に変わったが，農地に関しては，その細分化を防ぎ，農業後継者が一括して相続できるように，次三男や婚出する女子には相続放棄することが求められてきた[1]．したがって，女性が農地の権

利を所有することは，男子の後継者がいない場合の例外を除いて，ほとんどなかった．このため，女性の農業経営における地位は低く，たとえ労働力として貢献していても，その評価は低かった．

そうした女性が農業の担い手として着目されるようになったのは，1990年代に入ってからである．1995年の『農業白書』では，「農業就業人口の六割を占める女性の活躍が期待されており女性による起業も活発化」と記されている．しかし，農林業センサスより農業就業人口に占める女性の割合をみると，6割以上を示しているのは1970年から1990年の20年間であり，ピークは1975年の62.4%である．1995年からは6割を下回っている（表2－1）．女性労働力に限界がみえ始め，女性の労働評価や経営参画といった課題が明確になったのが1990年代なのである．

表2－1　農家・農業に占める女性の割合

(単位：千人，%)

年	1960年	1970年	1975年	1980年	1985年	1990年	1995年	2000年	2005年
農家人口	34,411	26,595	23,197	21,366	19,839	17,296	12,037	10,467	8,325
うち女性	23,675	13,739	11,955	10,966	10,177	8,875	6,158	5,338	4,232
女性の割合	68.8	51.7	51.5	51.3	51.3	51.3	51.2	51.0	50.8
農業就業人口	14,542	10,352	7,907	6,973	6,363	5,653	4,140	3,891	3,338
うち女性	8,546	6,337	4,932	4,300	3,885	3,403	2,372	2,171	1,780
女性の割合	58.8	61.2	62.4	61.7	61.1	60.2	57.3	55.8	53.3
基幹的農業従事者数	11,750	7,109	4,889	4,128	3,696	3,127	2,560	2,400	2,365
うち女性	6,235	3,857	2,591	2,092	1,826	1,505	1,188	1,140	1,094
女性の割合	53.1	54.3	53.0	50.7	49.4	48.1	46.4	47.5	46.2

注）1．農業就業人口とは，16歳以上の世帯員（1995年以降は15歳以上の世帯員）で，自営農業だけに従事した者と，自営農業とその他の仕事の両方に従事した者のうち農業が主である者の合計をいう．
　　2．基幹的農業従事者とは，農業就業人口のうち，普段の就業形態が「仕事が主」である世帯員をいう．
　　3．1990年以降の農家人口は世界農林業センサスの農家の定義による数値である．
　　4．1995年以降は販売農家の数値である．
出所）農林水産省「農林業センサス」，「農業構造動態調査」各年次より

（2）農業を担った世代

戦後，日本農業の労働力として貢献してきた女性は，特定の世代に限られる．国勢調査の「15歳以上就業者総数のうち，農業に就業した人数」より，性・年齢5歳階級別の農業就業人口の分布がわかる（表2－2）．こちらのデータによれば，農業就業人口に占める女性の構成比が半数を超えるのは1980年までで，1970年の55.5％をピークに低下に向かい，1985年以降は半数以下に割り込んでいる．

各調査年で構成比が高い年齢層をみると，1955年から1995年まで一貫して，1926～1930（大正16～昭和5）年生の女性がトップを占め，次いで，その

表2－2　年齢5歳階級別，農業就業人口の構成比（女性）

(単位：％)

年	1950	1955	1960	1965	1970	1975	1980	1985	1990	1995	2000	2005
合計	51.5	52.4	54.2	53.9	55.5	52.0	50.6	48.8	47.9	46.2	46.1	44.0
15-19歳	6.7	4.4	2.7	1.1	0.8	0.2	0.1	0.1	0.1	0.0	0.1	0.1
20-24歳	7.4	6.8	5.1	2.8	2.4	1.4	0.7	0.4	0.3	0.2	0.3	0.3
25-29歳	16.6	6.8	6.3	4.8	3.4	2.7	2.1	1.3	0.8	0.5	0.5	0.5
30-34歳		6.0	7.0	6.6	5.2	3.5	3.1	2.6	1.8	1.1	0.9	0.8
35-39歳		5.3	6.5	7.6	7.0	5.3	3.6	3.3	3.0	2.1	1.6	1.2
40-44歳	16.0	5.4	5.7	7.1	7.9	7.2	5.3	3.6	3.5	3.1	2.5	1.8
45-49歳		4.8	5.6	6.2	7.5	8.4	7.3	5.4	3.9	3.6	3.6	2.7
50-54歳		4.2	4.7	5.9	6.4	7.7	8.7	7.6	5.8	4.1	4.3	4.0
55-59歳		3.4	3.9	4.8	5.8	6.1	7.7	9.0	8.3	6.2	5.0	5.1
60-64歳		2.4	3.0	3.5	4.4	4.9	5.6	7.4	9.2	8.7	7.3	6.0
65-69歳			1.9			2.9	3.8	4.6	6.5	8.7	8.5	7.5
70-74歳	4.9	3.0	1.1	3.4	4.8	1.3	1.8	2.4	3.2	5.1	6.9	7.2
75-79歳			0.5			0.4	0.6	0.8	1.3	2.0	3.3	4.7
80-84歳			0.2			0.1	0.2	0.2	0.4	0.6	1.0	1.6
85歳-						0.0	0.0	0.1	0.1	0.1	0.3	0.4

注）15歳以上就業者総数（主に仕事＋家事のほか仕事＋通学のかたわら仕事＋休業者）のうち，農業に就業した数．
出所）国勢調査

前後，1921〜1925（大正11〜15）年生と1931〜1935（昭和6〜10）年生の構成比が高くなっていることがわかる．つまり，1921（大正11）年から1935（昭和10）年までの15年間に生まれた農家女性は，若い頃から引退するまで一貫して農業に就業してきたのである．彼女たちは1941〜1955年の間に成人に達し，戦後の復興期から経済成長期（1955〜1973年）にかけて結婚・出産・育児を経験した．

農家人口の動向を日本の総人口の動向と比較した大内雅利は，総人口のヤマが1946〜1950年生の「団塊の世代」にあるのに対し，農家人口のヤマは1926〜1930年生の「昭和ヒトケタ前半世代」であることをつきとめた（大内, 2005）．農業就業人口においても，「昭和ヒトケタ前半世代」は，1960〜1995年の間，他の年齢層に比べて構成比が常に最大であり続け，戦後日本農業の主役だった．ただし，大内が「昭和ヒトケタ前半世代」と名づけてひとつの社会層として括ったのは農家男性である．この世代は女性についても，他の年齢層に比べて農業就業人口の構成比が高いのではあるが，戦後日本農業の女性化を担ったのは1936〜1945（昭和11〜20）年生であるとして，大内は「昭和10年世代」の農家女性の特殊性を指摘している．

年齢5歳階級別に農業就業人口に占める女性の割合をみると（表2－3），女性の割合が最大になったのは，1970年の25〜29歳の63.1％と30〜34歳の63.4％である．この年齢層は1936〜1945年生まれであり，ほぼ昭和10年代生まれといえる．この世代の農家女性は，結婚直後から出産・育児期を通じて一貫して農業に従事していたことになる．高度経済成長期（1955〜1973年）以降，農工間の経済格差が広がり，男性労働力の農外流出が進んだ．兼業化によって，農業就業人口の高齢化と女性化が進んだ，いわゆる「じいちゃん」「ばあちゃん」「かあちゃん」による「三ちゃん農業」の時代である．この女性化の担い手が昭和10年代生まれだった[2]．その後，高齢者がリタイアし，この世代の女性の労働力評価が必要になったのが1990年代ということである．

1990年以降は35歳未満，2000年以降は40歳未満の若年層において，農業

表2—3　年齢5歳階級別，農業就業人口に占める女性の割合

(単位：%)

年	1950	1955	1960	1965	1970	1975	1980	1985	1990	1995	2000	2005
計	51.5	52.4	54.2	53.9	55.5	52.0	50.6	48.8	47.9	46.2	46.1	44.0
15-19歳	48.5	50.6	51.7	42.8	39.1	27.5	20.7	18.6	20.0	20.2	22.6	26.8
20-24歳	54.6	54.7	58.4	56.9	50.9	40.8	34.0	27.6	25.9	24.6	24.3	25.2
25-29歳	58.2	55.0	57.2	60.4	63.1	51.2	47.4	43.3	39.0	34.6	30.3	27.2
30-34歳		58.8	57.5	58.8	63.4	61.0	52.6	50.1	49.2	45.8	41.0	35.2
35-39歳		59.1	60.8	58.1	60.4	60.6	60.1	51.9	51.3	51.1	48.6	43.7
40-44歳	50.3	59.0	60.6	61.0	59.1	57.9	59.3	58.3	51.1	50.8	51.1	47.4
45-49歳		55.3	59.5	60.1	61.6	56.6	56.9	57.8	57.8	50.5	50.7	49.3
50-54歳		49.5	54.2	57.8	59.8	58.1	55.3	55.5	57.5	57.4	50.7	49.4
55-59歳		45.0	47.0	50.6	56.3	53.5	54.6	52.0	54.1	56.1	56.8	49.0
60-64歳	39.5	41.3	42.8	42.4	48.7	46.8	47.7	48.2	47.1	48.5	50.7	48.8
65-69歳			39.7			38.0	40.9	42.1	44.0	43.1	45.8	46.0
70-74歳		37.9	38.2	33.5	38.0	30.3	33.0	35.2	37.9	39.6	41.3	42.3
75-79歳			39.0			26.3	27.8	28.8	31.9	34.1	38.4	38.2
80-84歳			41.4			24.7	26.6	25.8	28.1	29.5	34.9	35.9
85歳-						28.4	29.9	27.3	29.1	27.8	35.3	35.5

注）15歳以上就業者総数（主に仕事＋家事のほか仕事＋通学のかたわら仕事＋休業者）のうち，農業に就業した数．
出所）表2—2に同じ

　就業人口の過半数は男性が占めている．農業の主力は男性に戻り，出産・育児期にあたる農家女性が就農する比率は低くなる．戦後世代からは，若い農家女性は農業をしなくなったのである．彼女たちは，農業就業人口の構成比が最大だった1921〜1935年生の農家女性の子世代にあたる．これはまた，1921〜1935年生の農家女性からは，孫の誕生によって農業を引退することがなくなったということも意味する．自分が農家の嫁だった時代は，子育てを姑に任せて農作業をしたが，自分が姑になると，子育ては嫁の仕事になり，一貫して農作業を続けた世代なのである．

> **キーワード　サンドイッチ世代**
>
> 　農家女性の嫁姑関係について，いわゆる「サンドイッチ世代」がある．自分が嫁だった時代には姑の権威が強く，自分が姑になった時代には嫁の勢力が高まり，嫁時代・姑時代を通じてイニシアティブを取れなかった世代である．自分が嫁だった戦前は家制度があり，自分が姑になった戦後は家制度がなくなった．1921～1935年生の農家女性の親世代がこれにあたる．また，自分が嫁だった時代には姑に子育てを任せて農作業に従事し，自分が姑になった時代には嫁が農業をしないで子育てをするようになったということで，1921～1935年生の農家女性を「サンドイッチ世代」ということもできる．

2．農村女性のライフコースにみる世代変化

（1）女性の就農パターン

　女性の職業経歴の展開は，結婚や出産・育児といった家族経歴と密接な関係をもっている．日本女性の年齢別労働力率（15歳以上人口に占める労働力人口の割合）をグラフに示すと，30歳代前半をボトムとするM字カーブを描くため，女性労働者の働き方をM字型曲線という．これは，学卒後就労している女性が，結婚・出産・育児期には退職し，子育てが一段落した40歳代で再び就業するということを意味している．

　農家女性の場合，雇用労働者とは事情が異なるものの，山形県の庄内地方を事例地に，農家女性の年齢別就業人口グラフを分析した吉田義明の分析によれば，1980年代半ばよりM字が形成されるようになってきたという（吉田，1995）．表2—3より全国の動向をみても，1980年から25～29歳層（1951～1955年生）で，そして1990年から30～34歳層（1956～1960年生）で，農業就

> **キーワード　M字型曲線**
>
> 　M字型曲線は，1960年代後半からみられる日本女性の働き方の特徴である．ノルウェー，スウェーデン，アメリカでは逆U字型を示している．日本では，女性に家事・育児を負担させるという性別役割分業が根強く残っており，結婚・出産後も働き続けるための条件が整備されていないことを意味している．さらにM字型曲線が示す問題点は，子育て後の再就職はパートタイム就労が多いことである．正社員に比べると低賃金で，社会保険も保障されず，仕事の内容も単純労働を強いられるなど，労働条件が劣悪である．近年，M字のボトムが上がってきたが，皮肉にもその要因は，職業経歴を優先する女性の未婚化・晩婚化にある．

業人口に占める女性の割合が50%を下回っており，この頃から出産・育児期にある農家女性が就農しなくなってきていることがわかる．

　M字型曲線は，ある一時点において年齢別に労働力率を比較した横断分析（cross-sectional analysis）によるものだが，まるで一人の女性がたどる人生のようにみえる．実際に個人の人生の道筋を追跡して分析することは，縦断分析（longitudinal analysis）という．M字型曲線から予想される人生の道筋，すなわち，「学校を卒業して就業するが，結婚や出産によって仕事を離れ，子育てが一段落したら再び就業する」というコースは，ひとつの平均像に過ぎず，個々の人生の道筋は多様である．

（2）ライフコース分析の視点と実証

　個人がたどる一生の道筋のことをライフコース（life course）とよぶ．女性の職業経歴は，結婚や出産・育児といったライフコース上の出来事経験と密接な関係がある．ライフコースの概念を使って農家女性の就業経験を分析した実証

> **キーワード** ライフコース
>
> 　ライフコースは，個人がたどる社会的な地位・役割の移行の軌跡であり，学校卒業，初就職，結婚，出産といった人生上の出来事（life event）を経験することで段階的に移行していく．出来事経験をステップに，次のステージに昇っていく変化を発達（develop）という．ライフコースには個人差が大きいが，世代による特性も大きい．ライフコースが世代によって異なることは，コーホート（cohort）という統計集団の比較分析から明らかにされてきた．コーホートとは同年出生集団と訳され，単年コーホート[3]として扱う場合と，5年間や10年間の連続コーホートとして括って扱う場合とがある．

研究として，宮城県米山町T集落46農家世帯の全成人女性103人を対象とした石原豊美の研究がある（石原，1988）.

　石原は，調査対象女性を年齢によって，戦前に結婚した世代，戦後に結婚した世代，戦後生まれた世代に3区分し，それぞれの世代の平均的なライフコースを示した．戦前に結婚した世代は，調査時点では60歳以上（1927年以前の生まれ）であり，尋常小学校または高等科を卒業し，10代の終わりに結婚し，30歳代半ばまでかけて子どもを産んだ．戦後に結婚した世代は，調査時点では50歳代（1928～1937年生）と40歳代（1938～1947年生）で，中学校を卒業し，20歳前後で結婚し，20歳代の後半までに約3人の子どもを産んだ．戦後に生まれた世代は，調査時点では30歳代（1948～1957年生）および20歳代（1958～1967年生）で，高校卒業後さらに専修学校などへ通う者が多く，専修学校を修了して2～3年後の20歳代の初めに結婚した．

　出生行動における大きな変化は，戦前に結婚した世代と，戦後に結婚した世代との間で生じた．戦前に結婚した世代は，とりわけ70歳以上（1917年以前の

生まれ）の場合，結婚してから 16 年余り（34 歳まで）かけて 5 人の子どもを産んだ．これらの女性は，40 歳代半ばにあとつぎに配偶者を迎え，その 1 ～ 2 年後に初孫の誕生を経験した．それに対して，戦後に結婚した世代は，たとえば 50 歳代では，結婚後 8 年以内に（20 歳代のうちに）平均して 3 人の子どもを産んだ．戦後間もなく，人口調整の知識と技術が普及したことによる．

次いで石原は，調査対象女性の就業経歴が世代によって異なることを確認した．農業および農業以外の仕事の経験年数，農業以外の就労における雇用形態，就業開始・転職・引退などの経歴転換の時期に着目し，以下の 5 つの類型を設定し，年齢によって代表的な類型が異なることを示した．

Ｉ　農業専従一貫型　　　　：農業のみに従事してきた経歴のタイプ．
Ⅱ　臨時的農外就労付加型：主として農業従事を継続しながら中途より臨時

表 2 — 4　ライフコース上の主要な出来事経験年齢
（宮城県米山町 T 集落女性，1987 年調査）

年齢階層	人数	平均年齢	学校卒業	結婚	第一子出産	末子出産	子ども数	同居後継結婚	初孫誕生
20 歳～ (1958-1967 年生)	15	25.4	17.8	[22.8]	[24.0]	—	—	—	—
30 歳～ (1948-1957 年生)	21	33.2	17.5	21.5	23.2	—	—	—	—
40 歳～ (1938-1947 年生)	13	46.0	15.9	20.4	21.7	26.9	2.7	[44.8]	[45.7]
50 歳～ (1928-1937 年生)	21	54.3	14.8	19.6	20.4	27.2	3.1	45.2	48.6
60 歳～ (1918-1927 年生)	16	65.3	12.8	21.1	22.4	30.3	3.4	46.1	47.6
70 歳～ (1917 年以前生)	17	78.6	12.1	17.9	20.8	34.2	5.0	43.1	44.4

注）学校卒業が 12 歳は，尋常小学校卒．14.8 歳は，尋常高等小学校卒．15.9 歳は，新制中学卒．経験率が 80％ 未満の数値には，[　] を付けた．
出所）石原豊美，1988：44 に加筆修正

的な農外就労を加えるようになった経歴のタイプ．
- Ⅲ　農外→農業中心転換型：比較的早い時期に農業以外の仕事から農業へと主要な就業形態を転換した経歴のタイプ．
- Ⅳ　農業→農外就業転換型：比較的遅い時期になってから農業から恒常的勤務へと就業形態を転換した経歴のタイプ．
- Ⅴ　農外就業中心一貫型　：学校卒業後ほぼ一貫して勤務をつづけている経歴のタイプ．

表2―5からわかるように，60歳以上はタイプⅠ（農業従事一貫型）が主流だが，50歳代からタイプⅡ（臨時的農外就業付加型）が現れ，30歳代からタイプⅢ（農外→農業中心転換型）とタイプⅤ（農外就業中心一貫型）が主流になっている．結婚前からの就業経歴ということでは，50歳以上（1937年以前の生まれ）は一貫して農業に従事していたが，40歳代（1938〜1947年生）から結婚前の職業が常時雇用の農外就業になった．30歳代（1948〜1957年生）および20歳代

表2―5　年齢階層別にみた就業経歴の型
（宮城県米山町T集落女性，1987年調査）

（単位：人）

年齢階層＼就業経歴	Ⅰ 農業従事一貫型	Ⅱ 臨時的農外就業付加型	Ⅲ 農外→農業中心転換型	Ⅳ 農業→農外就業転換型	Ⅴ 農外就業中心一貫型	不明	計
20歳〜（1958-1967年生）	2	0	3	0	10	0	15
30歳〜（1948-1957年生）	1	4	6	1	8	1	21
40歳〜（1938-1947年生）	2	7	0	3	1	0	13
50歳〜（1928-1937年生）	11	6	1	2	0	1	21
60歳〜（1918-1927年生）	10	0	4	2	0	0	16
70歳〜（1917年以前生）	16	0	1	0	0	0	17
計	42	17	15	8	19	2	103

出所）石原豊美，1988：46に加筆

(1958〜1967年生)の戦後生まれは,ほとんどが学校卒業後に農業以外の仕事に就き,30歳代の一部に,結婚などを契機に農業中心の就業形態へ転換したケースがある.

調査地の宮城県米山町T集落は米作地帯であり,農業経営基盤が比較的ゆたかで,兼業化が遅かった地域ではあるが,農家女性の就業経歴の世代変化は,全国の動向を代表している.50歳以上は,「昭和ヒトケタ前半世代」が含まれ,結婚前から一貫して農業に就業している.40歳代(1938〜1947年生)は,兼業化のなかで日本農業の女性化を担った「昭和10年世代」が含まれ,結婚前に常時雇用の農外就業を経験している.30歳代(1948〜1957年生)および20歳代(1958〜1967年生)の戦後生まれは,結婚前には農外就業を経験し,結婚後も出産・育児期には農業をしなくなった世代である.

(3) ライフコースの世代変化

農家女性の家族経歴と職業経歴の世代差から,農家女性のライフコースの変化を確認するのには,「家族変動・勝沼調査」の長期反復調査データが有用である.「家族変動・勝沼調査」は,ぶどう郷として名高い山梨県勝沼町において,同一の直系制家族108世帯を対象に,森岡清美とその門下生とによって,1966年から1997年までの31年間に6回にわたって実施された.調査対象は,1966年の初回の調査時点で2世代夫婦揃いの直系家族のうち,子夫婦の夫の生年が1921年から35年までの100世帯余りである(Tsutsumi, 1999;Otomo, 2000).

31年間には,死亡や出生,婚出や婚入といった人口異動によって,世帯形態は変化している.子夫婦の子どもが結婚して孫世代夫婦を形成した世帯もあり,親世代夫婦の妻108人と子世代夫婦の妻108人に加えて,孫世代夫婦の妻36人,計252人の既婚女性について,学校卒業,結婚,長子出産,末子出産のタイミング,および結婚前と結婚後の職業経歴がわかる(表2—6).

親世代夫婦の妻の生年は1882〜1913(明治15〜大正2)年,子世代夫婦の

妻の生年は1921～1942（大正10～昭和17）年，孫世代夫婦の妻の生年は1947～1967（昭和22～42）年に分布していて重複はない．子世代夫婦の妻は，若い頃から引退するまで一貫して農業に従事してきた1921～1935（大正11～昭和10）年生（表2－2）と，戦後の日本農業の女性化を担った「昭和10年世代」1936～1945（昭和11～20）年生（表2－3）にあたる．孫世代夫婦の妻は事例が少なく，ここでは主として親世代と子世代の2世代の比較によって，子世代夫婦の妻の家族経歴および職業経歴の特徴をまとめ，戦後の日本農業にも

表2－6　農家女性の家族歴，学歴，職業歴の3世代比較（山梨県勝沼町調査）

(単位：人，%)

		親世代 108人		子世代 108人		孫世代 36人	
家族歴	誕生	1882-1913年		1921-1942年		1947-1967年	
	結婚	22.9歳		24.8歳		25.6歳	
	子どもの数	5.9人		2.6人		－	
	第1子出生	24.3歳		26.1歳		26.7歳	
	末子出生	37.4歳		30.9歳		－	
	出産期	13.1年		4.8年		－	
学歴	0．非就学	3	(2.8)	0	(0.0)	0	(0.0)
	1．小学卒	48	(44.4)	7	(6.5)	0	(0.0)
	2．中学卒	46	(42.6)	40	(37.0)	1	(2.8)
	3．高校卒	10	(9.3)	56	(51.9)	13	(36.1)
	4．短大卒	1	(0.9)	4	(3.7)	16	(44.4)
	5．大学卒またはそれ以上	0	(0.0)	0	(0.0)	4	(11.1)
	6．不詳	0	(0.0)	1	(0.9)	2	(5.6)
	7．合計	108	(100.0)	108	(100.0)	36	(100.0)
職業歴[5)]	1．農業継続型（農業－農業）	74	(68.5)	40	(37.0)	0	(0.0)
	2．勤務中断農業従事型（勤務－農業）	27	(25.0)	60	(55.5)	18	(50.0)
	3．勤務継続型（勤務－勤務）	0	(0.0)	2	(1.9)	1	(2.8)
	4．勤務中断主婦型（勤務－主婦）	0	(0.0)	0	(0.0)	9	(25.0)
	5．専業主婦型（非就業－主婦）	6	(5.5)	2	(1.9)	0	(0.0)
	6．その他・不明	1	(0.9)	4	(3.7)	8	(22.2)
	7．合計	108	(100.0)	108	(100.0)	36	(100.0)

出所）Tsutsumi, 1999：136に加筆修正[5)]

っとも貢献した世代の農家女性がどのようなライフコースを歩んだのかをみていきたい．

まず，学歴についてみてみると，戦前の公教育を受けた親世代は，「小学卒」（この場合は4年間または6年間の尋常小学校卒）と「中学卒」（この場合は8年間の尋常高等小学校卒）の義務教育で終わった者が約9割を占める．戦後の教育制度への切り替えは，1932（昭和7）年生まれの学年からで，義務教育は尋常高等小学校で終えるか，1年延長して新制中学を卒業するか選択できた．子世代は，戦前と戦後の教育制度が入り混じっているが，「高校卒」（新制高校）が過半数を占める．事例は少ないものの，孫世代になると，「短大卒」がもっとも多く，「大学卒またはそれ以上」と合わせて過半数が高等教育機関へ進んでいる．農家女性の高学歴化が明らかである．

次に職業経歴について，雇用労働のみならず自家農業従事も含め，結婚前と結婚後の連続・非連続でみると，「農業継続型」（農業―農業），「勤務中断農業従事型」（勤務―農業），「勤務継続型」（勤務―勤務），「勤務中断主婦型」（勤務―主婦），「専業主婦型」（非就業―主婦），「その他・不明」の6つのタイプに分類できる．親世代では，早期に義務教育を終えて農業に従事し，結婚後も農業に従事した「農業継続型」が7割弱を占める．また，「専業主婦型」もわずかにみられる．子世代では，学校卒業後は勤務を経験し，結婚後に農業に従事する「勤務中断農業従事型」が過半数を占める．孫世代になると，結婚前は勤務を経験しており，農業に従事した人はいない．まだ出産・育児期にあるため，「勤務中断主婦型」もある．

最後に家族歴をみてみると，親世代は平均して22.9歳で結婚し，24.3歳で第1子を出産し，13.1年かけて5.9人の子どもを出産した．それに対して子世代は平均して24.8歳で結婚し，26.1歳で第1子を出産し，4.8年かけて2.6人の子どもを出産している．

「家族変動・勝沼調査」の子世代にあたる農家女性は，過半数が結婚前に農業を経験しておらず，20歳代のうちに子どもを産みあげ，子育ては姑にまか

せて早くから農業に従事した．彼女たちが就農した時代は日本経済の高度成長期であり，他産業なみの所得が確保できる自立的な農業経営をめざして，勝沼町の地域農業は従来の米麦を主とする複合経営からぶどう作による商業的農業に収斂していった．彼女たちは若い貴重な労働力として，農業経営に組み込まれていったのである．

3．農業政策の展開と女性の地位・役割の変化
（1）暮らしの民主化を担った農村女性

　戦後，1947（昭和22）年の農地改革に始まり，1961（昭和36）年の農業基本法によって完成した自作農主義農政では，農業経営は男性，農家生活は女性と，性別役割分担に応じた農業改良普及事業が推進された．家族農業経営における女性の役割は，家族生活の有能なマネジャーであり，なおかつ，農業経営における勤勉な労働者だった．高度経済成長期の都市化に伴い，農家女性にはより高度な生活能力・家政能力が期待され，また，より生産的な農業労働が必要とされた．

　1947（昭和22）年の農業改良助長法によって，翌1948（昭和23）年，農林省に生活改善課が置かれ，都道府県単位に専門技術員（通称「専技」）が配置され，農業改良普及所の生活改良普及員（通称「生改」）が農村の生活改善普及事業の担当となる．生活改良普及員の指導の下，各地に農村婦人による生活改善実践グループが組織され，衣食住生活の合理化，共同炊事，共同保育，健康管理，高齢者活動などを通じて，農村婦人の地位向上・農村社会の民主化が図られた（市田（岩田），1995）．

　また，1970（昭和45）年には全国農業協同組合（農協）が生活活動の拡大をめざして「農村生活の課題と農協の対応」（生活基本構造）を打ち出し，生産活動に加えて生活活動を二本柱に据えることを確認した．各地区農協には生活指導員が配置され，購買活動を通じて農村婦人の生活能力および農業労働者とし

ての資質向上が図られた（全国農業協同組合中央会編，1990）．

この生活改善普及事業を中心とする政策は，1975（昭和50）年の国際婦人年から新たな展開をみせる．1977（昭和52）年の「国内行動計画」において，「農山漁村婦人の生産活動への参加の著しい進展に即応して，生産と生活の向上およびその調和を図ること」とされ，婦人の身体的条件に配慮しつつその能力を活かす普及・教育・訓練，社会活動への婦人の参加を促すためのコミュニティ施設の整備，健康生活指導，家事労働の合理化，農作業労働条件などの改善がめざされ，各地に「農村婦人の家」が建設された（三原，2005：82）．

国連で，1979（昭和54）年に「女子に対するあらゆる形態の差別撤廃に関する条約」（女性差別撤廃条約）が採択され，1981（昭和56）年に「家族的責任を有する男女労働者の機会及び待遇の均等に関する条約」（ILO第156号条約）が採択された．わが国では，1985年に女性差別撤廃条約を批准し，男女雇用機会均等法を制定した．2年後の1987年には，総理府による「新国内行動計画」が発表され，固定的な性別役割分担意識の見直しが図られる．農林水産行政で

> **キーワード　世界女性会議**
>
> 1972（昭和47）年の第27回国連総会において，1975年（昭和50）を国際婦人年（Women's Year）とすることを宣言．1975年メキシコで開かれた第1回国際婦人年女性会議（World Conference on Women）において，女性の地位向上を目的とする「世界行動計画」が採択された．その後，1980年に第2回「国連婦人の十年」中間世界会議がコペンハーゲンで開かれ，1985年の第3回「国連婦人の十年」ナイロビ世界会議にて「女性の地位向上のためのナイロビ将来戦略」が採択された．1995年には第4回世界女性会議が北京で開かれ，女性のエンパワーメントのためのアジェンダを記した「北京宣言及び行動綱領」が採択された．

も,「農山漁村の日」を設置して性別役割分担意識に基づく慣行や慣習を解消するための啓発活動を行ったり,婦人の経営能力向上,地域活動への参加促進,農林水産業に関する方針決定の場への参加を促したりすることになった.1992（平成4）年に「農山漁村の女性に関する中長期ビジョン」が示され,農林水産業に携わる女性の労働評価ならびに経営参画が見直されることになる.

　自作農主義農政の下で農村女性は,女性団体や女性グループでの活動をつうじて地域社会への参加を果たしてきた.実際,農村ではどのような女性団体や女性グループの活動が展開されたのか,山梨県勝沼町の場合からみてみたい.

　勝沼町では1987（昭和62）年に13団体からなる勝沼町婦人団体連絡協議会（1999年6月に勝沼町女性団体連絡協議会に名称変更）が組織された.2005（平成17）年11月,甲州市への市町村合併に際して活動を休止するが,各組織の歴史を2000（平成12）年から2001（平成13）年にかけて「広報かつぬま」に連載した.その連載記事と,勝沼町中央公民館に保管されていた協議会の総会資料から,戦後,勝沼町で公認組織として活動した女性団体およびグループの一覧を表2―7にまとめた.

　表2―7によれば,戦後,民主化のなかで最初に公的な活動を始めたのは,1955年から記録がある連合婦人会と日赤奉仕団である[7].1960年代に入って,1961（昭和36）年から愛育会[8],1967（昭和42）年から農協婦人部,また,この頃から公民館活動を通じてスポーツ団体が活動を始めている.

　「生活」や「生活改善」という言葉は1960年代から使われており,1967年には町内の一地区で生活改善実践グループがつくられるが,それが組織的に活動するのは1976（昭和51）年からである.1980年代にグループ数や会員数が拡大し（表2―8）,その一方で婦人会活動が停滞する.「家族変動・勝沼調査」の親世代の妻は戦前から戦後にかけて婦人会活動に参加し,その活動を通じて社会教育・産業教育を受けた.しかし,婦人会は1世帯からひとり,主婦が加入する団体であり,長寿化によってメンバーの世代交代が停滞した.ぶどう作による商業的農業経営の貴重な若い労働力である子世代の妻にとって,婦人会

コラム　婦人会

　婦人会の先駆者は，明治期の国粋・軍国主義に則った婦人活動家の奥村五百子であり，軍人遺族の救護事業を目的に1901（明治34）年に愛国婦人会を組織した．皇族や華族や名流婦人など，上流社会の婦人のみが対象だった．日露戦争を契機に会員数が増し，満洲に慰問団を派遣するなど愛国思想を広め，戦後は，戦死者の遺族や傷病軍人の救護活動や農村託児所の開設といった社会事業に取り組んだ．

　これと同様の趣旨で組織された婦人会に大日本連合婦人会や大日本国防婦人会がある．大日本連合婦人会は1931（昭和6）年，主に農村の地域婦人団体として文部省が組織した．大日本国防婦人会は，1932（昭和7）年に大阪で国防婦人会が結成され，次いで東京でも結成され，1934（昭和9）年に両者が統合されて組織された．現役の将官夫人が幹部を務め，陸軍の監督のもとで後援を受けた．

　1942（昭和17）年戦時体制の下，軍国主義的国策に沿った婦人団体として，政府によって大日本婦人会が組織され，20歳以上の女性はすべて強制加入となった．1945（昭和20）年に国民義勇隊に改編．敗戦によって解散した．

　戦後，民主化政策によって，婦人解放のスローガンの下，新日本婦人同盟（後に日本婦人有権者同盟と改称），婦人民主クラブ，大学婦人協会，日本産婆看護婦保健婦協会（後に日本看護協会と改称），主婦連合会といった各種婦人団体が誕生したが，これとは別に地域婦人会が活動を続け，1952（昭和27）年に全国地域婦人団体連合会が結成された．これまでに，原水爆禁止運動・平和運動，沖縄ならびに北方領土返還運動に参加する一方，消費者運動を通じて実績を伸ばし，消費者団体としての性格を強めている．

（全国地域婦人団体連合会公式サイト　http://www.chifuren.gr.jp/）

活動は役員になった場合の負担感が大きい．子世代の妻の社会参加の場は生活改善実践グループへと代わった．生活改善実践グループは，任意参加によるゆるやかなネットワーキングなのである．

表2－7　勝沼町における女性団体およびグループ活動

女性団体およびグループ		活動期間		主な活動内容					
		開始	終了	生活	福祉	文化スポーツ	環境	農業	地域
勝沼町連合婦人会		1955	1975?	○	○	○	○	○	
1	愛育部	1961	1973		○				
2	教養部	?	1975?			○			
3	農協婦人部	1967	1975?	○	○	○	○	○	
4	総務部	1966-1971?	1975?			○			○
5	体育部	1966-1971?	1975?			○			
6	日赤奉仕部	1955	1966-1970?		○				
7	消防部	?	1966-1970?						○
生活改善グループ		1976	2005	○			○		
農協婦人部		1967		○				○	
勝沼町女性団体連絡協議会		1987	2005	○	○	○	○	○	○
1	勝沼町愛育会	1961			○				
2	勝沼町日赤奉仕団	1955			○				
3	勝沼町食生活改善推進委員会	1960s?		○					
4	勝沼町生活学校	1970		○			○		
5	勝沼町消費生活研究会	?	2004	○					
6	勝沼町母子寡婦福祉連合会	?			○				
7	勝沼町ボランティアグループ連合会	1985			○	○			
8	勝沼町生活改善研究会	1967		○			○		
9	勝沼大和商工会女性部	1961							○
10	勝沼地区婦人会	1955	1992	○	○	○	○	○	
11	ママさんバレー連合会	?	1991			○			
12	自治公民館連絡協議会婦人部	?	1989						○

出所）勝沼町「広報かつぬま」No. 463～471，473，475～483，485，勝沼町産業課，勝沼町中央公民館，旧岩崎農協（現JAフルーツ山梨）保存資料より大友作成．

表2—8 勝沼町における生活改善実践グループと会員数の推移

(単位:人)

	グループ名	地区名	設立年	'81	'82	'83	'84	'85	'86	'87	'88	'89	'91	'93	'95	'02	'03	'04	'05
1	勝沼グループ	勝沼上町	1981.4	8	8	8	8		7	7	7	7	6						
2	横町グループ	勝沼横町	1981.4			14	18	18	18	18	18	18	17	17	17	16	16		
3	25日会	勝沼	?	7	7	7	7												
4	ひまわり会	勝沼	1994.4													4	4	4	4
5	すみれ会	勝沼	2004.4															6	6
6	等々力グループ	等々力12区	1967.2	26	28	28	28	28	29	29	27	24	19	16	15	12	12	11	7
7	ひまわり会	等々力下町	?	17	7	7													
8	あやめ会	等々力	1991.4											2	3	3	3	3	3
9	すみれ会	小佐手	1977.4		20	18	16	5	5	5	5	4	5	5					
10	むつみ会	小佐手	?	22	22														
11	日の出グループ	綿塚	1983.4					4	4	4	4								
12	休息グループ	休息	1980.4	9	9	7	9		9	9	9	9	8						
13	かたつむり会	休息	1982.4			9		9	10	9	9	9							
14	あすなろグループ	休息	1981.4				5		5	5									
15	桜会	休息	?					5											
16	さつき会	山	1980.4		8	9	9		9	9	9	9	9						
17	四つ葉会	山	1982.2				12		12	12	12	12							
18	菱山グループ	菱山	1980.4		48	34	31	30	29	28	25	27	21	25	23	15	15	14	13
19	昭和グループ	下岩崎	?	5	5	3		7											
20	サルビア会	下岩崎	1984.4					4	4	4	4								
21	末広会	下岩崎	?	9	9	10	10	10											
	会員数			103	171	171	137	168	151	139	129	112	84	65	67	50	50	38	29
	グループ数			8	11	14	9	14	13	12	11	9	7	5	6	5	5	5	4

出所)東山梨地区生活改善研究会「ほほえみ」1981〜1985, 1987〜1995, 山梨県生活改善研究会「なかま」1986, 勝沼町女性国体連絡協議会「総会資料」2002〜2005より大友作成.

(2) 女性農業者の経営参画

　1999(平成11)年には農業基本法が改正されて食料・農業・農村基本法が制定され,第26条で「男女が社会の対等な構成員としてあらゆる活動に参画する機会を確保することが重要であることをかんがみ,女性の農業経営における役割を適正に評価するとともに,女性が自らの意思によって農業経営及びこれに関連する活動に参画する機会を確保するための環境整備を推進するものとする」と謳われる.同1999年には男女共同参画基本法が制定され,2001(平成13)年,農林水産省に男女共同参画推進本部が設置され,「農村女性のチャレ

ンジ支援」が推進されている．以下，農林水産省男女共同参画推進本部の公式サイト（http://www.maff.go.jp/danjo/）よりその動向を眺めてみたい．農林水産省男女共同参画推進本部では，女性が認定農業者になること，自分名義の農地を取得すること，農協の役員になること，農業委員になること，起業でビジネスチャンスを拓くこと，家族経営協定でステップアップすること，農業者年金に加入することなど，農家女性のチャレンジ支援を推進している．[10]

① **女性認定農業者**

 1993（平成5）年，「農業経営基盤強化促進法の施行について」によって，農業経営に関する国の支援は，認定農業者や一定の要件を満たす集落営農などの担い手に対し，集中的かつ重点的に実施されることになった．認定農業者が立てた農業経営改善計画は，市町村が基本構想に照らして認定し，その計画遂行に必要な農業経営改善関係資金（スーパーL資金，農業改良資金，農業近代化資金）などさまざまな支援措置を受けられる．2003（平成15）年，「認定農業者制度の運用改善のためのガイドライン」が出され，共同経営者である女性農業者や農業後継者も，家族経営協定等の取決めが遵守されていることなどを要件として，経営主とともに認定農業者として共同申請できるようになった．

② **女性農業士**

 これとは別に，県が一定の要件をさだめ，知事が農業者を認定する仕組みとして，指導農業者制度と，若年層を対象とした青年農業士制度がある．1969（昭和44）年に静岡県で農業経営士が生まれたのを発端に，1970年代前半，全

表2—9　女性認定農業者の推移

（単位：人，%）

年	1997	1998	1999	2000	2001	2002	2003	2004	2005
総　数	98,232	119,448	136,287	145,057	149,931	162,791	171,746	182,345	191,633
うち女性のみ	1,275	1,780	2,168	2,539	2,746	3,149	3,402	3,604	3,685
うち共同申請	−	−	−	−	−	−	−	81	440
女性合計	1,275	1,780	2,168	2,539	2,746	3,149	3,402	3,685	4,125
女性の比率	1.30	1.49	1.59	1.75	1.83	1.93	1.98	2.02	2.15

出所）農林水産省経営政策課調べ

表2—10(1) 女性の指導農業士の推移

年　度	1996	1997	1998	1999	2000	2001	2002	2003	2004
総数(人)	8,269	8,331	8,513	8,823	8,998	9,348	9,568	10,246	10,472
うち女性(人)	235	250	223	273	392	474	602	1,153	1,258
女性の割合(％)	2.8	3	2.6	3.1	4.4	5.1	6.3	11.3	12

表2—10(2) 女性の青年農業士の推移

年　度	1996	1997	1998	1999	2000	2001	2002	2003	2004
総数(人)	11,334	11,203	10,699	9,818	9,589	9,475	9,405	9,132	9,380
うち女性(人)	168	146	143	164	151	175	176	179	188
女性の割合(％)	1.5	1.3	1.3	1.7	1.6	1.8	1.9	2	2

表2—10(3) 女性農業士等の推移

年　度	1996	1997	1998	1999	2000	2001	2002	2003	2004
女性農業士等(人)	4,410	5,412	6,176	6,689	6,785	7,030	7,219	6,961	7,020

注) 1. 女性農業士等：女性農業士，生活改善士，その他農村女性に対する称号を含む．
　　2. 2003年度については女性農業士を指導農業士制度に統合した県が複数あるため女性農業士の数が減少している．
出所) 1996～1999年は婦人・生活課調べ（12月末日現在），2000～2003年は普及課「組織運営調査」（2003年度末現在）．

国に広まった．そのなかに，わずかに女性も含まれるが（表2—10(1)，表2—10(2)），1990年代以降，女性版として女性農業士制度が整備されていった（表2—10(3)）．女性農業士の称号は県によって異なり，農村生活アドバイザー（青森，群馬，新潟など），農村生活マイスター（長野），女性農業経営士（大分），グリーンライフアドバイザー（長崎）などさまざまだが，おおむね35歳から60歳の農家女性で，10年以上の農業経験があり，生活管理能力に優れ，女性組織のリーダー経験があることなどが認定基準になっている．

③ **女性名義の農地取得**

　耕作目的で農地を購入または借入するには，農地法3条に基づいて農業委員会（または都道府県知事）の許可を受けるか，農業経営基盤強化促進事業の利用権設定等促進事業を活用する必要がある．農業委員会等は，農地の受け手の農

業経営状態や経営面積等を審査して，許諾を判断する．近年では，女性が起業等で自ら貯蓄した財産で農地を購入する例もみられるようになってきた．

④ **農協の女性役員**

　農業協同組合法で定める正組合員の資格は，「農民（自ら農業を営み，または農業に従事する個人）」であることなので，農地の権利名義等とは関係ないが，これまで多くの農協（JA）が「1農家1組合員」と定めてきたため，経営主が正組合員になると，妻はなれなかった．しかし，現在では，一戸複数組合員を認めている農協も少なくなく，女性が正組合員になる道も開かれている．

　一方，農協の役員に占める女性の割合は，増加傾向にあるものの，低い数値にとどまっている．役員になると，農協で不祥事等が起きた際に損害賠償責任を負わされることがあるため，女性役員の登用には否定的だったが，役員の損害賠償責任保険に加入する農協も増え，女性役員への抵抗感は少なくなりつつある．

表2－11　農業委員会，農協，漁協への女性の参画状況の推移

(単位：人，％)

年　度	1997	1998	1999	2000	2001	2002	2003	2004
農業委員数	60,610	60,052	59,702	59,254	58,801	58,613	57,875	56,348
うち女性	451	479	977	1,081	1,318	2,261	2,369	2,391
女性の割合	0.74	0.80	1.64	1.82	2.24	3.86	4.09	4.24
農協個人正組合員数	5,380,083	5,335,636	5,287,799	5,240,785	5,202,171	5,149,940	5,098,862	5,045,472
うち女性	727,156	734,003	739,550	746,719	769,748	783,806	787,965	786,357
女性の割合	13.52	13.76	13.99	14.25	14.80	15.22	15.45	15.59
農協役員数	44,578	40,488	36,114	32,003	29,154	26,076	24,786	23,742
うち女性	129	143	158	187	213	266	300	364
女性の割合	0.29	0.35	0.44	0.58	0.73	1.02	1.21	1.53
漁協個人正組合員数	302,106	293,786	284,490	275,715	267,381	260,286	252,330	
うち女性	16,755	16,814	16,104	15,655	15,289	15,145	15,426	
女性の割合	5.55	5.72	5.66	5.68	5.72	5.82	6.11	
漁協役員数	19,621	19,160	18,812	17,974	17,381	16,401	15,705	
うち女性	36	45	54	43	47	49	48	
女性の割合	0.18	0.23	0.29	0.24	0.27	0.30	0.31	

注）農業委員　各年10月1日現在
　　農協　「総合農協統計表」各事業年度末（農協により4月末～3月末）現在
　　漁協　「水産業協同組合統計表」各事業年度末（漁協により4月末～3月末）現在
出所）経営局構造改善課，協同組織課，水産庁水産経営課調べ

また，役員ではないが参与として女性が理事会に出席できる仕組みを導入している農協も多くみられる．JA全国女性組織協議会は，2004年度からの新3ヵ年計画で「JA女性かわろう　かえよう宣言」を実践している（表2—11）．

⑤ **女性農業委員**

1951（昭和26）年制定「農業委員会等に関する法律」に基づき，各市町村には行政委員会として農業委員会が設置されている．農業委員には選挙委員と選任委員とがあるが，とくに選任委員のなかで女性の登用が微増している．2002（平成14）年，農林水産省事務次官通知「農業委員会の選任委員の選定について」と，2003（平成15）年，「『農業委員会に関する懇談会』報告書に基づく農業委員会活動・組織の見直しの基本方向について」（経営局長通知）によって女性農業委員の登用が推進され，2005（平成17）年11月現在，全国23都道府県において女性農業委員の協議会等組織が誕生している（表2—11）．

⑥ **農村女性起業**

この10年ほど，農村女性の起業がブームになっている．チーズやアイスクリームの工房を立ち上げたり，農家レストランを開いて新しいビジネスに取り組むケースや，自慢の味噌や漬物を加工して販売したり，野菜の直売所を始めたりして，従来の経営を補完するケースなどが主である．[11] 農村女性は，起業することによって自分名義の預金が手に入り，自らの労働評価を明確にすることができる．こうした起業ブームの発端は，1992（平成4）年の「農山漁村の女性に関する中長期ビジョン」以降の農村女性起業推進政策にある．

女性起業とは，農林水産省によれば「女性が主たる経営を担い，主に地域産物を使い，女性の収入につながる経済活動のこと」と定義されている（農林水産関係用語集）．全国の農業改良普及センターを介して毎年行われている「農村女性による起業活動実態調査」（農林水産省）によれば，統計が取り始められた1997（平成9）年以降，起業件数は堅調に伸びている（図2—1）．女性起業の経営形態には個人経営とグループ経営とがあるが，最近の2004（平成16）年の統計においても，7割近くはグループ経営であり，その母体は生活改善実践グ

図2—1 農村女性による起業数の推移

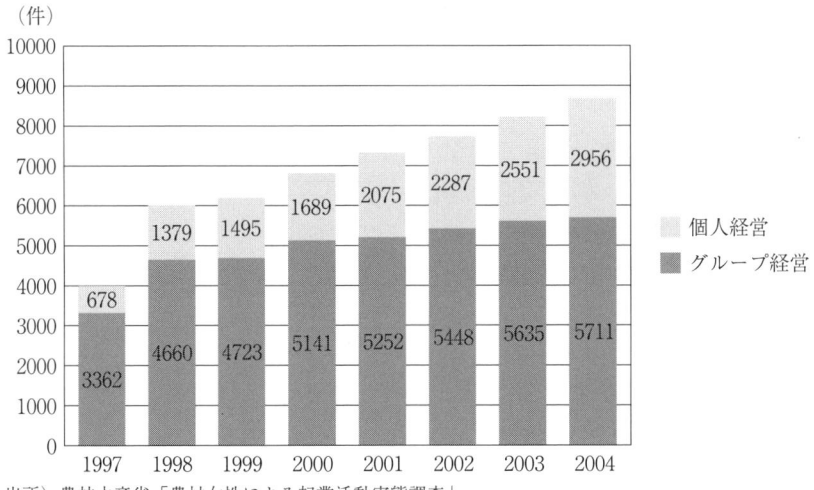

年	グループ経営	個人経営
1997	3362	678
1998	4660	1379
1999	4723	1495
2000	5141	1689
2001	5252	2075
2002	5448	2287
2003	5635	2551
2004	5711	2956

出所）農林水産省「農村女性による起業活動実態調査」

図2—2 農村における女性起業家の年齢（2004年度）

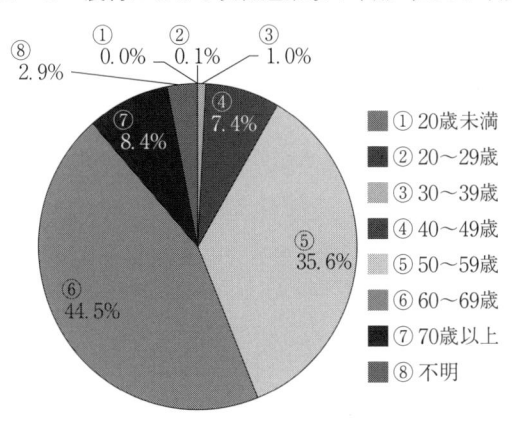

① 20歳未満　0.0%
② 20〜29歳　0.1%
③ 30〜39歳　1.0%
④ 40〜49歳　7.4%
⑤ 50〜59歳　35.6%
⑥ 60〜69歳　44.5%
⑦ 70歳以上　8.4%
⑧ 不明　2.9%

出所）図2—1に同じ

図2—3　農村における女性起業の種類（2004年度）件数（複数回答）

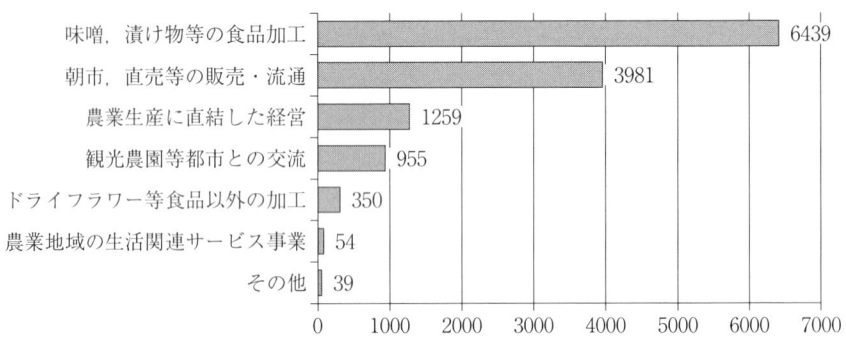

- 味噌，漬け物等の食品加工　6439
- 朝市，直売等の販売・流通　3981
- 農業生産に直結した経営　1259
- 観光農園等都市との交流　955
- ドライフラワー等食品以外の加工　350
- 農業地域の生活関連サービス事業　54
- その他　39

出所）図2—1に同じ

図2—4　農村女性起業における過去1年間の販売金額（2004年度）

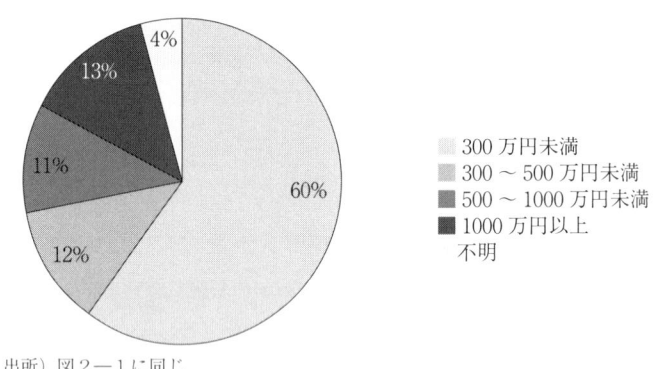

- 300万円未満　60%
- 300～500万円未満　12%
- 500～1000万円未満　11%
- 1000万円以上　13%
- 不明　4%

出所）図2—1に同じ

ループであるケースが多い．起業家の年齢構成は，2004年度段階で60歳代（44.5%）と50歳代（35.6%）で全体の8割を占めている（図2—2）．若い世代の参画が進んでいないこと，さらには年間の販売金額が300万円未満の零細なものが6割を占めていることなどが，農村女性起業の課題となっている（図2—4）．しかし，個人経営もここ数年増加傾向にあり，個人経営の23%は年間販売金額が500万円以上になっている．それらは，家族経営で女性が部門分担になっているケースが少なくない．

⑦ 家族経営協定

　家族を経営の単位とする家族経営農業では，農業経営と家族生活とが不可分の関係にある．家族員それぞれの地位や役割を尊重し，家族員相互のルールを明確にすることによって経営の近代化を図るべく，家族経営協定の普及が推進されている．その前身は1960年代に導入された家族協定農業で，高度経済成長によって農工間の賃金格差が拡大するなか，他産業なみの収入が得られる自立経営農家の育成をめざして，農業の後継者対策として導入された[12]．これに対して家族経営協定は，男女共同参画によるパートナーシップ経営をめざしている．1992（平成4）年「農山漁村の女性に関する中長期ビジョン」を受けて，1995（平成7）年，農林水産省構造改善局長・農蚕園芸局長通達「家族経営農業の普及推進による家族農業経営の近代化について」が提示され，全国の農業改良普及センターならびに農業委員会によって普及推進が図られる．同年には農業者年金基本法が改正され，家族経営協定の締結を条件として，農地の権利名義をもたない被保険者の配偶者（通常，妻）でも年金加入が認められるようになった．さらに2003（平成15）年には，前述したように，家族経営協定の締結等を要件に，夫婦等による認定農業者の共同申請が認められるようになった．家族経営協定は，女性の農業経営への参画を促進し，女性の農業経営者としての位置づけを明確にする手段として，農山漁村における男女共同参画社会推進政策として期待されている．

　農業改良普及センターからの報告にもとづく，農林水産省経営局普及・女性課「家族経営協定に関する実態調査」（2007年3月31日現在）によれば，家族経営協定締結農家は全国で37,721戸におよび，堅調に数値を伸ばしている（図2－5）．家族経営協定を取り決めている家族員の構成は，経営主と配偶者による夫婦間の協定と，経営主と配偶者と息子または娘など親子関係が含まれる協定とに二分される（図2－6）．取り決め項目は一戸平均6項目だが，取り決めの内容は，「農業経営の方針決定」（86.0%），「労働時間・休日」（85.9%），「農業面の役割分担」（74.1%），「労働報酬」（71.9%）といった農業経営面での

図2—5　家族経営協定締結農家数

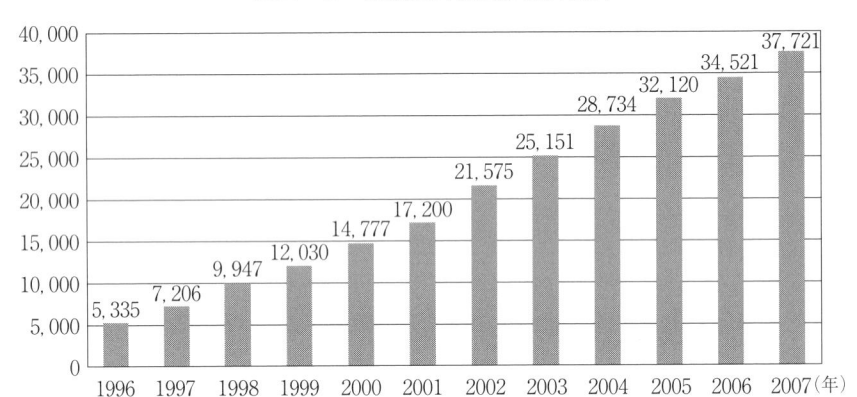

年	農家数
1996	5,335
1997	7,206
1998	9,947
1999	12,030
2000	14,777
2001	17,200
2002	21,575
2003	25,151
2004	28,734
2005	32,120
2006	34,521
2007	37,721

注）1．2001年までは8月1日現在，2002年以降は3月31日現在（ただし，2002年の一部に8月1日現在の地域がある）．
　　2．広島県については調査体制の見直し等のため，調査結果が得られなかったことから，2007年の集計には含まれていない．
出所）農林水産省「家族経営協定に関する実態調査」

図2—6　家族経営協定の取り決め範囲（2007年3月31日現在）

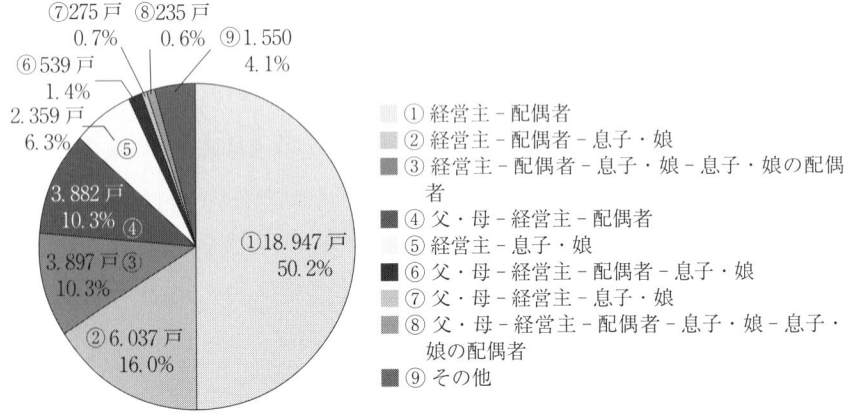

区分	戸数	割合
①経営主－配偶者	18,947戸	50.2%
②経営主－配偶者－息子・娘	6,037戸	16.0%
③経営主－配偶者－息子・娘－息子・娘の配偶者	3,897戸	10.3%
④父・母－経営主－配偶者	3,882戸	10.3%
⑤経営主－息子・娘	2,359戸	6.3%
⑥父・母－経営主－配偶者－息子・娘	539戸	1.4%
⑦父・母－経営主－息子・娘	275戸	0.7%
⑧父・母－経営主－配偶者－息子・娘－息子・娘の配偶者	235戸	0.6%
⑨その他	1,550	4.1%

注）広島県については調査体制の見直し等のため，調査結果が得られなかったことから，集計には含まれていない．
出所）図2—5に同じ

図2—7　家族経営の取り決め範囲（複数回答）（2007年3月31日現在）

項目	%
農業経営の方針決定	86.0
労働時間・休日	85.9
農業面の役割分担（作業分担，簿記記帳等）	74.1
労働報酬（日給，月給）	71.9
収益の配分（日給，月給以外の収益の分配）	46.3
生活面の役割分担（家事，交際）	41.7
経営移譲（継承を含む）	40.1
労働衛生・健康管理	35.3
農業面の部門分担（加工，販売等の関連事業も含む）	23.3
社会・地域活動への参加	19.9
移譲者（老後）の扶養（居住・生活・介護等）	15.8
育児の役割分担	9.3
資産の相続	8.5
その他	41.7

注）広島県については調査体制の見直し等のため，調査結果が得られなかったことから，集計には含まれていない．
出所）図2—5に同じ

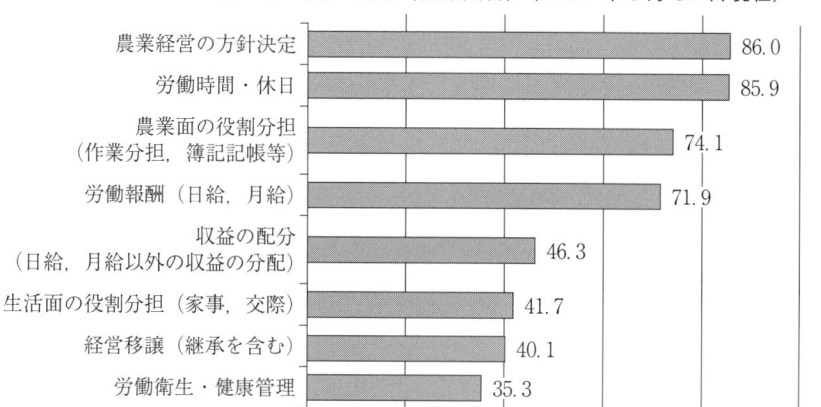

取り決めから，「生活面の役割分担」（41.7%），「移譲者（老後）の扶養」（15.8%），「育児の役割分担」（9.3%）といった生活面での取り決め，「経営移譲」（40.1%）や「資産の相続」（8.5%）といった家族の継承や相続に関する取り決め，さらには「社会・地域活動への参加」（19.9%）という地域生活に関する取り決めまで，幅広く及んでいる（図2—7）．

普及推進開始から約10年は，各地でモデル的な普及事業が展開し，家族経営協定の締結数も飛躍的に伸びた．しかし，2004（平成16）年に農業改良助長法が改正され，現場での普及推進を担当してきた専門技術員の資格は廃止さ

れ，生活改善普及員の採用も停止された．これによって現在，家族経営協定の普及事業は転換期に立たされている．とりわけ，家族経営協定の普及推進のスタート段階で先進的事例として協定を締結した農家では，世代交代の時期にさしかかっている．次世代に対しては，かつてのような行政サポートは期待できない．農業政策や女性政策の転換によって，多世代が同居する農家生活に世代差をつくりだしている．家族経営協定によって経営参画を実現できた世代は中高年女性であって，出産・育児期にある若年世代の農家女性の場合，家族経営協定で家事・育児を役割分担と定めることによって，性別分業を固定化してしまうケースもみられる．若年世代の育児負担の解消は，農家女性のみならず，少子高齢化がすすむなか，社会全体の最重要課題である．

注）
1）農地の細分化防止と農業後継者の育成を図ることを目的に，1964 年，「農地の一括生前贈与税の特例処置」が出される．この制度を利用すると，農地を一括して後継者に贈与した場合，贈与者が死亡するまで贈与税の納付期限が延長され，死亡した時点で免除される．申請には，市町村の農業委員会から発行される「納税猶予に関する適格者証明」と農地法第3条による許可が必要である．
2）また，1960 年の 35〜39 歳と 40〜44 歳も，その前後の世代に比べて女性の割合が高いが，これは 1916 年から 1925 年生まれの大正世代であり，戦争に行っていた男性に代わって，農業を担った世代である（大内，2005：173）．
3）家族発達の研究では，結婚によって家族という小集団が形成されるという発想から，同年結婚集団である結婚コーホートを用いる．
4）農家女性の就業経歴は，学校卒業，結婚，出産，孫の誕生という家族経歴に深くかかわっている．「本人や他の家族員のライフコース上の出来事との協和のうちに，あるいはそれらに先導されるようにして展開してきた女性の就業経歴のあり方が，家系の継承や家族内の労働力調整という要請にとって適合的なものとなっているということである（後略）」（石原，1988：48）．
5）堤論文では，子世代の未婚の娘も扱っているため，職業歴の分類は9タイプになっている．①農業継続型（農業―農業），②職業中断農業従事型（勤務―農業），③専業主婦型（無職―主婦），④職業継続型（勤務―勤務），⑤専業主婦中断就業型（主婦―勤務），⑥職業中断主婦型（勤務―主婦），⑦職業中断自営・農業従事型（勤務―自営＆農業），⑧職業中断再就職型（勤務―再就職），⑨その他・不明．

6）従来，成人した女性のことは「婦人」と表現されてきたが，1990 年代の男女共同参画への取り組みによって，「女性」と表現されるように変わった．「婦」という漢字は，女偏に帚（ほうき）と書くため，女性を差別的に表現しているというフェミニズム論者からの批判にもよるが，むしろ「婦人」という語感が既婚女性の意味合いをもつようになったためである．
7）日本赤十字社は，西南戦争の際に創設された博愛社が，1886（明治 19）年，日本の赤十字条約加盟に伴って，翌年に改称したもの．勝沼町では 1955（昭和 30）年に勝沼赤十字奉仕団を結成している．
8）1933 年 12 月 23 日の皇太子（現天皇）誕生に際し，翌 1934（昭和 9）年，母子の保健と福祉のための事業団体として恩賜財団愛育会が創設された．戦後，1946（昭和 21）年，恩賜財団母子愛育会，1952（昭和 27）年，社会福祉法人恩賜財団母子愛育会と改称．勝沼町愛育会は 1961（昭和 36）年に発足し，初期の事業としては，妊産婦への牛乳配布によって，乳幼児死亡率の低下に大きく寄与した．
9）ただし，勝沼町岩崎地区（旧祝村）では旧岩崎農協（現 JA フルーツ山梨）の購買活動がさかんで，農家は全戸加入．農協生活指導員による農協婦人部（女性部）の活動が活発で，生活改善実践グループは少なかった．
10）ただし，2002（平成 14）年に制度がかわり，農業者年金の新規加入者は大幅に減少してきているため，詳しい動向については説明を省く．
11）農山漁村女性・生活活動支援協会編，2006，『農山漁村女性起業 400 選全国マップ』参考．
12）1964（昭和 39）年，全国農業会議所より家族協定農業普及推進要綱が示され，続いて 1967（昭和 42）年に家族協定農業普及推進要綱（新要綱）が示されると，農業の後継者対策として家族協定農業が全国に普及した．しかし，家族内での契約意識の欠如とあとつぎ不足によって，一部の先進地域を除いて低調になった．

参考文献

市田（岩田）知子，1995，「生活改善普及事業の理念と展開」『農業総合研究』49 巻 2 号：1-63.

市田知子，2005，「戦後改革期と農村女性―県における生活改善普及事業の展開を手懸りに―」戦後日本の食料・農業・農村編集委員会編『農村社会史』農林統計協会：37-62.

石原豊美，1988，「農家女性の就業経歴とライフコース」『農村生活研究』32 巻 2 号：43-48.

石原豊美，1996，『農家の家族変動』日本経済評論社．

川手督也・西山未真，2005，「農家の家族関係の変容と家族経営協定」戦後日本の

食料・農業・農村編集委員会編『農村社会史』農林統計協会：419-454.
熊谷苑子，1995，「家族農業経営における女性労働の役割評価とその意義」日本村落研究学会編『年報・村落社会研究』農山漁村文化協会：7 -26.
丸岡秀子，1937，『日本農村婦人問題』ドメス出版.
三原育子，2005，「農村における女性起業の経営的性格と課題」『国立女性教育会館研究紀要』9号：73-83.
Otomo, Yukiko, 2000, "Women's status in agricultural households," M. Tsutsumi et al. ed., *Women and families in rural Japan*, Tsukuba Shobou : 101-120.
大内雅利，2005，「高度経済成長下での農村社会の変貌」戦後日本の食料・農業・農村編集委員会編『農村社会史』農林統計協会：155-213.
佐藤宏子，2007，『家族の変遷・女性の変化』日本評論社.
菅谷よし子，1984，「ライフコースの世代・コーホート比較」『宮城学院女子大学研究論文集』60号：19-38.
菅谷よし子，1985，「農村婦人の就労における世代的変化」『老年社会科学』7号：81-95.
Tsutsumi, Masae, 1999, "A lifecourse study of stem family women in rural Japan : A comparison of the changes over three generations.", *International Journal of Japanese Sociology*, 8 : 117-140.
吉田義明，1995，『日本型低賃金の基礎構造』日本経済評論社.
全国農業協同組合中央会編，1990，『農協の生活活動』家の光協会.

第二部
少子高齢化

3章 少子化の社会的背景と人が育つこと

学習のねらい

少子化はいつ頃からどのような時代背景のなかで始まったか，多産多死から少産少死になった経緯についてデータで確認する．人口減少社会に入ったということはこれから少産多死の時代に向かうことになる．少子化になるとどのような社会的な問題や暮らしに影響が出てくるかを考え，少子化時代に子どもが育つこと，家庭教育の重要性，社会での子育て，人づくりと地域活性化について学習する．

1．少子化の歴史的背景

（1）少子化と近代化

少子化の要因のひとつである出生率の低下は今に始まったのではない．戦後まもなくは周知の通りベビーブーム時代があり，多産多死であった．ところが1950年代前半から多産多死に歯止めがかかり，出生率は低下し多産少死になった．そして，すぐに少産少死になり，人口学的な近代化（人口革命）が日本において成し遂げられた．戦後まもなくの急激な人口構造の近代化には「家族計画」の名のもとに行われた産児制限の普及があった．その頃から高齢化社会の予測もされていた．

高齢化社会の2つの要因である寿命の伸び（長寿化）と出生率の低下（少子化）のうち少子化は早くに定着をみた．その意味で，少子化の傾向は，高齢化

の傾向よりも早く，今から40年も前に生じていた．1985年以後は横ばいの数値を維持すると予測されていたにもかかわらず，徐々に下がり，丙午の年の出生率1.58よりも低下した．このことを強調して1989年に「1.57ショック」という表現をしたという（内閣府編，2006：22）．

最近の動向は，高学歴化，女性の就業率の高まり，結婚年齢の上昇（晩婚化），結婚しない人の増加（非婚化），子どもの養育コスト高，住環境の悪化などが相互に関連し合って，少子化の傾向が生じてきているといわれている．

出生率を国際比較でみると，社会の近代化，工業化と少子化は深く関連している．日本と西洋の先進国とが類似しているところは結婚パターンの変化，女性の経済的立場の向上などである．一方，異なるところは，出生率の歴史的推移の違いや同棲の普及，定着，非嫡出子出生の増加，避妊革命といわれるようなピルの普及である．日本ではピルの普及の効果はなかった．とりわけ，日本は西洋の先進国に比べると「皆婚主義」が多く，また子どもの存在の意味は重い．すでに廃止されているものの，「家」制度における規範に大きく影響されていると考えられる．

（2）少子化の時代認識

一人の女性が生涯に産む子どもの数を示す「合計特殊出生率」は低下傾向を示し，2005年には1.25になった．われわれには高齢化の方が少子化よりも早く始まっていたような時代認識があるが，少子化のほうが早いスピードで進んでいた．事実としての社会の変化とその時代認識とは必ずしも一致していない．

戦後，日本の社会は急激な変化をしてきたことは誰もが知るところである．1950年代になって，急速に高齢化社会へと歩みはじめ，平均寿命も伸びてきたが，それよりも急激に変化をしてきたのは，多産多死から多産少死そして少産少死である．これをデータで確認しておこう．

図3－1によると，1950年までは出生率，死亡率ともに高く，自然増加率

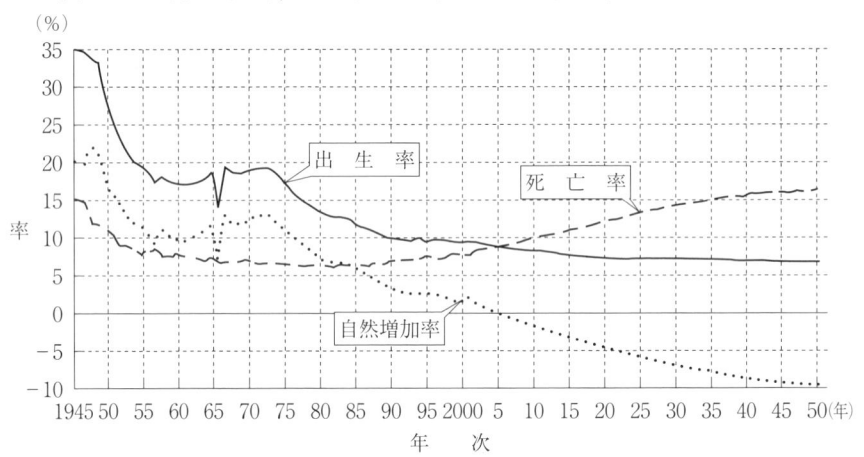

図3—1　普通出生率，死亡率および自然増加率推計（1947～2050年）

出所）厚生労働省統計情報部「人口動態統計」および国立社会保障・人口問題研究所「日本の将来推計人口」（平成14年1月）による．

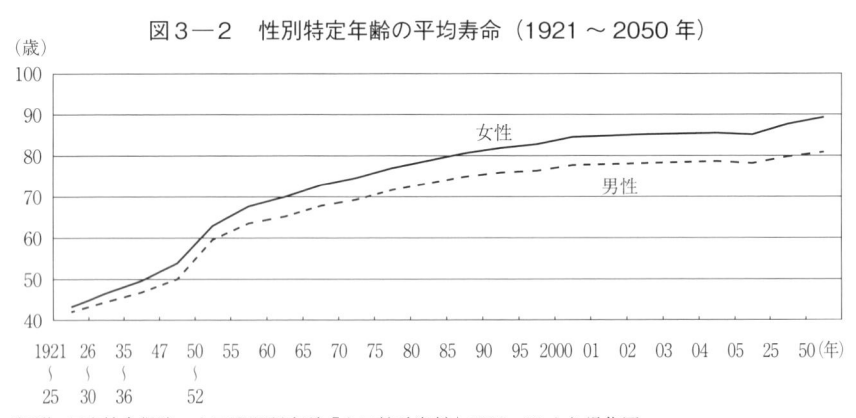

図3—2　性別特定年齢の平均寿命（1921～2050年）

出所）国立社会保障・人口問題研究所「人口統計資料」2006：80より堤作図．

も高い.この時期までは多産多死であったが,1950～1955年の5年間に急激に出生率,死亡率ともに減少している.1955年以降1975年までの間に安定した少子化傾向を示し,1975～1990年までさらに出生率が減少,それ以降も減少を続けている.

寿命の延びは1950年以前には人生50年時代といわれていた.男女に寿命差はあるが,およそ女性の平均寿命でみると1950年代50歳～60歳代,1960年代60歳代,1970年代70歳代,1980年代80歳代,1990年代80歳過ぎというように,1950年から1980年代の30年間に「人生50年時代」から「人生80年時代」になった(図3-2).

このようにみると,出生率の低下は1955年までに急激である.一方の寿命の延びは1960年までは急激であるが,その後も延び続けている.少子化の方が寿命の延びよりも早く,また早いスピードであったことがわかる.

(3) 地方の人口動態

都市と地方の人口割合について,はじめて国勢調査が行われた1920(大正9)年には地方・郡部と都市・市部は約8対2くらいの割合であった.郡部が市部より少なくなる逆転現象は1950年から1955年にかけて生じている.ちょうど高度経済成長にさしかかる前である.1970年になると郡部と市部が約7対3の割合になり,1975年から都市人口が増え続けた.2000年から2005年にいたって郡部が急激に減少しているが,これは町村合併の影響があると推察される.今まで,郡部として集計していた市町村が市部に入ることになった結果と推測される.市町村数について,1920年には12,244あった市町村が1955年には4,877になり,2000年に3,230あったが,市町村合併によって2005年には2,217になった.2000年から2005年に至って市が増加している(表3-1).

地方別の人口増加率について,南関東,東海,西近畿の3地域は一貫して人口増加を示し,マイナスになった時期はない(表3-2).ところが,高度成長

表3―1　市部・郡部別人口と割合および市町村数（1920～2005年）

年次	人口 (1,000人)		割合 (%)		市町村数		
	市部	郡部	市部	郡部	総数[3)	市[3)	町村
1920	10,097	45,866	18.0	82.0	12,244	83	12,161
1925	12,897	46,840	21.6	78.4	12,018	101	11,917
1930	15,444	49,006	24.0	76.0	11,864	109	11,755
1935	22,666	46,588	32.7	67.3	11,545	127	11,418
1940	27,578	45,537	37.7	62.3	11,190	168	11,022
1945[1)	20,022	51,976	27.8	72.2	10,536	206	10,330
1947[1)	25,858	52,244	33.1	66.9	10,505	214	10,291
1950	31,366	52,749	37.3	62.7	10,500	254	10,246
1955	50,532	39,544	56.1	43.9	4,877	496	4,381
1960[2)	59,678	34,622	63.3	36.7	3,574	561	3,013
1965	67,356	31,853	67.9	32.1	3,435	567	2,868
1970	75,429	29,237	72.1	27.9	3,331	588	2,743
1975	84,967	26,972	75.9	24.1	3,257	644	2,613
1980	89,187	27,873	76.2	23.8	3,256	647	2,609
1985	92,889	28,160	76.7	23.3	3,254	652	2,602
1990	95,644	27,968	77.4	22.6	3,246	656	2,590
1995	98,009	27,561	78.1	21.9	3,233	665	2,568
2000	99,865	27,061	78.7	21.3	3,230	672	2,558
2005	110,264	17,504	86.3	13.7	2,217	751	1,466

注）　1．沖縄を含まない．
　　　2．長野県と岐阜県の間の境界紛争地域の人口（73人）と岡山県児島湾干拓第7区の人口（1,200人）は，全国に含まれているが，市部または郡部には含まれていない．
　　　3．東京都特別区部は1市として計算されている．
出所）総務省統計局『国勢調査報告』による．ただし，1945年は11月1日現在の人口調査による．

の時期に都市へ人口を排出していた東北，北陸，中国・四国はマイナスを示している．1970年から1985年までの間はどの地域もプラスで安定している．1985年から北海道・中国・四国がマイナスを示し始めた．それに続き，東北がマイナス，2000年から2005年には北陸，東近畿もマイナスを示してきた．人口減少が地方から始まっていることを示している．

　出生率，死亡率，自然増加率についてみると，表3―3のようである．全国で，自然増加率はマイナスを示し，人口減少社会に入ったといわれている．自然増加率（普通率）がマイナスである地域は東北，東京を中心とする首都圏，兵庫・大阪の近畿圏，高知，福岡などである．

表3—2　地方別人口増加率（1950～2005年）

(単位：%)

地方	1950~55年	1955~60年	1960~65年	1965~70年	1970~75年	1975~80年	1980~85年	1985~90年	1990~95年	1995~2000年	2000~05年
全国	1.38	0.92	1.02	1.08	1.35	0.90	0.67	0.42	0.31	0.21	0.13
北海道	2.13	1.09	0.52	0.05	0.59	0.88	0.37	-0.13	0.17	-0.03	-0.20
東北	0.68	-0.02	-0.47	-0.17	0.44	0.72	0.33	0.02	0.20	-0.03	-0.37
北関東	0.13	-0.33	0.17	0.76	1.49	1.35	0.99	0.71	0.58	0.21	0.00
南関東	3.40	2.98	3.30	2.79	2.32	1.20	1.07	0.99	0.49	0.51	0.63
北陸・東山	-0.02	-0.20	-0.22	-0.05	0.63	0.61	0.43	0.13	0.24	0.04	-0.21
東海	1.36	1.23	1.61	1.51	1.56	0.91	0.73	0.59	0.46	0.31	0.33
東近畿	0.23	-0.09	0.60	1.13	1.84	1.49	1.00	0.69	0.68	0.30	-0.09
西近畿	2.48	2.31	2.76	2.15	1.54	0.57	0.47	0.25	0.10	0.20	0.07
中国	0.57	-0.14	-0.21	0.36	1.03	0.59	0.42	-0.01	0.08	-0.11	-0.15
四国	0.12	-0.59	-0.72	-0.36	0.69	0.60	0.31	-0.15	-0.06	-0.14	-0.33
九州・沖縄	1.09	0.07	-0.71	-0.44	0.67	0.89	0.54	0.09	0.25	0.09	-0.07

注）年平均人口増加率（%）は $(n\sqrt{P1/P0}-1) \times 100$ によって算出．
　　ただし，P0，P1はそれぞれ期首，期末人口，nは期間．
出所）総務省統計局『国勢調査報告』による．

　少子化にかかわる年少人口率と高齢化率，出生率，婚姻率を市町村分布でみると，図3—3～6のようである．このランクはパーセンタイルグループの数値の低い順に4つのランクに区分したものである．低いほうから25％に含まれる数値をランク1としている．100％を4つに区分して，市町村数の分布を表し作図したものである．
　これによると，年少人口率，出生率は北海道，中四国は低く，沖縄は高い．沖縄は他の地域と比較すると大きな差があり，子どもが多いことがわかる．出生率は沖縄に次いで九州が高い．出生率の低いのは北海道，中四国となっている．高齢化率の低いところは沖縄，高いところは中四国である．関東，東海，近畿は大都市圏ということもあり，出生率はバランスを示していて，高齢化率も低い．婚姻率の低いところは沖縄で，ランク3と4の高い市町村が83％を占める．
　沖縄は他の地方に比べると大きく異なる．年少人口，出生率が高く，高齢化率についてはもっとも低い．沖縄は他の地域に比べて子どもが多い地域の特色

表3－3　都道府県別普通および標準化出生率，死亡率（2005年）

(単位：‰)

都道府県	普通率			標準化率		
	出生率	死亡率	自然増加率	出生率	死亡率	自然増加率
全　　国	8.42	8.59	-0.17	8.42	8.59	-0.17
北 海 道	7.59	8.52	-0.93	7.38	8.91	-1.53
青　　森	8.47	9.76	-1.30	7.35	10.39	-3.04
岩　　手	9.21	8.97	0.23	7.64	10.61	-2.97
宮　　城	8.15	8.53	-0.38	8.23	8.42	-0.19
秋　　田	8.76	8.95	-0.19	6.74	11.44	-4.70
山　　形	9.52	8.59	0.93	7.73	10.96	-3.22
福　　島	9.74	8.90	0.84	8.43	10.08	-1.65
茨　　城	8.73	8.89	-0.15	8.25	8.80	-0.54
栃　　木	9.19	9.17	0.02	8.72	9.09	-0.37
群　　馬	9.20	8.80	0.40	8.61	9.32	-0.71
埼　　玉	8.14	8.69	-0.55	8.56	6.90	1.67
千　　葉	8.13	8.59	-0.46	8.46	7.36	1.10
東　　京	6.73	8.39	-1.65	7.83	7.59	0.24
神 奈 川	7.98	8.21	-0.23	8.78	6.78	2.01
新　　潟	8.85	8.35	0.50	7.64	10.08	-2.43
富　　山	9.06	8.29	0.77	8.15	9.86	-1.71
石　　川	8.94	8.22	0.72	8.62	8.90	-0.28
福　　井	9.94	8.21	1.73	8.82	9.59	-0.77
山　　梨	9.21	8.31	0.90	8.21	9.52	-1.31
長　　野	9.70	7.91	1.79	8.57	9.89	-1.32
岐　　阜	9.12	8.50	0.62	8.55	8.94	-0.39
静　　岡	9.16	8.24	0.91	8.57	8.53	0.04
愛　　知	8.92	8.73	0.20	9.45	7.40	2.05
三　　重	8.99	8.75	0.24	8.37	9.36	-0.99
滋　　賀	9.29	8.26	1.02	9.50	7.67	1.83
京　　都	7.91	8.45	-0.55	8.29	8.51	-0.22
大　　阪	8.04	9.03	-0.99	8.81	7.95	0.86
兵　　庫	8.33	8.69	-0.36	8.59	8.48	0.11
奈　　良	7.94	8.54	-0.60	7.92	8.41	-0.49
和 歌 山	8.69	9.14	-0.45	7.60	10.91	-3.31
鳥　　取	9.68	8.53	1.15	8.31	10.45	-2.14
島　　根	9.83	8.35	1.48	7.72	11.60	-3.88
岡　　山	9.02	8.30	0.73	8.59	9.49	-0.90
広　　島	8.87	8.34	0.54	8.68	8.98	-0.29
山　　口	9.03	8.97	0.07	7.78	11.16	-3.38
徳　　島	8.31	8.77	-0.46	7.34	10.68	-3.35
香　　川	9.38	8.52	0.86	8.63	10.20	-1.57
愛　　媛	8.83	8.80	0.03	7.89	10.59	-2.70
高　　知	8.68	8.78	-0.09	7.46	11.49	-4.04
福　　岡	8.34	8.63	-0.30	8.66	8.52	0.15
佐　　賀	9.72	8.69	1.03	8.70	9.90	-1.20
長　　崎	9.53	8.65	0.88	8.25	10.09	-1.85
熊　　本	9.60	8.12	1.48	8.52	9.75	-1.23
大　　分	9.22	8.33	0.89	8.13	10.11	-1.98
宮　　崎	9.71	8.40	1.30	8.47	9.71	-1.24
鹿 児 島	9.78	8.77	1.01	8.48	10.86	-2.37
沖　　縄	11.21	8.17	3.04	11.90	6.66	5.24

注）普通率は，総人口1,000についての率．標準化率は，2005年の全国の総人口を標準としている．
出所）厚生労働省統計情報部『人口動態統計』による．

図3－3　年少人口率ランク別市町村分布

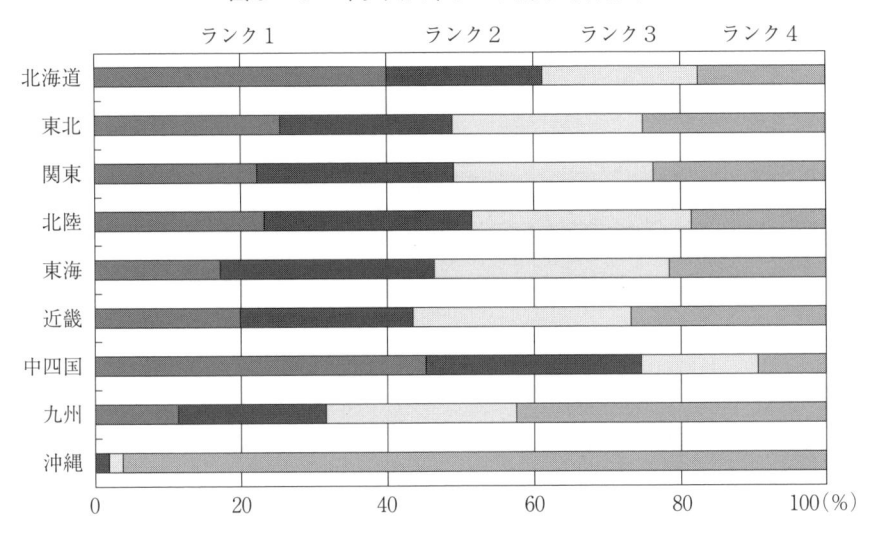

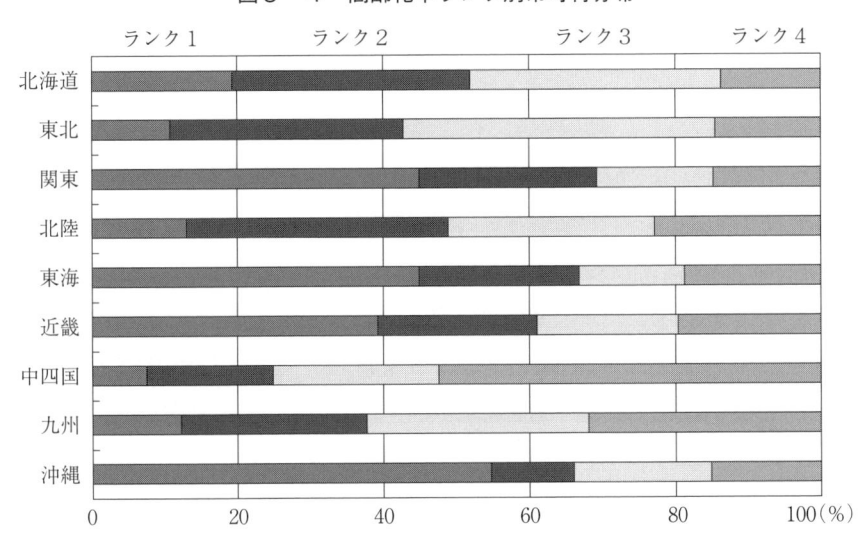

図3－4　高齢化率ランク別市町村分布

図3—5 出生率ランク別市町村分布

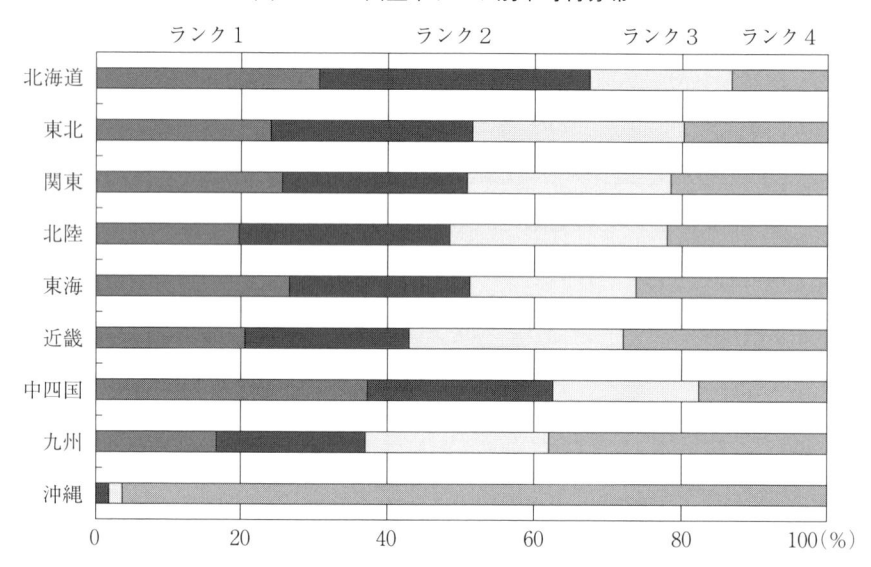

図3—6 婚姻率ランク別市町村分布

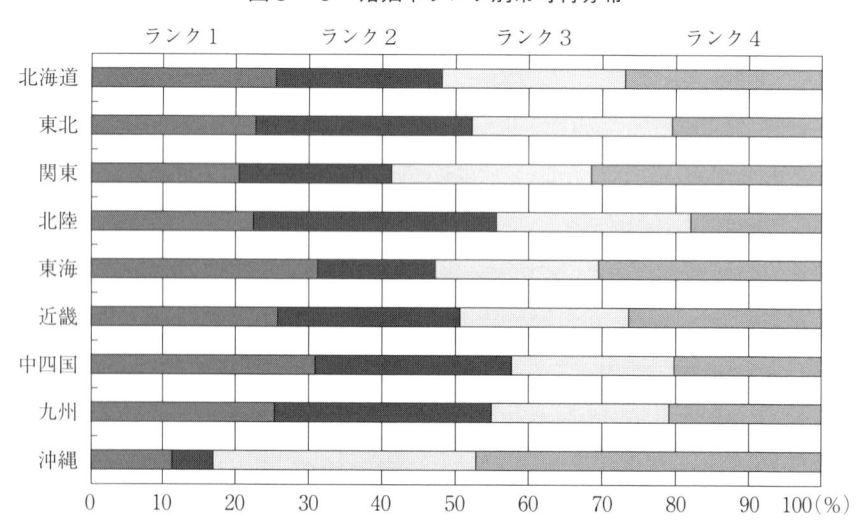

を示している.このことから子育てがしやすい地域ともみられる.関東や近畿は年少人口も少なく,高齢化率も低い.大都市周辺で労働力があり,生産年齢人口が多いとみることができる.市町村の分布をみると,中四国は年少人口,出生率が低く,高齢化率も高いことから,子どもが少ない地域,若者が少ない地域とみられる.このようなことから少子化,高齢化についての地方の特色が読み取れる(農村生活総合研究センター,2002参照).

2.暮らしの変化と少子化の時代認識
(1) 少子化の背景

少子化を進めた背景を暮らしの視点から探ってみると以下のような点が挙げられる.

まず第1に,高学歴化が少子化を進めた背景がある.とくに女性の高学歴化は初職年齢を上昇させ,晩婚化,晩産化,出産期間の縮小から全体として子どもの数が減少する.それは社会が近代的になればなるほど高学歴になる傾向とも関連している.産業構造が高度化すると高度な知識を必要とすることにもよる.高学歴になるほど子どもにかかるコストは増大する.女性の平均学歴は短大卒で,この女性が平均的な子ども数をもっている.

第2に,結婚をめぐる若い人の意識の変化がある.たとえば,女性では,「経済的に自立していれば,あえて結婚する必要はない」「人に頼らず生きていきたい」などの考えが増えてきた.男性は,「仕事が忙しくて出会うチャンスがない」「結婚したい人に出会えない」などの実態がある.このような結婚観と結婚に関する実態の変化がある.結婚の仕方が異なると家族のあり方も異なることになる.意識の変化が現実の社会の変化と適合した時,実質的な変化となる.

第3に,共働き家族など家庭生活と仕事のもち方の変化がある.産業構造の変化はさまざまなところで関連しているが,とりわけ,多くの産業で女性の労

働力を必要とし，共働き家族を増加させた．都市化，生活水準の向上，社会移動の激化，住宅事情の悪化などの環境変化は多くの子どもをもてない状況を創りだし，核家族化，小家族化に拍車をかけ，必然的に少子化をもたらすことになった．

　第4に，生活水準の向上は子どもの数を制限する方向に作用した．経済的なゆとり・豊かさは同時に支出も増加させた．教育費のコスト高から，子どもは少なく産んでよりよく育てることが必要になった．集合住宅，乗用車の普及は，多くても3人までの子どもの数というように，制限をよりいっそう強めることになる．このようにして，時間とコストのかかる子どもはより少なくということになり，少子化が，意識の上でも，実際にも定着することになる．

　以上の背景はそれぞれに関連し合っている．

（2）世代差にみる少子化の進展

　かつて第二次世界大戦前に子育てをした女性の一生は子どもを産んで育てることが主なことであった．結婚をすると，お腹の空いているときがないくらい，子どもを産んで育てていた．100歳からデビューした双子の姉妹のきんさん・ぎんさんは130センチあまりの身体で多くの子どもを産んでいた．このように長生きした人は少ないが，子どもの人数が10人を超える人はそれほど珍しくもなかった．

　女性のライフコースを世代の違いで比較してみると，祖母世代（明治から大正初め生まれの場合）ではほとんどの女性は学校を卒業すると家事手伝い，農家の場合は農業の手伝いをし，嫁入り支度のための裁縫，行儀見習いをしていた．22歳くらいで結婚をして，平均5人くらいの子どもを産んでいた．

　母世代（大正中頃ごろから昭和20年生まれまでの世代の場合）は半分くらいの人は事務や販売など，家事以外の仕事に従事するようになったが，あとは家事や農業手伝いをしていた．この頃から家事以外の仕事に従事するようになっている．70歳以上の女性の産んだ子どもの数は平均3〜2人と少なくなっている．

ところが孫世代（昭和24年位から45年生まれ位までの場合）は農家の事例では，農業の手伝いをする人はいなくなる．今日の平均学歴は短期大学卒業になり，高学歴化している．最終学校を卒業すると，ほとんどが勤労者として事務や販売，サービス業などに従事するようになった．高学歴化，晩婚化，晩産化し，産む子どもの数も2人以下になり，その後も少子化の一途を辿っている（Tsutsumi, 1999：117-140）．

このように3世代の女性のライフコースを比較してみると，少子化が明らかになり，高齢化よりも少子化の方が早いスピードで進んでいることが確認できる．事実としての社会変化とわれわれが一般にもっている時代認識には相違があることもわかる．

（3）少子化の現実

決められた人生から自分で選ぶ人生へと女性の人生の歩みが変わってきた．歩む人生の順序が，就職をしてから結婚をして子どもをもつという順番が必ずしも一定ではなくなってきた．自分の生涯の職業は子育てが終わってからと考える人は，早く子どもを産み終わろうとする．また，職業キャリアを歩み，一定の職業的地位を確立してから出産を考えようとする人もある．結婚したら子どもを産み育てることを第一とする人生観ではなくなりつつある．親世代は子どもを産んで育てることが主な仕事であったが，子世代では「子どもは少なく生んでよりよく育てる」という価値観をもつようになった．孫世代は主体的に自分の人生を創り出すことに主眼を置くようになった．シングルで仕事に生きようが，結婚しても意図的に子どもをもたないこともその人の選択として，肯定されるようになってきた．

今，子どもの数が減少して，女性たちは子どものことだけではなく，社会参加も余暇も楽しめばよいではないか．豊かな人生を生きられればよいではないか，ともいえるがまた，選択の幅が広がったところ，迷いも多くなる．年齢を重ねてくるとやはり子どもがあった方がよかったという人もある．

「弟や妹がいればよかった．一人っ子は可愛そうかと思うこともあったが，2人目はあきらめた」と48歳の女性はいう．27歳で結婚，5年後に長女を出産したが，会社を辞めたくなかった．夜は子どもを寝かしつけてから，残った仕事に追われる毎日だった．忙しい時はいつも近くに住む実母に子守を頼んだ．知人から「そろそろ2人目は」といわれたが仕事や経済的なことを考えるとその気になれなかった．40歳代になって夫の両親の体が弱り，農業を手伝うことになり，会社を辞めた．時間はある程度自分で創れるようになった今，もう一人，子どもがいたらよかったと思うという．子どもをもたない理由として「仕事が忙しい」「子育てにお金がかかる」という理由が目立つ．

少子化の理由は多様であるが，とくに女性の人生観，結婚観，就業形態のあり方も大きく関連する．さらに子育ての経済的負担，晩婚化，生活水準の向上などの背景がある．

(4) 少子化の問題と暮らしの変化

少子化になるとどのようなことが問題になるのか．家族の点からすると，きょうだいがいないということは親を共通する仲間がいないことである．きょうだいがいないか少ないことは助け合う仲間がいないか，少ないということである．きょうだいのない一人っ子の子どもはいとこがいないということになる．一人っ子は競争もなく育ち，わがままになるから子どもの育て方に問題がある，などといろいろいわれる．必ずしもそうとは限らないが，親戚が少なくなることによる助け合いができにくくなる．そこで地域とのかかわりが必要になってくるが，地域の活動にも影響が出てきている．子どもクラブが競う球技大会や野球チームに子どもが足りず編成できない地区があるとよくいわれる．

こうした現象は，家族関係にさまざまな面でも影響を与えることになる．出生期間の短縮は女性のライフサイクルに変化をもたらし，女性の働き方を変え，比較的早く家族外活動へとかき立て，育児，教育のあり方にも影響をもたらした．それのみならず，少子社会の到来は親子関係のあり方，老親子関係の

あり方にもさまざまな問題を投げかけ，老親扶養，家督相続，家業継承を困難にしている．理念として直系制家族をとっていても，実際には直系家族を実現することが困難になるなど，直系家族の再生産そのものができない事例が多く生じてきている．

　地球規模から考えると，人口爆発がいわれるなか，少子化はよい傾向ではないかという見方もある．しかし，日本という国単位で考えると人口構造のゆがみは子ども，親，家族，学校，地域をはじめ社会全体にさまざまな影響をもたらしてきている．今までのように人口増加を当たり前とした社会のあり方ではなく，人口減少を前提とした社会のあり方へ方向転換せねばならない．これは，いまだかつて経験したことがない方向である．その方向で，われわれの生き方から働き方，家族のあり方，社会のあり方の問い直しをしなければならないのである．少子化の問題は単に子どもを増やせばよい問題ではなく，個人，家族，社会全体，世代間のあり方の問い直しであり，住みよい社会づくりの問題でもある．

（5）地方に住む人びとのライフスタイルの多様化

　地方に住む人びとの暮らしの方向をみると，かつては集団で旅行へ行き楽しんだ時期があった．今は旅行も気のあった人同士の仲間で出かけることが多いという．地方では地縁，都市では職縁の結びつきが強いとされたが，今日では農村地域にも勤労者世帯が増え，職場の人間関係が強くなると同じ地域で住む人たちの結びつく機会が少なくなってくる．人びとの行動の力点が「集団」から「個」へとベクトルを変えつつある．これは女性も男性も，地方も都市に住む人も同じく，多くの点で選択の幅が広がってきたといえよう．このような領域では性別や地域別の差異は少なくなってきている．

　個人が自立した方向をもつようになるとどのように生きるかが問われるようになり，迷いや悩みも増えてくる．選択の時代，個性の尊重，クオリティーの時代などといわれるのは，自分にあった生き方を自分で選ぶことが求められる

ようになったことを意味する．平均的な生き方よりも自分を大切にした個性のある生き方を選びたい人が多くなる．女性の人生は子どもを産んで育てることが大切であった人生観から，人生をより豊かに多様に生きる人生観を求めるようになる．そのため，女性は子どもを少なく産んで育て，仕事・趣味などをもつ方向を求めるようになってきたともいわれている．かつての仕事か家庭かの二者択一から仕事も家庭も，そして仕事，家庭，趣味・社会活動の三者をもつ人生の歩みへと変わってきた．そのため，再雇用，育児休暇などの社会制度も徐々に整えられつつある．そして，それらの制度をどのように選んで自分の人生に生かすかが問われることになる．

(6) 少子化と社会的育児支援体制

　もともと子どもを産むか産まないかは個人の意思・選択の問題であるが，現実の子どもの数は欲しい子どもの数を下回っている．子どもはもちたいが，さまざまな理由で希望通りにはもてないという現実がある．子どもを安心して産み，健やかに育てる環境をどのように整えていくかは今問われている社会的な課題である．

　日本社会の変化や先進国の動向をみて，今後それほど出生率が上昇すると思われる条件は乏しいといわざるをえない．その点からも，少子社会を前提にした出産育児に関する支援体制づくりや，新しい家族づくりへの支援体制が求められるところである．

　『少子化社会白書（平成19年版）』によると，「エンゼルプランは，子育てを夫婦や家庭だけの問題ととらえるのではなく，国や地方公共団体を始め，企業・職場や地域社会も含めた社会全体で子育てを支援していくことをねらいとし，政府部内において，今後10年間に取り組むべき基本的方向と重点施策を定めた計画であった」(p.23)．その後，「新エンゼルプラン」が策定され，「待機児童ゼロ作戦」「少子化社会対策基本法」「少子化対策大綱」が設けられ，「少子化対策プラスワン」「次世代育成支援対策推進法」を加えて「子ども・子

図3—7 少子化対策の経緯

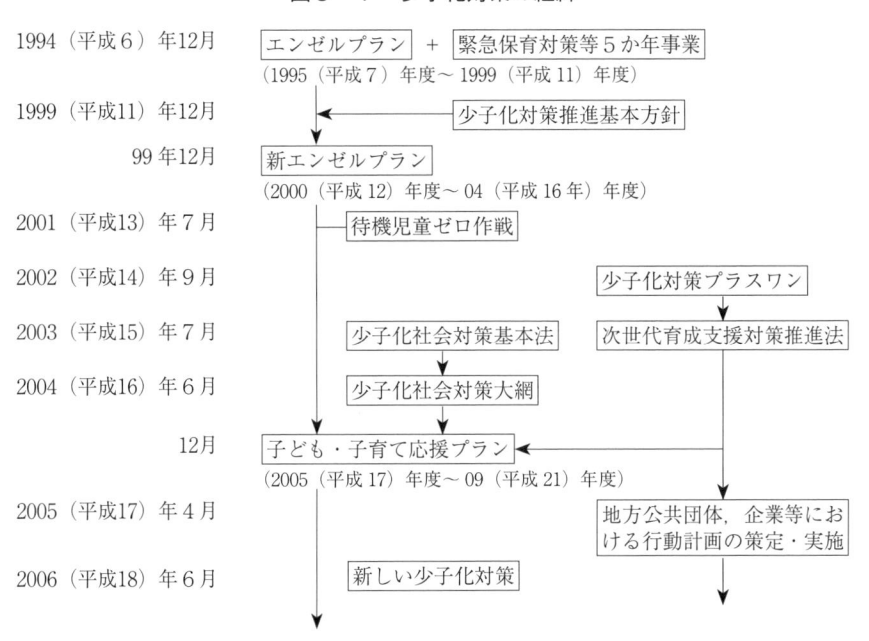

1994（平成6）年12月	エンゼルプラン ＋ 緊急保育対策等5か年事業 （1995（平成7）年度～1999（平成11）年度）
1999（平成11）年12月	少子化対策推進基本方針
99年12月	新エンゼルプラン （2000（平成12）年度～04（平成16年）年度）
2001（平成13）年7月	待機児童ゼロ作戦
2002（平成14）年9月	少子化対策プラスワン
2003（平成15）年7月	少子化社会対策基本法／次世代育成支援対策推進法
2004（平成16）年6月	少子化社会対策大綱
12月	子ども・子育て応援プラン （2005（平成17）年度～09（平成21）年度）
2005（平成17）年4月	地方公共団体，企業等における行動計画の策定・実施
2006（平成18）年6月	新しい少子化対策

出所）『少子化社会白書』平成19年版：25より

育て応援プラン」が2004年に策定された（図3—7）．これは若者の自立や働き方の見直し等を含めた幅広い分野で具体的な目標値を設定している．これは国民の目線で「子どもが健康に育つ社会」「子どもを生み育てることに喜びを感じることのできる社会」への転換が進められることをめざしている．

　今，国も地方も少子化の動向に強い危機感をもち，対策に取り組むようになった．人が人として育ち，幸せに生きられるためには，その背景にある暮らしの基礎である家族の見直し，結婚観や職業観などの社会意識の見直しが求められている．そして，若者に夢がもてるような社会づくり，地域の活性化など総合的な対応が重要である．

3．社会での子育てと家庭教育

（1）子育てをめぐる変化

　地方の暮らしは大きく変わりつつある．今，何を残さなければならないか，変えてはならないかが問われている．いつの時代にも伝統的なものの良さを残し，新しい良いものをどう取り入れるかは課題である．食物の自給率の低さが問題になると，地方の自給的な暮らしのよさがいわれる．地産地消，スローフードの勧め，郷土食，伝統食の継承が注目されるようになる．しかし，冠婚葬祭，地域の伝統行事など，それを継承する場や人間関係のあり方が変化し，継承しにくくなってきている．人が育つ家族や地域のライフスタイルが変化をしてきたなかで，どのように子どもを育てるかの家庭教育は大きな曲がり角にあるといえる．家庭教育は親が子どもにしつけをするだけではなく，家族や地域の文化を伝える営みのなかにその重要な部分がある．

　地方に暮らす人たちの生活が変わり，子どもを育てる環境も変わった．家族はすっかり力をなくし，まったく家庭教育はなっていないということがよくいわれる．確かに，大人たちが子どもの頃にはあいさつをすること，礼儀正しい行動をするようにうるさくいわれた．歩きながらものを食べることは行儀が悪いといわれた．どこにでも座るものではないと叱られた．このようなことに今は行儀が悪いとはいわれなくなり，多くの人が受け入れるようになった．生活習慣，行動様式が異なってくると常識とされていることが変化してくる．

　現代社会では小さな身の回りのことも大きな世界の動きに影響されていることは確かなことである．さまざまなことが複雑・多様化してきた．何を基準に物事を判断すればよいかも難しい時代だといわれる．家族が小さくなり子育てや介護の機能が弱くなり，社会で支援する必要が認識され始めた．介護や子育てが社会的支援の下で行われる制度が整えられつつある．社会での子育てが重要視されてきている．子育ての負担感を取り除く施策を積極的に取り入れるなど子育ても自治体関与の時代になってきたともみられる．しかし，一人の人間

が生れ育つ背景のもっとも基礎的なところは家族であり，家庭教育の重要性は誰も否定しない．家庭教育は私的な領域で，社会が介入しにくい部分である．自治体はどこまで私的な部分に対応できるかの課題もある．家庭教育はいつの時代においても，社会の文化継承の機能を担いつつ，個人の私的な生活と深くかかわり，人の生き方と関連している．

（2）問われるしつけと家庭教育

　家庭教育とは，家族内で行われる広い意味での価値や文化の伝え合い，ということができる．家庭教育の善し悪しを，しつけが良いとか悪いといういい方もする．しつけは「躾」と書き，身を美しくすることである．和服のしつけ糸は型が崩れないように，パターンを維持するためのものである．人間を人間らしい行動がとれるように型にはめることが「しつけ」である．「しつけ」は意図的な社会化である．子どもは親の意図しないところでも親や周囲の大人から大きく影響をうける．

　家庭教育は親の教育であるともいう．「親のいう」ことよりも「親のする」ことを子どもはみているからである．親は「自分の子どもは自分の思ったようにならない」と思った方がよいともいわれる．多くの場合，親が意図したようには育ってくれない．そこに，意図的な社会化（しつけ）ばかりではない部分（模倣，感化，薫化）がある．子どもは優れた学習能力，選択能力をもち，親が教えようとしないこと，あるいは教えたくないことまで身につけていく．子どもは自ら意図的に学習するばかりではなく無意識のうちに多くのことを身につけていくのである．親が意図的に子どもに教えることは大切であるが，それ以上に無意図的な，親の生き方ともいうべき部分の方が大きいといえる．家庭教育は親の姿勢が大切とか，親の教育の方が重要といわれるのは，このような無意識の部分の重みを指している．広い意味で親の生き方，あり方を子どもが選択・継承・再生産するのである．子どもが生まれてくる家族，地域は知らないうちに影響を与える．その意味で，子どもにとっては生まれてきた家族や地域

は運命的である．

したがって，そこが家庭教育の重要なところであり，親のありよう，生き方が問われるのである．都市は農村より早く変わることが多いが，社会が変わり家族も変わると親のあり方も変化する．今，人が育つ場である家族とそれをとりまく地域，文化の伝承を含む家庭教育のあり方があらためて問われている．

（3）仲間づくりと子育て支援

今，多くの地方では子育てを援助し合う仲間づくりが形成され始めている．母親たちが子育ての楽しみや悩みを共有し合いたいということからできたグループで，NPO を立ち上げて活動しているところもある．はじめは母親としていかに子どもにかかわればよいか，それぞれの情報を交換し合うことでもあった．子育てを終わった母親がネットワークをつくり，自分の経験を生かして子育て中の母親を支援しようという仲間づくりも現れてきた．

この範囲は同じ地域内の場合もあるが，地域を越えた遠くの仲間との交流もある．情報機器の発達によって，同じような状況の人たちが，お互いの子育て経験を伝え合い，生かせるような結びつきもある．障害の子どもをもつ人たちがインターネットで仲間づくりをしている例など，子育ての仲間は多様なネットワークをもち始めている．地域はもちろん，その範囲はより広くなりつつある．仲間との結びつき方，方法も関心によって多様になってきている．毎週一緒に会って子どもとともに遊んだり，パソコンを通してのみの情報交換であったりである．

このような仲間づくりは子育てに限らず，寝たきり老人や認知症老人のいる家族にも広がっている．ともすれば「閉鎖的」になりがちな介護を，少しでも社会的なものにしようという努力である．変化の激しい現代社会にあって，同じ悩みや関心をもつ人たちが情報交換や交流を求めて，新しい結びつきを模索しているのである．かつての集団的規範的な結びつきから，個人的関心のあることを軸として，新たなネットワークが広がってきた．こうしたネットワーク

づくりのきっかけは母親であることが多いが，子育てを支援する専門家，保育士，保健師であることもある．子育てや介護に関わる家族の機能は弱くなってきたが家族の枠を超えて社会と結びつきをもとうという方向も広がってきた．

　家庭教育は私的な生活部分の教育ではあっても，社会や家族が変わってくるとそれに対応して変化をしていく．家族は半閉鎖体系であったものから，子育てのネットワークづくりを通してクローズな家族からオープンな家族システムの方向が模索されている．子どもを親しい近所の人にみてもらったり，ファミリーサポートに子育てを頼んだりと，家族以外の援助を得るようになっている．家族が開放的にならないと子育ても介護も十分機能しない状況が生じてきたといえよう．

（4）家庭教育支援に求められること

　家庭教育はその実践場所が私的な場（家庭）であるということや，われわれ人間の一生にわたる教育であるという点で総合的，複眼的であることが必要である．家庭教育の対象は，当然のことながら子どもだけではなく，親であり，家庭で生活する人すべてである．家庭教育の内容はさまざまなレベルがある．少なくともライフステージごとに必要な課題遂行の支援が必要である．これは今までも市町村の事業で行われている乳幼児学級，小学生をもつ親の学級などである．家庭教育の支援策はライフステージ，人間関係，家族・地域・学校など空間的広がりをもった視点でさまざまなサポートが求められている．また，家庭教育は学校・社会の連携で行う必要性が強調されている．しかし，実態は連携までに至らないことが多い．はじめ少子化の支援策は出生率を上げるための施策に力点を置いていたが，今日では，人が生まれていかによりよく生きられるか，少ない子どもの質的支援に力点が移ってきた．

　子育ては母親の役割というのみでなく，父親や祖父母のかかわりも大切という意識が出てきた．さらに近隣や地域に住む人が関心をもつことが必要というように社会全体で子育てにかかわることの重要性が認識されるようになってき

た．職場に出向いて父親の子育て支援が対象になってきたことも，母親一極集中の子育てから，多極分散型になってきたことの現れである．しかし，最近は不況のためか，父親教育に熱心に取り組む企業は少ない．父親や祖父母，近隣，ネットワーク的な仲間の子育て学習が家庭教育支援として多く開催されることが望ましい．

このようにみれば社会教育，生涯学習が重要ではないかということになるが，身近な生活の集団である家族を基本とすることが，学校教育，社会教育との連携もはかりやすい．子どもが問題を起こすと家庭教育のあり方が問われ，家族の重要性が指摘されるが，家庭教育を基本として地域における学校教育，社会教育の連携・総合化が重要である．

4．少子化時代の人・地域づくり

（1）変化する家族，地域のなかでの子育て

現代家族は今，「家」から夫婦家族へ，そしてその夫婦家族も小家族化の傾向を示し，さらに，個人化，個別化してきている．女性の生き方は「家族」から「社会」へ，「従」から「主」へと変化し，人びとの行動の単位も「集団」から「個」へと変わってきた．

家族の形態によって，子育てのあり方が異なっているが，現在は3歳児保育が普及し，家族外の子育て機関の比重が重くなってきた．地方に住む家族が，都市へ勤務を命じられた場合，子どもが学齢期であると，単身赴任をすることがある．夫のみでなく妻の単身赴任も現れてきている．そのような場合，祖父母が同居をしている事例が多い．

直系家族の場合は，祖父母に少しでも育児上のアドバイスを受けることができるが，育児の仕方が変わり孫育てをあらためて学ぶという祖父母もいる（コラム）．核家族の場合は，夫が勤務で不在になると，一人孤独な子育てになってしまうこともある．

> **コラム　孫育て**
>
> 祖父母の孫育て講座の指導に参加して印象深かったのは，多くの祖父母が「自分が子育てをした時と，ずいぶんいろいろな面で違いとまどうが，人間の成長を見るのは楽しい」ということだった．時代の変化を孫育てから感じ取っている人，また，「自分の子どもを育てている時は無我夢中だったので気がつかないこともあったが，ゆとりをもって孫にかかわれる」と，祖父母の孫育ての良さを感じていた．「親ではないから責任がないので気が楽」ということも多い．祖父母が孫の世話をすることを通して，時代の変化を感じ，人間の成長の喜びを味わっているようである．
>
> 　　　　　　　　　　　　　　　　　　　　　（孫育て講座に参加して：堤）

　地域社会では都市に限らず地方においても都市近郊地域では人口の移動が激しい．人びとのつき合いが希薄で若い人たちも少なく，子ども同士遊ぶ相手さえいないというところもある．同じ地方でも，生活スタイルは多様で，新住民が多いところでは，身近にいろいろなことを話し合い，相互に援助し合える場がないというのが実情である．かつてのような，村のなかでの助け合いも希薄になりつつあるが，またコミュニケーションや助け合い方も多様化してきている．

（2）家族関係と親役割

　子育ては社会のあり方，時代とともに変化をしている．家族の人間関係も社会の関係と深く関係している．夫婦や親子のあり方は普遍的な絆と社会的なあり方によって変化，影響されるところがある．また，親子のあり方は日本文化そのものである．日本文化は日本語と深い関係がある．人間関係もまた日本文化を示している．日本語の「親」という字は木の上に立って見る，すなわち

「おや」が「こ」を上からみて導く，「おや」は「こ」より先に生まれ，成長を見守る立場であることを表していると理解されている．

　きょうだいといえば日本語では「兄弟」と漢字で書くことが多い．では，姉妹，姉弟，兄妹等の組み合わせはどうなる，といえば必ず，「兄弟姉妹」と書く．このような場合ならば，平仮名で「きょうだい」と書いた方がむしろよいようである．同じ漢字を使う中国では，男のきょうだいを「兄弟」，女のきょうだいを「姉妹」と区別しているようである．英語でも男と女のきょうだいの区別がされている．日本語には男性を優先する文化があって，きょうだいを「兄弟」と書いて，女のきょうだいまでも含めてしまう．このようにいえば，主に学校の参観には母親が行くのに「父兄参観」といったではないかという人もいる．父母参観ということもあるが，父親がいない子どものことを考えると保護者会がよいなどと，言葉の表現も社会の意識とともに変わってきている．最近は男女の均等意識が進み，このようなことも意識するようになってきた．

　「家族」は古く中国では家の族，「1つの家を共にするところの族を意味している」という．家は建物のことであるが，族は「衆」皆の衆というように人の集まりであり，親族関係の人の集まりを指すという（清水, 1967：1）．

　一般には「親子」と漢字表記する親子関係もかたかなで，「オヤコ」と書いたり，ひらがなで「おやこ」と書いたりする．この場合，血縁関係はないが，「おや」のように，「子ども」のような関係をもつことを意味して使うことがある．日本では会社の社長，企業のトップを「おやじ」と呼ぶことがある．集団の中心的な存在を称して「親分」「おやじ」の名称が使われた．といっても最近では，社会関係上の「おやこ」関係はほとんどなくなってきた．かつては社会的な「おや」の役割がいくつかあったが，今は生みの親，育ての親に集中している．社会的な「おや」とは，名づけ親，とりあげ親，仲人親に示される親役割である．

（3）社会的親役割の必要性

　今，社会的な親の存在が少なくなり，そのもつ意味も変わってきた．親以外が「名づけ親」になることが少なくなってきた．私たちは生まれると名前がつけられる．この名前をつける人は，今ほとんど子どもの両親のようである．なかには，その子どもの親の上司，祖父母，仲人ということもあるが，そのようなことは珍しくなってきた．

　それだけではなく，昔は誕生の時，生まれてくる介助をした人を「とりあげ親」といった．地域や近所にお産や子育てに知識・経験の豊富な女性がいた．この女性は地域の相談ごとや悩みを聞いて助言をしたり，指導をしたりして，子どもの成長を親のように見守り，助けたものであった．いわば今日でいう助産師の役割を地域のなかで果たしていた．今の助産師さんはその前は助産婦さんと呼ばれ，さらにその前は「産婆さん」とよばれていた．時代とともに職業の名称も変わってきた．

　かつて結婚に至るまでのいろいろな世話をしてくれた「仲人親」がいた．今は媒酌人になり，仲人といっても親のような役割は少なくなってきた．なぜ仲人親といったかというと，それは夫婦になった後も親に代わって相談ごとを聞き，世話をする役割があったからである．仲人親は夫婦双方に平等に，客観的に助言をすることが可能な立場の人が選ばれた．

　ところが，今は社会的な契約（婚姻届）の時のみ，また社会的儀式（結婚式）の時だけ，媒酌人として立合う役割になってきた．結婚後の夫婦間の緊張・トラブルや悩みなどを媒酌人に訴えることは少ない．今日，トラブルが生じた場合は第三者的な社会的機関に相談するようになった．この領域においても，親役割は少なく，社会的な機関の役割が多くなってきた．今日の結婚式は人前結婚をとり，披露宴に出席している人の前で結婚の約束をする形態をとることも多くなってきた．

　このようにかつては，生まれて成長していくなかで，人生の転換点で実の親ではない，親に代わって親の役割を果たしてくれる「社会的親」をもちなが

ら，生涯を過ごしたといってもよい．平均寿命が50年の頃は，子どもが一人前になる前に親が死んでしまうことも多くあった．親がいなくても，親の代わりに子どもの成長を助けてくれる人が，何人か存在したわけである．こうした親の存在は，昔も今も子どもにとっては大切である．

　地域社会で子どもが困ったときに駆け込めば助けてくれる家として，「こども110番の家」というのがある．住宅の表札にわかるように貼ってあるのを見かける．昔は地域社会（ムラ）では親がいても親のようにいろいろと世話をしてくれた人がいた．親のように親身になって面倒をみてくれたから悪いことをすれば叱られた．子どももよく承知をしていた．「こども110番の家」は店，最近はコンビニエンスストア，民生委員，児童委員をしている人の家（住居），地域での役職をしている人の家（住居）などが多いようである．もっと子どもたちにも理解させ困ったときのみではなく，日ごろから周知できるようにする必要がある．このようなことが今，社会的親の機能を担うように期待されている．

　今のさまざまな親の役割は，血縁関係のある親，とくに母親に集中し過ぎている．親の役割を母親だけに集中せず，父親はもちろんのこと，祖父母や地域の人たちにどのように親役割をもってもらうかである．今の時代に合う社会的親の存在を，今一度見直してみることが必要である．子どもが育つ地域は子どもにとって古里（ふるさと）である．

（4）よりよい人間関係と地域づくり

　現代は複雑な人間関係や固定的な人間関係を避け，プライバシーを尊重し，それぞれの世代や人びととの価値観を重んじる傾向にある．多くの社会的親のいた時代は封建的・伝統的であったかもしれないが，それだけ人間関係が親密で信頼関係が形成されていたといえよう．

　現代は個人を尊重し，多様なものを認め，質を求めるようになってきた．このことは暮らしやすく，多くの人の求める方向でもある．しかし，人間関係の

希薄さをもたらしかねないこともある．家庭教育のみでなく，あらゆる教育の領域において人間関係と場づくりは重要な課題になってきている．

　人びとはあらゆる生活・暮らしにおいて，量・測れるものから質的充実・クオリティ志向を求めてきた．このような傾向が出てくると，多様化の傾向がますます強まり，個性を大切にすることに繋がる．「平均的」「人並み」に加えて，「自分だけ」という意識が強まってくる．平均的，標準的な尺度に合わせながらも，「自分はこうする」「自分はこうしたい」ということを主張するようになり，人びとの生き方，考え方はさまざまになってくる．

　このような傾向は，家族，職場，地域社会にも現れてきた．人びとが集まり，何かをする場合も，ひとつの目的以外では結びつきにくくなってきた．情報機器の発達がネットワーク的結びつきを創り出した．これは今までの家族関係やライフスタイルを大きく変える背景になっている．家族の世代間差異だけではなく，職場で何か一緒に催しをしても集まらないとか，現代の人たちは自分の好むことのみをして，地域にも，企業にも，関係のないことには「関わらない」といわれる傾向はこのような現れである．現代社会の状況からすると，人との結びつきの大切さは家庭教育のなかでも十分修得する必要がある課題である．

　子育てネットワークは情報化時代の新しい人間関係づくりであるが，「地域ぐるみの子育て」は，昔からあり，今，あらためていうほどではない．地域そのものも，高齢化や過疎化が浸透し，それに伴い人びとの暮らし方も変化をしてきた．今，新たな地域づくりがいろいろ行われているが，過疎地域の場合は活性化と結びつき，観光や人寄せが注目される．しかし，地域の活性化は人づくりなくしてあり得ないということである．ハード面で何かつくれば人が来る状況ではなくなりつつある．イベントを催して人を集客することも大切ではあるが，本当に住みやすい地域の条件は，まず人間関係が良好であり，子育てがしやすく，老後も安心して暮らせるということである．わかっているが，まだそこまで実践できていない．そのためには今ある地域の資源をどのように生か

し，将来につなげるかを模索しているのが現状であろう．少しでも早く，実践につなげることが地域の人びとが生きるため，また人が育つ場所，古里（ふるさと）の見なおしに必要である．

（5）人づくり，地域づくりはスロースタイルで

「子どもは少なく産んでよりよく育てる」という意識はすっかり定着した．子どもに親は可能な限りの学歴を身につけさせている．多産であった時代は一人ひとりの子どもに教育費は十分かけられなかった．質を求めるようなことはなかった．

衣食住の暮らしをみても，大量生産から多種類少生産へと変わり，「自分だけの物」「少しだけどおいしい物」「グルメ志向」という傾向がある．それのみではなく，たとえば，「生」「死」にかかわることにおいても「その人らしい」「どう充実して生きる」というように QOL を重視する方向があらわれてきた．

子育てについても，1人の子どもにさまざまなものを与え，おけいこなど多様なことを試みさせる．そのこと自体はよい面もあるが，本当に必要なことを手抜きしてしまう危険もある．愛情を注いでいるつもりで実は過保護であったり，自立を阻んでいたり，急ぎすぎて大切なことが忘れているようでは問題である．社会の子育て支援が求められ，実践されることはよい方向である．しかし，子どもは手塩にかけて大切に育てることが家庭教育の基本であることも忘れてはならない．ここでの「手塩」の意味は煩わしい面倒もおしまず，根気よく，大事に育てることをいう．

今，農村地方のよさがスロースタイルとともに見直され始めている．農村から都市への一方的な人口移動ではなく，農村の自然，豊かな暮らし，安全・安心な暮らしを求めて農村地方へ U・I・J ターンが注目されている．クオリティを求める方向は，スローライフスタイル志向とも関連している．それは手塩にかけてゆっくり大切なことを教える子育てにも通じる．家庭教育も手塩にかけてスロースタイルで，かつての農村的ライフスタイルでの子育て，地域ぐる

みの子育てが見直されはじめている．

　子育てや家庭教育は人が育つ過程で誰もが経験し，主観的に語ることのできることである．それを客観的に論じることは難しい．しかし，少子化時代にあって，人がどのように育つことがよいか，私たち一人ひとりがよりよく生きるために，考えてみることは重要である．

参考文献

秋津元輝・藤井和佐・渋谷美紀・大石和男・柏尾珠紀，2007，『農村ジェンダー』昭和堂．
天木志保美，2007，『ケアと社交』ハーベスト社．
青井和夫，1974，『家族とは何か』講談社．
永六輔，2000，『親と子』岩波新書．
船橋恵子・堤マサヱ，1992，『母性の社会学』サイエンス社．
家計経済研究所編，1991，『現代核家族の風景』大蔵省印刷局．
国立社会保障・人口問題研究所，2006，『人口統計資料集』313 号　国立社会保障・人口問題研究所．
目黒依子，1987，『個人化する家族』勁草書房．
森岡清美，1983，1994，『新しい家族社会学』培風館．
森岡清美，1993，『現代家族変動論』ミネルヴァ書房．
森岡清美監修，1993，『家族社会学の展開』培風館．
内閣府編，2007，『少子化社会白書（平成 19 年版）』ぎょうせい．
農村生活総合研究センター，2002，「農村における女性の快適な定住条件」『生活研究レポート』55 号．
岡崎陽一監修，1993，『女性のライフスタイルが社会を変える』東洋経済新報社．
清水盛光，1953，1967，『家族』岩波全書．
匠雅音，1997，『核家族から単家族へ』丸善ライブラリー．
Tsutsumi, Masae, 1999, "A lifecourse study of stem family women in rural Japan: A comparison of the changes over three generations.", *International Journal of Japanese Sociology*, 8.

4章 地域の高齢化と福祉

学習のねらい

　高齢化は，社会に大きな影響を与えている．しかし，高齢化の進行には地域的な差異も大きい．地方，なかでも農村は，高齢化の影響を強く受けている．

　本章では，まず，世帯の小規模化，とくに，農村の高齢化が進行していることを指摘する．農村の一人暮らしや夫婦で暮らす高齢世帯の生活は，高齢になっても農業を続けられることや，地域社会にさまざまな組織や団体があり，それに参加し集まることなどによって支えられている．高齢期は役割喪失の時期ともいわれ，社会的役割の維持の必要性が指摘されている．社会的役割を，仕事や生活に基礎を置く暮らしに根差した活動としてもっていることが，農村高齢者の有利な点である．

1. 高齢化と地域社会の変化

　地域社会に対する関心が高まりつつある．地域社会における社会的排除，社会関係資本などをめぐって議論が行われ，社会連帯に基礎を置く地域住民相互の社会支援活動や市民活動の展開が期待されている．実際に，「生涯現役社会づくり」[1]といった団塊の世代や高齢者の社会参加活動に期待する動きもある．また，地域社会への関心は，住民による相互扶助への期待と一体となってい

る.

　しかし，人口減少期に移行した地方の地域社会では，少子化，高齢化の進行といった人口構造の変化や，生活構造，生活様式の変化によって，地域社会で暮らす人びとの生活の単位である家族の小規模化が進行しつつある．とりわけ高齢者の一人暮らしや夫婦のみ世帯の増加による世帯の小規模化が進んでいる．また，生活圏の広域化や流動化も手伝って，地域社会は大きな環境変化に見舞われている．「平成の大合併」とよばれる市町村合併による行政機構や社会福祉協議会などの専門機関の再編が，複雑な影響を及ぼしていることも周知の実態である．

　地方は変化に見舞われている．鈍化しつつあるとはいえ，依然として人口の集中する大都市圏と比較して，人口流出の続く送り出し側としての地方，とりわけ農村の置かれている状況は楽観を許さない．

　こうしたなかで農村で多数を占める高齢者，さらには今後十数年で高齢期に移行する向老層の人びとに，安心感のある生活につながる持続的な仕組みを示す必要がある．

　そこで，本章では高齢化に認められる地域的な差異をふまえて，地域特性に応じた社会統合や社会関係のあり方に注目し，地方，なかでも農村の高齢化問題について検討を試みることとしたい[2]．

2．農村高齢化の特徴

　農村における高齢化問題には，次のような特徴がある．
- 高齢化率が高いこと．これは青壮年層の流出などの社会移動によって，人口構成のバランスが崩れることから加速されている．
- 日本社会全体でみた場合，高齢者との同居率には地域的な差異があり，東北地域のように，多世代同居が比較的維持されている地域もある（加来・高野，1999）．

とはいえ，家族は小規模化し，家族内での福祉ニーズ充足がむずかしくなりつつある．したがって，福祉ニーズ充足を社会化，外部化する必要性が高い．
・しかし，農村では都市地域と比較して，福祉サービスの社会資源が不足しており，とりわけホームヘルプサービス，施設介護などの対人社会サービスの担い手の確保がむずかしい．

人口あたりの施設数などで比較すると，むしろ農村（過疎地域）の方が整備されているようにみえる場合もあるが，公共交通機関に乏しく，施設へのアクセスがむずかしいことなどを考えれば単純な比較はできない．サービスが存在することと，適切に利用できることとは，別問題である．
・サービス提供にあたって効率性を追求しにくい．ホームヘルプサービスなどの在宅福祉サービスの場合，農村では家々が分散し，利用者が点在しているため，サービス提供者の移動距離が大きく効率性に難があることなどは，その一例である．
・地方分権を促進するための基盤強化や効率化をめざした市町村合併が進みつつあるが，そもそも農村地域を抱える地方自治体の財政基盤は弱く，地方自治体単独での福祉サービスの開発や提供が行われにくい．
・さらに，福祉サービス利用にあたっての抵抗感が，都市地域と比較してより強く認められる．家族内扶養規範の残存や福祉サービスに触れる機会が少なく馴染みのないことが背景要因として考えられる（加来，2001）．

介護保険制度のように，福祉サービス利用が措置制度から利用制度へ移行することによって，抵抗感が軽減する可能性はあるが，依然として抵抗感は残っている．在宅福祉サービスよりも施設福祉サービス（とりわけ特別養護老人ホームなど入所型サービス）利用の方が抵抗感は強い．女性よりも男性が，一人暮らしよりも家族と同居している高齢者の方が強い．また家族側にも抵抗感は認められる（高野，1998，2003）．

・一方で，生きがい，生涯現役といった観点からいえば，農業をはじめとす

る生活に根差した社会参加活動をもっていることは，農村高齢者の有利な点でもある．

　農村の高齢化には，このような特徴があるが，本章では最後に指摘した高齢者の社会参加活動のもっている意味を検討する．
　加齢（エイジング）に伴う個人や社会の変化に関する研究を老年学という．老年学の研究領域は，身体の変化を対象とする生物学的視点，高齢者の心理的状態，知能などを対象とする心理学的視点，個人と周囲との相互関係を対象とする社会心理学的視点，社会的役割などを対象とする社会学的視点など，多岐にわたっている（アッチェリー，バルシュ，2005）．高齢者問題といえば，認知症や介護が思い浮かぶかもしれないが，高齢者が社会のなかで，生きがいをもって暮らしていくためには，社会との関わりを持ち続けることができる社会の仕組みを考える必要がある．そのためには，社会学的視点から高齢者の社会参加活動のもつ意味を確認することが大切である．
　その準備として，まず，日本社会の高齢化の特徴を確認しておこう．

（1）高齢社会の成熟化

　日本社会は 2005 年に，当初の予測よりも早く人口減少が始まった．人口減少は，1920 年に国勢調査が開始されて以来，1945 年を除いてはじめてのことである．人口の増減は，転出入に伴う社会増減と，出生と死亡によって導かれる自然増減が複合した結果であるが，日本社会全体として自然減に移行したのが，2005 年度であった．しかし，すでに地方ではかなり以前から自然減に陥っていたところも認められる．
　高齢化は人口構成の変化に他ならないが，少子化の進行による若年人口の減少も加わって，高齢化率は今後さらに上昇すると推計されている（国立社会保障・人口問題研究所，2007）．2005 年に 20.2% であった高齢化率は，2030 年には 31.8% になると推計されている．高齢者はその人口規模としても，期待される

社会的役割においても，社会のなかでさらに大きな存在感をもつであろう．社会は自ずと変化せざるを得ず，高齢者の急増といった変化の局面に加えて，高齢化率がある程度まで上昇し，それが常態となった，いわば成熟した高齢社会への対応も必要となる．しかし，個々人の生活レベルはもとより，社会全体としても高齢社会の成熟化への対応は遅れている．

　高齢化に対する漠然とした不安感の広がりは，このことを示す一例である（図4－1）．団塊の世代の高齢期への移行による高齢者数の急増もあって，年金制度，介護保険制度などのマクロな社会保障や社会福祉サービスの給付の量と質をめぐって議論が行われている．実際に高齢者の経済面での二極化（富裕層と貧困層）も進行し，経済的に不安定な状況にある高齢層は少なくない．また長寿化に伴う後期高齢者の増加によって，認知症をはじめとする要介護高齢者も増加しつつある．社会福祉サービスのなかでも介護は，人手によるサービスの提供（対人社会サービス）が大きな役割を果たすため，サービスの提供者の確保が大きな問題となる．少子化のなかで将来的に十分な介護の提供者が得られるのかといった議論も行われている．これらもあって，とりわけ青壮年層に老後に対する不安感が強い．

　不安は，先行きが見えないことからもたらされる．つまり，青壮年層に認め

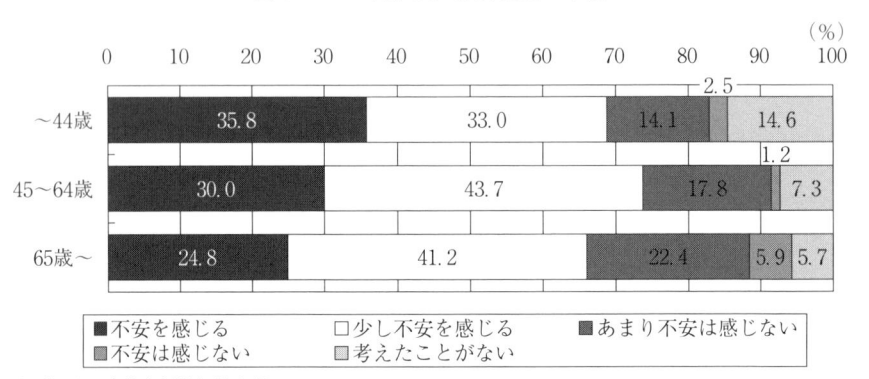

図4－1　年齢3区分別老後の不安

年齢	不安を感じる	少し不安を感じる	あまり不安は感じない	不安は感じない	考えたことがない
～44歳	35.8	33.0	14.1	2.5	14.6
45～64歳	30.0	43.7	17.8	1.2	7.3
65歳～	24.8	41.2	22.4	5.9	5.7

出所）山口市健康福祉部社会課，2004：193

図4―2　老後の不安の内容

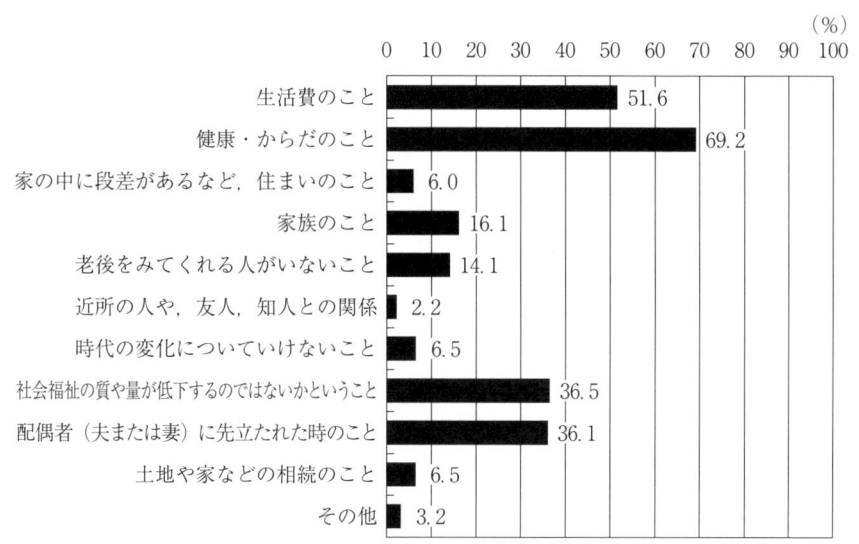

項目	%
生活費のこと	51.6
健康・からだのこと	69.2
家の中に段差があるなど，住まいのこと	6.0
家族のこと	16.1
老後をみてくれる人がいないこと	14.1
近所の人や，友人，知人との関係	2.2
時代の変化についていけないこと	6.5
社会福祉の質や量が低下するのではないかということ	36.5
配偶者（夫または妻）に先立たれた時のこと	36.1
土地や家などの相続のこと	6.5
その他	3.2

出所）図4―1に同じ

られる不安感は，老後に介護が必要となるかもしれない，といったリスクそのものに加えて，リスクへの対応策がはっきりとせず，生活のモデルがみえないことに原因があるともいえよう．

　図4―2からわかるように，健康に対する不安を多くの人びとが抱えている．高齢期をまったく健康なまま過ごすことの方が稀とはわかっていても，なんとか健康でありたいと願っているのである．これは，親との別居が普通となり，高齢者の生活実態が，家族にすら見えにくくなっているために，医療や介護が必要になった際にどのような事態が待っているかがわからないからでもあろう．

　モデルがないことは国レベルでもあてはまる．日本社会の高齢化の進行は他の国々と比較してきわめて急速である．高齢化の進行を図る目安である倍加年数（高齢化率が7％から14％に達する期間）をみると，日本の倍加年数は24年（1970～1994年）であり，世界のなかでももっとも急速に高齢化が進行した国

であった.ちなみに,韓国の倍加年数は18年(1999〜2017年)と推計され,日本よりも急激に高齢化が進行する.このため,現時点での高齢化率は日本よりはるかに低いにもかかわらず,韓国では日本の介護保険にあたる「老人長期療養保険」が2008年に導入された.直系家族の減少と高齢化の進行を同時に経験した日本社会の高齢化対策は,さらに急激な変化が予想されているアジア諸国の参考となっているともいえよう.一方,日本社会の高齢化対策は,こうした先例に乏しいなかで行われなければならないという点で不利であった.

また,高齢化は日本社会全体で同じスピードで進んでいるわけではない.高齢化には地域性があり,地方でより進行している.そのため,地方の高齢者の生活実態を確認することは,日本社会全体の高齢化のモデルを考えるための手がかりになるといえるかもしれない.

(2) 高齢化の地域性

地方のなかでもとりわけ厳しい状況に置かれている過疎地域の年齢階層別人口構成を全国の状況と比較すると(図4-3),2000年時点での高齢者比率は全国の17.3%と比較して28.1%とかなり高くなっている.

また,0〜14歳および30〜64歳人口の割合は,過疎地と全国で大差ない

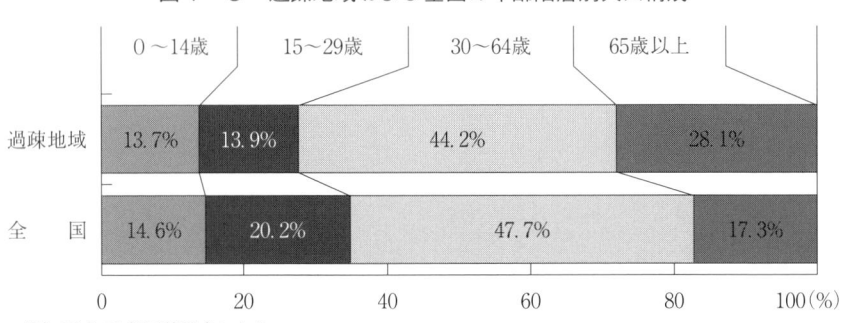

図4-3 過疎地域および全国の年齢階層別人口構成

	0〜14歳	15〜29歳	30〜64歳	65歳以上
過疎地域	13.7%	13.9%	44.2%	28.1%
全国	14.6%	20.2%	47.7%	17.3%

注) 平成12年国勢調査による.
出所) 総務省自治行政局過疎対策室,2005

図4—4　高齢者比率および若年者比率の推移（将来推計を含む）

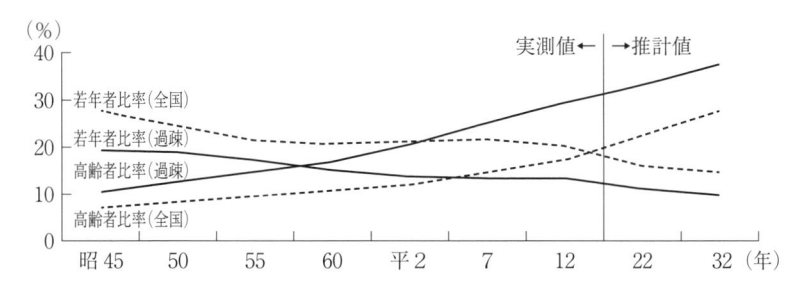

（グラフ：昭45〜平32までの高齢者比率（全国・過疎）および若年者比率（全国・過疎）の推移）

区　分		S45	S50	S55	S60	H2	H7	H12	H22	H32
高齢者比率	全国①	7.1	7.9	9.1	10.3	12.0	14.5	17.3	22.5	27.8
	過疎②	10.5	12.6	14.6	16.8	20.5	25.2	29.5	33.1	37.6
	②-①	3.4	4.7	5.5	6.5	8.5	11.8	12.2	10.6	9.8
若年者比率	全国①	27.7	24.8	21.5	20.7	21.7	21.7	20.2	16.0	14.6
	過疎②	19.3	18.9	17.3	15.1	13.7	13.3	13.3	11.1	9.8
	②-①	△8.4	△5.9	△4.2	△5.6	△8.0	△8.4	△7.0	△4.9	△4.8

注）1．財団法人過疎地域問題調査会「過疎地域における短期的人口動向基礎調査報告書」（平成14年3月）による．
　　2．平成12年以前の人口は国勢調査による．過疎地域は平成12年4月1日に公示された1,171市町村である．また，全国の将来推計人口は，厚生労働省社会保障・人口問題研究所「日本の将来推計人口（平成14年1月推計）」の中位推計による．過疎地域の将来推計人口は，東京都三宅村を除く1,170市町村について，コーホート変化率法を用いて推計したものである．
出所）図4—3に同じ（一部改変）

が，15〜29歳の若年者比率は全国の20.2％と比較して，13.9％とかなり低い．高校卒業後の若年者が，進学や就職の機会に乏しい過疎地に留まれずに流出していることを示している．

さらに，高齢者比率，若年者比率の将来推計値部分をみると（図4—4），平成32（2020）年の全国の高齢者比率が，平成7（1995）年から平成12（2000）年までの間の過疎地域の高齢者比率と同程度であり，過疎地域は全国と比較すれば，かなり先駆けた高齢社会となっている．

日本社会では高度経済成長期に，地方から大都市部に多くの若年層が労働力

として流出し，地方では過疎化が，大都市部では過密化が進行した．この時期に地方では，社会移動によって青壮年人口が急減した．その後，経済成長の停滞とともに，1980年前後には地方からの人口移動が緩やかになり，過疎化が落ち着くかに思われていた．しかし，この時期には，移動せず地方に残った残存層の高齢化が進行していた．地方の高齢化率の上昇は，高齢者の実数増というよりも，むしろ青壮年層の流出による人口構成バランスの崩れからもたらされているのである．

さらに，1980年代後半から自然減地域が現れはじめる．過疎地域では，1990年代になると人口減少率が再び上昇し，高齢化の進行もあって，過疎集落の消滅（山本，1998）も起こりつつある．

このように，送り出し側としての地方の高齢化の背景には，中央と地方との関係性がある．

（3）世帯の小規模化の地域性

高齢者のいる世帯の小規模化は，さらに進むと予測されている．2005年国勢調査時点で，高齢世帯（世帯主65歳以上）における単独世帯（28.9％）と夫婦のみの世帯（35.1％）の合計は，すでに6割を超えていたが，将来推計によれば2025年にはそれが7割に達する（国立社会保障・人口問題研究所人口構造研究部，2005）．

高齢世帯の小規模化は，西日本地域で広く進行している．やや古いデータではあるが，地域ブロック別に過疎地域と非過疎地域の間で，高齢世帯の世帯構造を比較すると，東北ブロックと南九州ブロックでは，単独世帯の割合が大きく異なっていた（表4-1）．全国的な傾向をみれば，三世代世帯率の高い東北ブロックがむしろ例外であり，高齢核家族率の高い南九州ブロックの世帯構造パターンへと移行しつつある．いずれにせよ過疎地域では，さらなる世帯の小規模化が予想されている．

人びとの生活は家族を基本として営まれているため，家族構造の変化は生活

表4－1 60歳以上のいる世帯数、世帯構造7分類（東北・中国・南九州ブロック）

（単位：％）

			単独世帯	核家族世帯 総数	夫婦のみ世帯	夫婦と未婚の子のみの世帯	単親と未婚の子のみの世帯	三世代世帯	その他の世帯	総計
東北ブロック	非過疎地域	市部	11.6	35.9	21.8	9.8	4.3	39.6	12.9	100.0
		郡部	8.1	25.5	14.1	8.0	3.4	52.6	13.8	100.0
		計	10.5	32.9	19.6	9.3	4.0	43.4	13.2	100.0
	過疎地域	市部	9.4	28.2	21.3	5.2	1.7	45.7	16.6	100.0
		郡部	8.7	25.8	15.2	7.1	3.5	49.5	16.0	100.0
		計	8.7	26.0	15.7	6.9	3.4	49.2	16.1	100.0
東北ブロック 計			10.2	31.5	18.8	8.8	3.9	44.5	13.8	100.0
中国ブロック	非過疎地域	市部	18.1	44.0	31.7	8.5	3.8	26.7	11.2	100.0
		郡部	13.8	31.7	20.8	7.8	3.1	41.1	13.4	100.0
		計	17.3	41.7	29.7	8.4	3.6	29.4	11.6	100.0
	過疎地域	市部	9.6	37.4	26.2	9.3	1.9	39.2	13.8	100.0
		郡部	16.1	35.9	27.4	5.7	2.8	31.5	16.6	100.0
		計	15.6	36.0	27.3	6.0	2.7	32.1	16.3	100.0
中国ブロック 計			17.0	40.6	29.2	7.9	3.5	29.9	12.5	100.0
南九州ブロック	非過疎地域	市部	21.6	46.9	29.6	11.5	5.8	20.6	10.8	100.0
		郡部	16.2	37.9	22.9	10.3	4.7	32.9	13.0	100.0
		計	20.0	44.3	27.6	11.2	5.5	24.2	11.5	100.0
	過疎地域	市部	25.6	47.9	34.7	9.0	4.1	14.3	12.2	100.0
		郡部	21.8	46.1	33.7	7.5	4.9	20.5	11.6	100.0
		計	22.6	46.4	33.9	7.8	4.8	19.3	11.7	100.0
南九州ブロック 計			20.8	44.9	29.6	10.1	5.3	22.7	11.5	100.0
総 計			15.2	41.9	25.2	11.8	5.0	31.7	11.1	100.0

注）『平成4年国民生活基礎調査』を目的外使用許可を得て再集計し、筆者らが作表したものである。
出所）加来・高野，1999

に大きな影響を及ぼす．家族はさまざまな機能を顕在的，潜在的にもっている．家族成員の欲求を充足する役割は家族の機能として理解しやすいが，後述するように，世帯として集落維持のための共同作業などを担うことも，家族の機能のひとつである．

家族機能のなかで，たとえば高齢者の介護問題をみると，意識レベルでは依然として多くの高齢者，とりわけ男性高齢者は家族内介護を期待しており，家族の側もそれに応えようとしている．しかし，実際に家族内扶養を行おうとしても，世帯の小規模化が進み，子どもが別居している例は少なくなく，世帯内に介護者が存在しない実態がある．家族内扶養を期待する意識とそれを実現するための家族の現実にずれが生じているのである．このように世帯の小規模化は，家族がもっている機能を十分に行えなくなることにつながっている．

3．地域社会の弱体化と地域福祉

（1）地域社会の組織化

社会福祉の領域では，地域福祉の存在感が高まりつつある．先にも述べたように，高度経済成長期に地方から大都市圏への人びとの移動が起こり，送り出し側の農村では急激な人口減少による過疎化が進行した．一方，受け入れ側の大都市では，人口増加に伴って過密化が起こった．その結果，人口減少，人口増加の両局面で，ともに住民相互の関係性が崩れ，生活が不安定となる事態が起こった．

そうしたなかで，地域社会での福祉課題に対応するため，社会福祉協議会によって地域組織化（コミュニティ・オーガニゼーション）が展開されはじめた．1960年代のことである．そのための方法として，町内会・自治会組織の活性化も図られた．しかし，第二次世界大戦中のような相互監視的組織に変質する懸念，都市に移住した人びとの脱農村志向，つまり，農山村に色濃い共同体的なしがらみから距離をおきたいといった意識から，相互扶助的な関係の再生に

はそもそも困難もあった．そのため，伝統的な町内会，自治会を単位とするのではなく，外来のコミュニティ概念を利用した地域組織化が展開されたのである．

　当時，農村では人口が減少したとはいえ，相互扶助，相互支援意識は比較的維持されており，地域社会も統合されていると考えられていたため，地域組織化の目的は大都市での住民の個化（私化）に伴う社会問題への対応であった．しかし，実際には，農村においても，移動しない，あるいは移動できなかった残留層の高齢化が進行し，地域集団の弱体化が起きつつあった．青壮年層の流出による「道普請」などの共同作業の衰弱，担い手の高齢化といった変化が，生活の安定感の衰微をもたらした．対応策を考えるためには，まず住民自身による現状の共有と，それに基づいた主体的な取り組みが求められている．しかし，地域社会の変化を住民自身が気づいていても，それに対応するための具体的な動きになかなかつながらないのが現実である．そこで，そのための方法論として，現在，社会福祉法に基づく行政計画である地域福祉計画や，社会福祉協議会の地域福祉活動計画の策定にあたって採用されることの多い住民座談会などが広がりをみせつつある．また，農村では集落点検などがとりわけ有効である．[3]

（2）地域福祉の方向

　地域福祉は，高度経済成長期以降の人口移動や人口構造の変化に連動する形で，一定の実績をもっていた．さらに，近年，地域社会で生活する人びとの中心が高齢層となり，住み慣れた地域社会での生活の継続を望む人びとが増えてきた．高齢者の生活を福祉サービスのみで支えるには無理がある．社会福祉の領域だけではなく，教育や交通といったさまざまな社会サービスを連携させ，住民の生活を総合的に支える「地域福祉のまちづくり」といった発想も語られるようになった．地域福祉計画の策定も，この動きを促している．

　しかし，家族機能が維持できなくなり，地域社会での対応が求められるとし

ても，家族が小規模化するなかでこれを実現するにはやや無理がある．家族内でのニーズ充足が難しくなった高齢世帯が多数を占める集落に，他の世帯に対して支援を行うだけの余裕があるとは考えにくいからである．

　また，地域での支援を行うにも過疎地域の現状をみれば，青壮年層は自動車を利用した通勤などによって生活圏が広域化しており，青壮年層を支援の担い手とするのは，現実的には難しい場合が少なくなく，地域社会に高齢層が取り残されている状況にある．

（3）公的サポート

　それでは，行政による公的サポートが期待できるであろうか．確かに，制度的なサービスである介護保険制度によって一定の介護サービス水準は実現され，インフォーマルなサービスとしても，一人暮らし高齢者の見守り活動などが行われている．しかし，制度的なサービスが幅広く提供される可能性はそう高くはない．たとえば，一人暮らしと同様に増加している高齢夫婦のみ世帯に対しては，一見安定しているようにみえ，また夫婦で暮らしているなかに外から踏み込んでいくことへのためらいもあって，制度的な支援はほとんど行われていない．しかし，夫婦のみ世帯もその内実は厳しいものがあり，介護などもぎりぎりまで夫婦内で行う傾向が強く，状況がかなり深刻になってはじめて，福祉サービスが利用される場合も少なくない．どちらかに介護が必要になると共倒れになる場合が少なくないことも経験的に知られている．こうした事態を避けるためにも，夫婦のみ世帯を対象としたサポート体制が検討されなければならないが，財源や人材を確保するための基盤が弱い過疎自治体が新たなサービスを展開するには困難が伴うのが現実であろう．

　こうした状況のなかで，高齢者の生活を支えているのは何であろうか．先に指摘したように，九州は世帯の小規模化がもっとも進んでいる地域のひとつである．そのなかでも厳しい状況におかれている大分県日田市中津江村地区にある集落の事例から考えてみたい．

4. 過疎高齢者の生活実態

(1) 地域社会の実態

　中津江村地区は，福岡県矢部村，熊本県小国町，菊池市などと接する県境の山村である．1960年代までは鯛生金山で金鉱が採掘されており，鉱山労働者が集住していた．1960年の人口は，5,277人であった．その後，1972年に金山が閉山され，下筌ダム建設による集団移転もあって人口流出が加速した．2005年3月には周辺町村とともに日田市に編入合併されている．2005年3月時点の人口は1,321人，高齢化率は41.8％であった．隣接地区と比較しても高齢化率が高く，青壮年層の流出による過疎の進行が著しい．

　このような中津江村地区にある8世帯20人（2002年時点）のM集落は，8世帯すべてに高齢者がおり，そのうち4世帯が女性独居高齢世帯，2世帯が高齢夫婦と中年の未婚の子（いずれも男性）のみの世帯であった．集落から県道までは2km程のカーブの続く急勾配の道路だけであるが，バスなどの公共交通は集落に乗り入れておらず，通院などの際には最寄りのバス停まで徒歩でおよそ1時間かけて移動せざるをえない．移動手段の確保は，ここでも大きな問題である．

　また，集落に至る道路の路肩の草刈りなども，徐々に行えなくなり，集落管理から行政に作業依頼せざるをえなくなった．これに限らず集落維持に必要な共同作業は過重負担となりつつあり，集落の自治機能が弱体化している．

(2) 集落の相互機能

　M集落での生活を端からみればかなり厳しいようにうつるが，女性独居高齢者4人の生活は，深刻な状況ばかりではない．まず，彼女たちには連れ立って行動する機会が多い．毎月1回は，バスで1時間ほどの地蔵尊に誘い合わせて参拝し，途中のスーパーで食料品などを購入する．また，30年近く続いている集落全世帯参加の月1回の頼母子講にも参加する．かつてのようには行えな

くなったとはいえ，集落維持の共同作業にも参加する必要がある．法事や葬式などにも出席するし，集落外への祭事へも年数回はともに参加する．集落の小さな天満宮や大師の祭事がそれぞれ春と秋に行われ，その準備にも時間をかけて取り組むこととなる．さらに，多くの高齢者と同様に通院回数も少なくない．また，普段の生活でも，4軒の家に持ち回りで集まって昼食をとることも稀ではない．このように，4人の女性独居高齢者が，さまざまな機会を通じてともに過ごす時間を豊かに保っていることがわかる．

もちろん，セーフティネットとしての公的サービスは適切に提供されなければならない．そのうえで，世帯の小規模化などによって，集落の消滅が視野に入りつつあるからこそ，集落において支え合う（相互支援）ことのもつ意味が大きくなっているといえよう．

住民が漠然と不安を感じている状態から，実際に相互支援活動が動き始めるためには，地域社会の実態と将来展望を住民が共有する必要がある．老人大学などの講座を利用した意識啓発，先に述べた農山村における集落点検，地域福祉計画の住民座談会などによって，地域社会が抱える問題を理解し，10年後，20年後といった近い将来の地域社会の姿，将来展望を検討することが必要である．

5．高齢者の生活を支える条件

厳しい状況ではあるが，過疎高齢者が生活を維持できるのは，次のような過疎高齢者の生活構造と生活様式に負うところが大きい．

（1）社会的役割と農業

M集落の高齢者は自家消費用や別居子に届けるための野菜づくりなどを行っている．小規模で販売目的ではないが，農作業が生活のなかに組み込まれており，たとえ年金などの現金収入が低水準であっても暮らすことのできる生活様

式をもっている点は注目に値する．また，現在，過疎農山村の高齢者にとって働くことは，お金を稼ぐという経済的な意味よりも，働き続けることそのものに重きが置かれはじめている．農作業を続けられることが生きがいであるという意識が，現在の高齢者の生活を支えているとも考えられる．農業が，高齢期の生活にそれまでの生活との連続性を与え，生きがいをもたらす役割を果たしているのである．こうした点からも農村高齢者の社会的役割の維持に農業の非経済的側面が果たしている役割を理解できる．

　農業の中心的な担い手でもある農村の高齢者は，高齢期に入っても体力の変化に応じた作業へ移行することができる．たとえば，農山村で広がりつつある農産物の生産加工販売活動は，高齢期になって新たに修得した技術ではなく，それまでの農作業の経験のなかでとくに意識せずとも培われてきた技術に支えられたものである．農村高齢者は身についた所作として活動を展開することが比較的容易であり，農業などの生活と一体化した活動の有無が，都市高齢者，とりわけサラリーマン退職者と農村高齢者とを決定的に分かつ点である．こうした活動に乏しい都市高齢者は不安定な状況に置かれている．

（2）別居子からのサポート

　現在の一人暮らし高齢者は，女性の高齢者であれば，料理や家事などの生活技術には問題は少ない．また，別居子との交流頻度が比較的維持され，日常の買い物などから病気で倒れたといった緊急時の対応に至るまで，別居子によるサポートネットワークから支えられている場合が多い（直井，2001）．M集落でも，食料品のまとめ買いや贈答品の購入，通院の際の送迎などといった手段的サポートや，電話や宅配便などのやり取りといった情緒的サポートを，かなり頻繁に別居子から受けている実態がある．さらには，集落を維持するための共同作業も，週末等を利用して別居子が肩代わりしている場合も少なくない．別居子との関係を捉えなければ，過疎高齢者の生活実態はみえてこないのである．

（3）世帯単位での集落維持活動

　とりわけ後期高齢層は、集落人口や世帯数の急減によって集落維持のための負担が増しつつある。かつてのように家族規模がある程度維持されていれば、集落維持や地域集団への参加は、家族内や集落内の世代間で分担できたであろう。しかし、現状では世帯単位の活動を高齢者自身か、あるいは夫婦のどちらかが行わなければならない。したがって、後継世代に任せることのできる多世代同居の高齢者よりも、むしろ一人暮らしの「元気」な高齢者が、時間的にも肉体的にも多忙な状態に置かれている。自らの生活を維持するための活動と集落を維持するための活動を同時に行わなければならないからである。また、過疎高齢者は、親睦や娯楽的な要素の強い集団に加えて、集落を維持するために必要な活動への参加を通じて、お互いに重層的な関係を保っているともいえよう。

　一般的には、一人暮らし高齢者の問題として、孤独、引きこもりなどが指摘されているが、M集落の例は高齢者に孤立を許さない、というよりも集落維持のために引退できない実態を示している。高齢期は役割喪失の過程とよばれるが、過疎高齢者にとっては、そうとばかりとはいえない場合もある。そして、このことが逆説的に社会的役割の維持につながり、過疎高齢者の生きがい感を支える結果となっている。

（4）集団参加の蓄積

　現在の過疎高齢者は集落に存在した青年団、婦人会などの年齢集団への参加を経験しており「集まり」を維持することに長けている。たとえば中津江村地区の老人クラブ活動は、主に公園などの清掃を行う社会奉仕的な性格の強い活動であり、ある程度身体が動く間でなければ活動のメンバーとなることが難しい。そのため、身体に無理がきかなくなった時点で多くの高齢者は老人クラブ活動から引退するが、引退した高齢者は老人クラブのOB会に参加している。この集まりは、小額の積み立てをもとにした小旅行や忘新年会などの親睦活動

を目的としている．このように一種の年齢集団を新たに形成し，受け皿を設けているのである．

　重要なことは，現在の過疎高齢者が年齢集団などの地域集団への参加にさほど抵抗がなく，ある集団から離れたとしても，無理なく別の集団に再参加する力をもっている点にある．これらの活動は，潜在機能として社会統合機能をもっており，世帯の小規模化によって喪失されつつある家族機能を補完しているとも考えられる．

　家族の小規模化や個々人の私化の進行などによって，家族や地域社会の統合を維持することが構造的に難しくなるなかで，高齢者の参加する中間集団が果たしている役割は大きい．

（5）農村高齢化の行方

　経済的側面についても，年金制度が未成熟であった以前と比較して，現在の高齢者の安定感は強いであろうし，必要な場合にすぐに利用可能かどうかは別として，福祉サービスも一定の整備が図られつつある．上述したように，別居子との交流頻度も比較的維持されており，絶対的な孤独感ばかりではなかった．フォーマル，インフォーマル・サポートの両面において「昔に比べれば良くなった」という高齢者の満足感は，相対的なものとはいえ，けっして低くないことに気づかされる．

　満足感はある程度健康であってはじめて成り立つが，加齢によって状況は変化する．後期高齢期になると介護や医療サービスを必要とする者の割合が増加し，生活を継続する基礎的な条件が崩れてくる．M集落でも，2007年8月時点で，要介護状態などとなり一人暮らしが難しくなった結果，女性高齢独居世帯4世帯のうち2世帯が集落を離れており，集落は縮小している．道路維持のような共同作業が難しくなったことは，すでに指摘した．また，世帯数の減少に伴って頼母子講も休止された．

　集落内の変化に加えて，市町村合併の余波によって村単位で設置されていた

婦人会などの地域組織が廃止されたり，広域で再編統合されたりしたため，かつては村の組織，さらにいえば自分たちの組織として受け止められてきた一部の地域組織に対して距離感が生まれつつある．これらの集団が潜在機能的にもっていた集落間の情報交換や交流の機会が薄れ，「周りの情報が入ってこない」といった意味での集落の孤立も指摘されている．

さらに，過疎地域の中年男性の結婚難と未婚率上昇は，子どもからのサポートを期待できない男性独居高齢者の増加をもたらす．福祉サービスの観点からいえば社会的サポートの利用を前提とする高齢者の増加である[4]．

将来展望がけっして明るくないなかで，中津江村地区では変化への対応が行われている．

M集落の高齢者を対象とする介護予防活動として，月1回程度の行政保健師による健康相談が行われている．高齢者の自宅が会場となり，集落の高齢者ほぼ全員が訪れ，血圧測定や健康状態の確認，服薬指導などが，にぎやかな雰囲気のなかで進められる．最近は，健康相談の終了後は，そのまましばらくの間，さまざまな話題が交わされる場となっている．この場が，結果的に集落全世帯参加の寄り合いとして機能し，頼母子講が休止された後の集落の定期的な情報交換や共有の場となっているのである．また，合併によって廃止された婦人会は，旧村の中年女性有志によって新たに中津江村地区独自で活動を始めつつある．

これまでの関係性の積み重ねのなかで，住民にとって必要と思われる機能や組織は形を変えて，復元されていくのである．住民自身によるさまざまな対応に当面の間は期待できるかもしれない．

しかし，農業や年齢階梯集団との関係のなかで形作られてきた，現在の高齢者の相対的な満足感，集団参加の蓄積を，向老層やそれに続く青年層に対して同様に期待するには，やはり無理があるように思われる．過疎地域の高齢者の生活は，現状はなんとか維持されているが，今後中長期的に一層厳しくなることが予想されるのである．

6. 農村で老いること

　1990年代以降の少子高齢化状況下での過疎の進行は，さらなる世帯の小規模化をもたらし，過疎集落の機能不全を加速するであろう．過疎集落における当面の課題は，集落のなかで集まることを維持し，さまざまな活動のもつ意味を再確認することである．その過程を通じて，世帯の抱えているさまざまな問題の共有と集落のおかれている状況の確認が行われ，集落成員自身が集落維持に向けての活動に取り組む契機になるのではないか．いわば中間集団の活性化による社会連帯の再生という展望である．

　高齢社会とは，高齢者が社会のなかで存在感を強めていく社会であり，理念的にいえば，多様な社会的役割が高齢者に構造的に提供されることによって高齢者の社会的排除状態が解消されなければ成立し得ない社会である．従来の単なる就労継続から，就労も含む多様な社会活動への参加，社会貢献活動を通じて，高齢者の社会的役割を維持することをめざす社会である．

　過疎農村高齢者の社会的役割は，そうしなければ生活できないといった意味で逆説的とはいえ，生活に根差した活動に基礎をおく形で維持されてきた．都市高齢者と比較して有利な点でもあったが，必ずしも楽観を許さない状況がひろがりつつある．

　農村で老いることの姿を通じて，これからの高齢社会の成熟化に向けた手がかりを示した．

注
1）山口県の高齢化率は2020年には全国で2位になると推計されている．高齢化が進む山口県では，社会参加活動に参加している中高年者をはじめとして，研究者，行政や社会福祉協議会，企業等の支援関係者によって，中高年者の生きがいや健康づくり，社会貢献活動，就労などの促進について，地域の特性を重視した調査研究や支援活動を行い，その成果や方法を広く情報発信する「生涯現役社会づくり学会」が2004年に設立されている．学会とは一般的に，さまざまなことを研究し，発表するといった活動を目的としている．そうしたなかで，生涯現役

社会づくり学会は，調査研究を行うだけではなく，その結果をもとに，実際に会員が行動する際の手がかりとなる活動プログラムなどを作成している．学術調査研究を実際の活動に活かしてもらうことをめざす，実践的な取り組みである（http://www.ypu.jp/crcypu/geneki/）．
2）本章は，平成 17 ～ 19 年度科学研究費補助金基盤研究(C)「農村高齢者の社会参加によるアクティブ・エイジングの実現に関する評価研究」（研究代表者：高野和良）による聴取結果を利用している．また，（高野，2005）をもとに大幅な加筆を行ったが，一部に内容上の重複がある．
3）地域福祉計画は，社会福祉法に規定された法定計画である．福祉領域で進む計画化のなかでも，住民参加によって策定することが期待された計画という特徴をもつ．社会計画の課題として，目的実現のための手段であるはずの計画が，計画策定自体が目的に転化する計画の自己目的化なども指摘されている（牧里・野口，2007）．
4）農村では向老層の男性の結婚難も大きな問題となっている．未婚化は全国一律に進行しているわけではなく，大都市圏と過疎地域の両極で進行しているが，大都市の未婚化が個人の選択によるいわばライフスタイルとしての未婚化であるのに対して，農村では性比の不均衡による絶対的な結婚難が起こっている（光岡，1996）．

　農村男性向老層の未婚原因は，個人の問題というよりも，構造的な問題なのである．こうした人びとは，かつて学生時代や就職で都会に出ていても，両親のこと，田畑や山のことなどを気にかけ，農村に戻った人びとである場合が少なくない．農作業を継続し，親の面倒を見ながら生活するなかで，いつしか結婚の時期を逃した人びとが，老いた親の介護問題に直面しながら，生活を送っている状況が広がっている．

参考文献

アッチェリー，ロバート・C＆バルシュ，アマンダ・S 著，2005，宮内康二編訳『ジェロントロジー』きんざい．
加来和典・高野和良，1999，「世帯の地域性について―『平成四年国民生活基礎調査』の再集計による」『下関市立大学論集』43 巻 2 号：53-78．
加来和典，2001，「高齢者在宅福祉サービスの選好について」鈴木広監修，木下謙治ほか編『家族・福祉社会学の現在』ミネルヴァ書房：174-190．
国立社会保障・人口問題研究所人口構造研究部，2005，『日本の世帯数の将来推計（都道府県別推計）（平成 17 年 8 月推計）』．
国立社会保障・人口問題研究所，2006，『日本の将来推計人口（平成 18 年 12 月推計）』．
国立社会保障・人口問題研究所，2007，『日本の都道府県別将来推計人口（平成 19

年5月推計)』.

牧里毎治・野口定久編著，2007，『協働と参加の地域福祉計画―福祉コミュニティの形成に向けて』ミネルヴァ書房.

光岡浩二，1996，『農村家族の結婚難と高齢者問題』ミネルヴァ書房.

直井道子，2001，『幸福に老いるために―家族と福祉のサポート』ミネルヴァ書房.

大野晃，2005，『山村環境社会学序説―現代山村の限界集落化と流域共同管理』農山漁村文化協会.

総務省自治行政局過疎対策室，2005，『平成16年版「過疎対策の現況」について(概要版)』.

高野和良，1998，「過疎農山村社会における生活構造と福祉意識」山本努・徳野貞雄・加来和典・高野和良編『現代農山村の社会分析』学文社：76-92.

高野和良，2003，「高齢者介護と福祉意識」辻正二ほか編『エイジングの社会心理学』北樹出版：126-148.

高野和良，2005，「極小化する家族と農山村高齢化の現状」『農業と経済』71巻3号：14-24.

高野和良，2006，「高齢者介護と介護サービスに関する意識」武川正吾編『福祉社会の価値意識』東京大学出版会：41-61.

山口市健康福祉部社会課，2004，『山口市地域福祉計画―参加でつくるしあわせプラン』.

山本努，1998，『現代過疎問題の研究』恒星社厚生閣.

第三部

地域社会

5章　過疎地域―過疎化の現段階と人口供給―

学習のねらい

過疎地域は1990年から2000年頃を境に大きく変化した．少子化がその主な原因である．とくに条件の不利な奥地の集落では，過疎が大きく進行して，無子化に近い状況もみられる．しかし，過疎農山村地域は一方的に崩壊するのみではない．地域人口の土着的供給構造は依然として存在しており，人口Uターンや結婚による人口流入もみられる．村が土着社会であったのはかつての話だが，今日，流動化した村でも，土着的人口供給構造はまだ生きている．本章では，以上のように，少子化，グローバル化時代の新しい過疎を学ぶ．ここに示された過疎は，高度成長，都市化時代の過疎とは随分，違うのである．

1．問題の所在

　過疎とは人口減少が過度に進み，種々のゆがみ（生活上の困難，生活問題，地域問題など）が生じた事態をいう．いいかえれば，「過疎とは，人口の急激な減少によって，地域社会における人びとの生活を支えている基礎的条件の維持が困難になる状態である」（池上，1975：57）．あるいは，やや長いが以下のようにいってもいい．「過疎とは何か．私はこう思う．『農村人口と農家戸数の流出が大量に，かつ急激に発生した結果，その地域に残った人びとの生産と社会生活の諸機能が麻痺し，地域の生産の縮小とむら社会自体の崩壊がおこること．

そしてまた住民意識の面では"資本からの疎外"という，農民のもつ一般的疎外の上に"普通農村からの疎外"がもうひとつつけ加わる形で，いわば"二重の疎外"にさいなまれるという意識の疎外状況がおき，これが生産や生活機能の麻痺と相互作用的にからみ合いながら，地域の生産縮小とむら社会の崩壊に向って作用していく悪循環過程である』と」（安達，1981：88）．これらの言い方は，いずれも社会科学者による，社会科学的な過疎の理解である（法律用語としての過疎の意味は，下記キーワードを参照）．

このような過疎をかかえる地域では，地域住民の生活レベルでは，① 生活の機能不全，② 産業（とくに農林漁業）の機能不全，③ 少子・高齢化問題の噴出，④ 集落維持の困難，などの問題が現れている（辻，2006）．さらにこれら生活レベルの過疎が集積すると，農村や農業が社会全体に対してもっている有益な役割（経済的役割，生態的役割，社会・文化的役割，国際的役割など）も果たせなくなる．ここから，過疎の問題はひとり過疎地域住民の問題でなく，都市住民を含んだ国民全員の（さらには，国際的にも広がる）問題であることがわかる（祖田，1986；2000：31-53）．

このような過疎はもともと，昭和30年代から始まった高度経済成長（それに起因する都市化＝大量の向都移動（若者流出））によって発生した．しかし，近年

> **キーワード　過疎地域**
>
> 　法律的には過疎地域とは「人口の著しい減少に伴って地域社会における活力が低下し，生産機能および生活環境の整備等が他の地域に比較して低位にある地域」（過疎地域自立促進特別措置法第1条）と定義される．この定義による過疎市町村は2005年時点で，889市町村（全市町村の37.5%），日本の国土面積の51.7%を占めるが，そこに住む人びとは全人口の7.3%にすぎない（過疎対策研究会，2006）．

(だいたい1990年頃から)，過疎の様相は大きく変化している．本章では，(1)変化した過疎の特質を呈示し（＝「少子・高齢者人口中心」社会の到来，「集落分化」型過疎の出現），(2)次いで，変化を経ても変わらない過疎農山村の地域特性（＝地域の土着的人口供給構造）を示す．(3)そしてこれら両者による地域社会に対する帰結（＝人口縮小の趨勢）を述べる．

2．過疎の現段階(1)―「少子・高齢者人口中心」社会―

まず過疎の現段階の特質を探索する．そこで参照したいのは表5―1である．表5―1は島根県那賀郡弥栄村の過疎の進んだ12の集落の年齢階層別人口を示している．ここから弥栄村の過疎の進んだ集落では少子化が大きく進行していることがわかる．すなわち，弥栄村の12集落では子ども（年少）人口は214人（1970年）から17人（1990年）と激減した．全人口も844人（1970年）から333人（1990年）と大きく減少したが，子ども（年少）人口はもっとも大きく減少した．この結果，12集落でかつて（1970年）人口がもっとも多いのは子ども人口であったが，1990年時点ではもっとも少ないのが子ども人口となっている．ちなみに，1990年時点でこのような状況になるのは，全国過疎地域の平均に比べて約10年早い．

弥栄村12集落と同じような姿は，全国過疎地域の人口統計からも明確に観

表5―1　過疎の進んだ集落の年齢階層別人口数
（島根県那賀郡弥栄村の12集落）

（単位：人）

年　度	年少人口 14歳以下	若年人口 15～29歳	前期労働力 人　口 30～49歳	後期労働力 人　口 50～64歳	高齢人口 65歳以上	合　計
1970年	214	70	265	156	139	844
1990年	17	24	46	135	111	333

注）数字は国勢調査による．12集落は弥栄村におけるもっとも過疎化の進んだ集落（＝1960年～1990年の人口減少率70％以上の集落）を選定した．
出所）山本，2000

表5－2 過疎地域・全国年齢別人口

(単位：千人)

	年少人口 14歳以下	若年人口 15～29歳	前期労働力 人口 30～49歳	後期労働力 人口 50～64歳	高齢人口 65歳以上	合　計
1960年 過疎地域	5,501 35.3	3,321 21.3	3,784 24.3	1,893 12.2	1,071 6.9	15,571人 100.0%
1990年 過疎地域	1,821 17.8	1,464 14.3	2,624 25.7	2,317 22.7	2,003 19.6	10,229人 100.0%
2000年 過疎地域	1,279 13.7	1,297 13.9	2,134 22.9	1,977 21.2	2,617 28.1	9,307人 100.0%
2000年 全国	18,473 14.6	25,700 20.2	33,608 26.5	26,912 21.2	22,005 17.3	126,926人 100.0%
1960/2000 過疎人口 増減率	－77%	－61%	－44%	＋4%	＋114%	－40%

注）数字は国勢調査より．
出所）過疎対策研究会，2006．

察できる．すなわち，表5－2によれば，1960年と2000年の過疎地域人口の推移は，以下のように要約できる．

(1) 過疎地域の総人口は1960年から2000年で，40％の人口減である．
(2) これに対し，高齢人口（65歳以上）は大きく増大する（約2.5倍，114％増）．
(3) 後期労働力人口（50～64歳）も，4％の微増である．
(4) これらに対して，前期労働力人口（30～49歳）は，44％減とほぼ過疎地域総人口と同程度の減少である．
(5) 若年人口（15～29歳）は，61％減と大きく減少している．
(6) 年少人口（14歳以下）は，77％減ともっとも大きく減少している．

これらの結果から，次のことがいえる．
(7) かつて（1960年）最大の人口層であった年少人口（35.3％）は，現在（2000年）では，最少の人口層（13.7％）に転落した．また，かつて（1960年）最少の人口層であった高齢人口（6.9％）は，現在（2000年）では，最大の人

口層(28.1%)に上昇した.

(8) つまり, 過疎地域人口は「年少者最多（35.3%）＋高齢者最少（6.9%）」の△（ピラミッド型）の社会（1960年）から「高齢者最多（28.1%）＋年少者最少（13.7%）」の▽（逆ピラミッド型）の社会（2000年）に変化した. いいかえれば, 過疎地域は「子ども人口中心」（の将来展望可能な）社会から, 「少子・高齢者人口中心」（の将来展望の困難な）社会に変化したと解釈できる.

(9) ちなみに, このような過疎地域の姿は, 1990年時点ではまだ現れていない. 1990年の過疎地域人口は, 「年少者少な目（17.8%）＋若年者最少（14.3%）＋前期労働者最多（25.7%）」の◇（中太り型）のパターンである. このパターンは「少子・前期労働人口中心」（したがって, 地域を現状維持できる労働力人口は一応あるにしても, 将来展望がやや困難な）社会と解釈しておきたい.

(10) 以上から, 過疎地域は「子ども人口中心」（の将来展望可能な）社会（1960年）から, 「少子・前期労働人口中心」社会（1990年）を経て, 今現在（2000年）「少子・高齢者人口中心」（の将来展望の困難な）社会に変化したといえる. 人口ピラミッドで図示すれば大枠, △（1960年）→◇（1990年）→▽（2000年）の変化である. この人口変化は, 地域の将来展望に大きな困難を示している.

3. 過疎の現段階(2)—集落分化型過疎—

「少子・高齢者人口中心」社会の到来に加えて, 過疎地域にはもうひとつ重要な変化がある.「集落分化」型過疎（山本, 1996：199-215）の進行がそれである. そこで参照したいのは表5—3である. 表5—3は中国山地にある山口県玖珂郡本郷村の小学校（区）別児童数を示す. ここから, 以下のことが指摘できる.

(1) 本郷村全体の児童数が大きく減少している．これは前節にみた少子化の進行である．
(2) ただし，少子化は各小学校で均一には進行しない．いいかえれば，各小学校児童数は近年に至るほど格差が大きくなっている．まず大きな変化は，1970年にもっとも小さな西黒沢小学校がなくなり，村の小学校が3校に減ったことである．それ以前までは4校区それぞれで小学校が維持可能だった．
(3) その後も児童数の減少は，小規模校ほど大きく進む．すなわち，一番小さい本谷小学校は93人（1960年）から4人（2000年）と20分の1以下になり，2001年から休校に至る．ついで，波野小学校は150人（1960年）から17人（2000年）と10分の1程度に減っている．最後に，もっとも大きい本郷小学校では，322人（1960年）から61人（2000年）と5分の1程度の減少で踏みとどまっている[1]．
(4) 上記の(2)(3)から，各校（区）での児童数の格差が広がっていることがわかる．すなわち，少子化（＝高齢者中心社会化）の進行は各集落（校区）に一様に進むのでなくて，集落（校区）間の格差を拡大しながら，不均等に進むのである．ここにみられるのが，「集落分化」型過疎である．

「集落分化型」過疎とは，過疎農山村地域の奥の集落ほど人口が激しく枯渇

表5－3　本郷村の小学校児童数の推移

	1960年	1965年	1970年	1975年	1980年	1985年
本 郷 小	322	218	165	95	74	71
西黒沢小	33	20	－	－	－	－
本 谷 小	93	66	45	40	26	15
波 野 小	150	73	51	35	23	17
	1990年	1995年	2000年	2001年	2003年	2005年
本 郷 小	82	53	61	65	60	57
本 谷 小	5	5	4	－	－	－
波 野 小	17	14	17	17	12	12

注）数字は山口県教育委員会『教育委員会・学校一覧』各年度版より．
出所）辻，2006

し,過疎が激しく進行することを意味する.つまり,同じ過疎地域のなかでも,条件の不利な(奥地の)集落ほど,高齢化が進み,少子化が進み,さらには,少子化を通り越して無子化するに至ることをいう.山本(1996:199-215)は島根県弥栄村の集落類型別人口構成(高齢化,少子化)の変化から,集落分化型過疎は1990年頃から顕著になったものと推測している.

この背景には,過疎農山村といえども,生活の「都市化」が進み,「専門機関」の支援の少ない奥地の集落では生活が成り立ちにくくなっていることがあるのだろう.いいかえれば,生活様式の全般的都市化(つまり,病院や銀行や郵便局や学校や消防署やスーパーなどの「専門機関」に依存して成り立つ生活様式への変化)があって,そのために生じる,地域からの撤退が「集落分化」型過疎の内実なのであろう.

4. 調査地域(広島県比婆郡西城町)と調査の概要
(1) 調査の概要

前節までにて,変容した過疎の特質(=「少子・高齢者人口中心」社会の到来,「集落分化」型過疎の出現)を示した.次いで以下では,変容を経ても変わらない過疎農山村の特性(=地域の土着的性質)を示したい.そのためにわれわれは,広島県比婆郡西城町をフィールドに住民の定住経歴調査(西城町保護者調査,西城町一般住民調査)を行った.それぞれの調査の概要は以下のようである.

(1) 西城町保護者調査……小学校・中学校・幼稚会・保育園の子どもをもつ保護者を対象にした調査.1999年7月〜8月実施.小学校・中学校・幼稚会・保育園の協力を得て,保護者全員(579人)に調査表を配布.有効回収276人(48%).

(2) 西城町一般住民調査……70歳未満の人を対象に,選挙人名簿から無作為抽出.計画サンプル470人,有効回収227人(48%),郵送調査.調査実

表5－4　西城町の人口，世帯数の推移

(単位：人)

	1960年	1965年	1970年	1975年	1980年	1985年
人口	10,463	8,523	7,470	6,790	6,482	6,178
世帯数	2,156	1,983	1,926	1,823	1,809	1,748
1世帯人員	4.9	4.3	3.9	3.7	3.6	3.5

	1990年	1995年	2000年	2005年	2005年	1世帯人員
人口	5,927	5,443	4,983	4,506	全国	2.67
世帯数	1,698	1,649	1,656	1,597	過疎地域	2.88
1世帯人員	3.5	3.3	3.0	2.8	中国地方過疎地域	2.84

注）数字は国勢調査より．
出所）過疎対策研究会，2006．

施時期は，西城町保護者調査と同じ．

（2）調査地域の概要

　西城町は広島県の最北東端，中国山地の脊梁部に位置し，北は島根・鳥取との県境となる．広島市まで106km，福山市109km，米子市112km，最寄りの市は，三次市で37km，庄原市に隣接する．冬期の雪は1mを越すこともあり，豪雪地域対策特別措置法に基づく豪雪地域の指定を受けている．

　西城町（2005年3月31日，庄原市と合併した．西城町の地名は残っているので，以下，本章では西城町と表記する）の人口は，表5－4に示すとおりだが，1960年から2000年の人口減少率は52％におよぶ．この数字は過疎地域全国平均の減少率（40％，表5－2）よりも大きな数字である．西城町の過疎が全国より厳しいことがわかる．また，過疎の大きな問題に世帯の縮小（小家族化）が指摘されることがある．西城町，過疎地域，中国地方過疎地域とも1世帯人員（2005年）は3人をきり（西城町2.82人，過疎地域2.88人，中国地方過疎地域2.84人），世帯は大きく縮小している[3]．

5. 定住経歴にみる，地域社会の持続と変容

　定住経歴の分析をもとに，過疎農山村（西城町）における地域生活構造の持続と変容を示したい．西城町保護者調査（保護者層）と西城町一般住民調査（25～59歳，60～69歳に区分）のデータを比較して（表5—5），以下の知見を得る．なお，保護者層の年齢はほぼ全員が24歳から58歳である[4]．

ア．25～59歳層・保護者層にUターンIターン＝流動的定住経歴（流動層）が多い（25～59歳層38.3%，保護者層44.6%，60～69歳層8.8%）．高度成長期またはそれ以後に若者時代を過ごした世代（ほぼ戦後生まれ世代）に流動的経歴が多いものと判断できる（ちなみに，調査実施時点で59歳の人は，1940年生まれ，1960年で20歳である）．

イ．60～69歳層に「生まれてずっとまたは幼少から西城に住む」という土着的定住経歴（土着層）が多い（25～59歳層22.6%，保護者層19.2%，60～69歳層56.3%）．高度成長以前に若者時代を過ごした世代（戦前生まれ世代）に土着的経歴が多いものと判断できる．

　ア．イ．より，①25～59歳・保護者層（ほぼ戦後生まれ世代）と60～69歳層（戦前生まれ世代）で大きな断絶があるといえ，地域社会・地域生活構造の流

表5—5　定住経歴の変化
（西城町保護者調査・西城町一般住民調査）

（単位：人（%））

	生まれてずっと，幼少から	仕事で転入	結婚で転入	Uターン Iターン	その他	合　計
保護者	52 (19.2)	3 (1.1)	85 (31.4)	121 (44.6)	10 (3.7)	100.0%
25～59歳	30 (22.6)	5 (3.8)	44 (33.1)	51 (38.3)	3 (2.3)	100.0%
60～69歳	45 (56.3)	2 (2.5)	24 (30.0)	7 (8.8)	2 (2.5)	100.0%

注）1．Uターンとは，「学校や就職で2年以上よそに出たが，西城町にもどってきた（ただし，高校での下宿は除く）」．
　　2．Iターンは25～59歳Uターンイターン51名の内の1名のみ．

動化(土着から流動へ)が指摘できる.表5－5からさらに,以下の知見も得られる.

ウ.25～59歳層・保護者層・60～69歳層のどの世代でも,常に婚入の者が30.0%程度を占める(25～59歳層33.1%・保護者層31.4%・60～69歳層30.0%).

エ.「Uターン」＋「生まれてずっとまたは幼いころから西城」の合計を,土着的定住経歴(土着層)と定義することも可能と思われるが,このように定義された土着層は,25～59歳層(60.9%)・保護者層(63.8%)・60～69歳層(65.1%)とほとんど変化していない.

ウ.エ.より,②地域社会・地域生活構造の土着的性格の維持が指摘でき

> **コラム　合併の現状**
>
> 過疎地域で近年のもっとも大きな変化のひとつに合併がある.「地方分権が実行の段階に入り,住民に身近な市町村が,住民のニーズに応じた行政サービスを提供する上で,中心的役割の担い手になるよう期待されています.こうした市町村が,広域化,複雑・多様化する行政ニーズ,とくに市町村単独では解決できない環境問題等に的確に対応していくためには,広域行政に向けた一層の取組みにより,その体制整備を図ることが急務になっています.そのための最も有効な手段が「合併」です」(http://www.pref.hiroshima.lg.jp/ 広島県庁ホームページより)と大きく期待されている.合併によって,市町村の数は(総務省データ,2007年11月25日現在),1999年3月の3,232(市670,町1994,村568)から2008年の1,778(市783,町812,村193)に減少した.

る．これは主にはエ．からいえる．ただし，世代によって変わらない，固定的な通婚（婚入）圏が確定されれば，ウ．からもいえるだろう（これについては6．参照）．

①②より，現代農山村の地域特性として，土着的性格と流動的性格の併存とでもいうべき状態が指摘できる．農山村は今でも基本的，基層的には土着社会であるが，その表層に流動的性格が付着した状態と考えられる[5]．

6．性別の定住経歴にみる，地域社会の持続と変容

定住経歴にみる地域生活構造の持続と変容は，性別（表5—6）にみると知見がより明細になり，その意味がより明確になる．表5—6より得られた知見，および，それらから示唆される今後の研究課題は以下のようである．

オ．女性のもっとも主流な定住経歴は婚入である．婚入の割合は女性60〜69歳51.1％，女性25〜59歳51.3％，女性保護者52.2％であり，どの世代でも一貫して50％くらいの者が結婚にて地域に入って来る．

表5—6 性別定住経歴の変化
（西城町保護者調査・西城町一般住民調査）

（単位：人（％））

	生まれてずっと，幼少から	仕事で転入	結婚で転入	Uターン Iターン	その他	合　計
男性 25〜59歳	15 (26.3)	1 (1.8)	5 (8.8)	34 (59.7)	2 (3.5)	100.0%
女性 25〜59歳	15 (19.7)	4 (5.3)	39 (51.3)	17 (22.4)	1 (1.3)	100.0%
男性保護者	36 (26.6)	3 (2.2)	14 (10.4)	77 (57.0)	5 (3.7)	100.0%
女性保護者	16 (11.8)	0 (0.0)	71 (52.2)	44 (32.4)	5 (3.7)	100.0%
男性 60〜69歳	26 (74.3)	2 (5.7)	1 (2.9)	5 (14.3)	1 (2.9)	100.0%
女性 60〜69歳	19 (42.2)	0 (0.0)	23 (51.1)	2 (4.4)	1 (2.2)	100.0%

注）Iターンは男性20〜59歳UターンIターン34名の内の1名のみ．

オ．の知見から，以下の今後の［課題１］が，示唆される．

［課題１］これらの婚入層はどこから来るのか？　婚入圏ともいうべきものがあるのか？　あるとすれば，女性60〜69歳と女性25〜59歳・女性保護者の層で（つまり，高度経済成長を挟んで）変化はあるのか？　また，土着的な婚入経路（圏）の持続はみられるのか？

 カ．男性60〜69歳のもっとも主な定住経歴は，「生まれてずっとまたは幼少から」であったが，男性25〜59歳・保護者ではＵターンＩターンである．

　男性のもっとも主な定住経歴は，男性60〜69歳では「生まれてずっとまたは幼いころから西城」で74.3％だが，これは大きく減少して，男性25〜59歳・男性保護者ではそれぞれ26.3％，26.6％にすぎなくなる．そして，男性25〜59歳・男性保護者ではＵターンＩターンがもっとも主な定住経歴となり，それぞれ59.7％，57.0％を占めるが，男性60〜69歳ではＵターンＩターンは14.3％にすぎない．

 キ．女性においても，上記カ．と同様な変化はある．女性60〜69歳で２番目に多い定住経歴は「生まれてずっとまたは幼いころから西城」で42.2％だが，女性25〜59歳・女性保護者では「生まれてずっとまたは幼少から」は19.7％，11.8％と大きく減少する．
 これに変わって，女性20〜59歳・女性保護者では，ＵターンＩターンが２番目に多い定住経歴となり，それぞれ22.4％，32.4％を占める（女性60〜69歳では，ＵターンＩターンは4.4％に過ぎない）．

　前節ア．イ．より，「25〜59歳・保護者層と60〜69歳層で大きな断絶があるといえ，地域社会・地域生活構造の流動化（土着から流動へ）が指摘でき

る」と指摘した．この変化は男性の定住経歴においてより顕著に現れる（カ．の知見）．しかし，女性においても，同様の変化はみられる（キ．の知見）．カ．キ．の知見から，以下の［課題2］が，示唆される．

　［課題2］男性25〜59歳・男性保護者および女性20〜59歳・女性保護者のUターンIターンの経路分析が課題になる．男性25〜59歳・男性保護者および女性25〜59歳・女性保護者はどういう経路で西城（過疎農山村）に来たのか？　女性・男性で経路に違いがあるのか？　巨大都市圏の吸引力，地方中心都市や地方中小都市の機能は？　さらには，就業形態や家族構成やUターンの動機分析なども重要な課題となる．

　ク．男性25〜59歳・男性保護者においては，男性60〜69歳に比べて婚入
　　が多くなっている．婚入の比率は，男性60〜69歳2.9％から男性25〜
　　59歳8.8％・男性保護者10.4％に増えている．

　ク．の知見から，高度成長以降に若者期を過した25〜59歳・保護者層の世代では男性人口の1割程度は婚入によることがわかる．この1割という数字は，「仕事で転入」より多い数字で，けっして小さな数字ではない．この男性の婚入の場合，相手の女性の大部分は西城の人であろう．したがって，ここにあるのは土着女性による男性吸収が地域人口を一定程度（「仕事」以上に），支えているということである．ク．の知見から提起される重要な課題は，以下のようであろう．

　［課題3］男性の婚入は高度成長以降に若者期を過した世代に多くみられた．したがって，男性の婚入には社会の全般的都市化（人口の地域移動など）が関与しているとの仮説がありえる．そして，都市化が関与しているのだとすれば，土着的・伝統的通婚圏を超えて，かなり広範囲から男性の婚入かみられるので

はないか．いずれにしても，男性の婚入経路の分析も女性と同じく重要な研究課題になる．[6]

ケ．年齢に関係なく男性のもっとも主流な定住経歴は，「Uターン」または「生まれてずっとまたは幼少から西城」である．両者を合計すると，男性25～59歳84.2％，男性保護者83.6％，男性60～69歳88.6％となり，ほとんど変化はない．

「Uターン」「生まれてずっとまたは幼少から西城」とは，両者とも西城出身の人口であるので，両者は土着的定住経歴を共有する．男性定住経歴の流動化（知見カ．土着から流動へ，25～59歳・保護者層と60～69歳層での定住経歴の断絶）を先に指摘したが，Uターンを含めて土着を定義すれば，地域社会の土着的性格は一貫して持続している．ケ．の知見から，［課題4］が示唆される．

［課題4］地域社会の土着的性格が持続しているのだとすれば，その問題の系として，地域の担い手は伝統的パターンにしたがい，長男か否かなどの問題がある．さらに一般化すれば，地域の担い手は，「家」を継ぐ義務によるのか，それとも個人の選択によるのか，という問題がある．[7]

コ．「Uターン」および「生まれてずっとまたは幼少から西城」の合計を女性の定住経歴でみると，女性25～59歳42.1％，女性保護者44.2％，女性60～69歳46.6％となり，ほとんど変化がない．

女性においても，土着的定住経歴の者は，4割強の割合で常に存在する．女性の定住経歴にも，地域社会の土着的性格とでもよぶべき実態は，男性よりも割合は少ないが，一貫して持続している．コ．の知見から，［課題5］が示唆される．

［課題5］女性の婚入は年齢にかかわらず常に，50％強を占めたが（前掲の知見オ．）．ここに土着的な婚入経路（圏）の持続が確定されれば，女性の定住経歴における土着的性格はさらに強固に存在し続けていることになる（前掲の［課題1］の検討の重要性）．さらに地域社会の土着的性格が持続しているとすれば，その問題の系として，地域の担い手は伝統的パターンにしたがい，長女か否かという問題がある．さらに一般化すれば，地域の担い手は，「家」を継ぐ義務によるのか，それとも個人の選択によるのか，という［課題4］と同種の問題がある．

上記のケ．およびコ．で，性別に関わりなく，西城町住民の土着的性格が指摘された．この知見をさらに端的に示すのが表5—7，表5—8である．表5—7よりサ，表5—8よりタ．の知見を得る．

表5—7　男性人口の出身地
（西城町保護者調査・西城町一般住民調査）

(単位：人（％）)

	西城町内出身	町外出身	合　計	広島県内出身	県外出身	合　計
25〜59歳	48 (84.2)	9 (15.8)	100.0%	55 (96.5)	3 (3.5)	100.0%
保護者	114 (85.1)	20 (14.9)	100.0%	127 (94.8)	7 (5.2)	100.0%
60〜69歳	31 (91.2)	3 (8.8)	100.0%	34 (100.0)	0 (0.0)	100.0%

表5—8　女性人口の出身地
（西城町保護者調査・西城町一般住民調査）

(単位：人（％）)

	西城町内出身	町外出身	合　計	広島県内出身	県外出身	合　計
25〜59歳	35 (46.1)	41 (53.9)	100.0%	69 (90.8)	7 (9.2)	100.0%
保護者	66 (48.2)	71 (51.8)	100.0%	120 (87.6)	17 (12.4)	100.0%
60〜69歳	21 (50.0)	21 (50.0)	100.0%	42 (100.0)	0 (0.0)	100.0%

サ．男性人口は年齢（世代）を問わず，ほぼ全員（9割前後）が西城町出身である．西城の男性人口は西城町内で再生産され続けている．

つまり，過疎農山村（西城町）の男性人口供給構造は土着的性格をもち，高度成長を挟んでもその性格ほとんど変化してない．同じ供給構造は土着エリアを広島県にまで広げて定義すれば，人口のほぼ100％を含む．

タ．女性人口は年齢（世代）を問わず，5割程度が西城出身である．さらに女性は世代を問わず，ほぼ全員（9割前後）が広島県出身である．

つまり，過疎農山村（西城町）の女性人口供給構造も土着的性格をもち，高度成長を挟んでもほとんど変化してない．

男性人口のほとんど（9割程度）は「西城」出身（町内）で再生産されていた．これに対して，女性人口のほとんど（9割程度）は「西城」出身（町内）＋広島県出身（県内）と男性よりやや広い範域にて生産されているが，女性においても，人口供給構造の土着的性格は大枠，同じである．先に女性では世代に関わらず，婚入が最頻の定住パターンであることをみた（知見オ．参照）．これに関して，表5—8から示唆されるのは，世代ごとの婚入圏（［課題1］）の詳細のエリアは不明だが，大枠，県域を超えるものではないということである．つまり，先の婚入圏にも土着的性質が見込まれるのである．

7．性・世代別Uターンの経路分析

ここまでの分析で，西城町（過疎農山村）の人口供給の基本的構造が明らかになった．そこでここからは，前節までに示した［課題］のそれぞれが重要になる．しかし，本章で取り扱うのは紙幅の関係から，［課題2］＝「男性25〜59歳・男性保護者および女性20〜59歳・女性保護者のUターンの経路分析」

の一部に限定する．

［課題2］を分析するためにまず，Uターンしてきた人びとの転出（＝西城町を出た）年齢をみる．表5―9より男性の転出年齢は，「例外的転出」（男性60～69歳）から「制度化した転出」（男性25～59歳および男性保護者）への変化が示される．すなわち，男性25～59歳・男性保護者では，18歳および15歳という特定年齢（つまり，高校および中学卒業の年齢）に転出が著しく集中する（男性25～59歳・男性保護者では18歳転出がそれぞれ，58.1％，71.2％，15歳転出がそれぞれ，16.1％，8.2％）．これは「制度化した転出」パターンと想定できる．これに対して，男性60～69歳では，特定年齢への集中はみられず，かつ，Uターン自体が例外的（少数，5人）である．

つづいて，表5―10より女性の転出年齢をみても，「例外的転出」（女性60

表5―9　Uターンしてきた男性の転出年齢

(単位：人（％）)

	男性25～59歳		男性保護者		男性60～69歳	
15歳未満	0	(0.0)	2	(2.8)	0	(0.0)
15　歳	5	(16.1)	6	(8.2)	0	(0.0)
16，17歳	3	(9.7)	5	(6.9)	0	(0.0)
18　歳	18	(58.1)	52	(71.2)	1	(20.0)
19，20歳	4	(12.9)	5	(6.7)	0	(0.0)
21～29歳	0	(0.0)	3	(4.1)	3	(60.0)
30歳以上	1	(3.2)	0	(0.0)	1	(20.0)
合　計	31	(100.0)	73	(100.0)	5	(100.0)

表5―10　Uターンしてきた女性の転出年齢

(単位：人（％）)

	女性25～59歳		女性保護者		女性60～69歳	
15歳未満	0	(0.0)	0	(0.0)	0	(0.0)
15　歳	3	(17.6)	2	(4.8)	0	(0.0)
16，17歳	3	(17.6)	1	(2.4)	1	(50.0)
18　歳	11	(64.7)	38	(90.5)	0	(0.0)
19，20歳	0	(0.0)	1	(2.4)	0	(0.0)
21～29歳	0	(0.0)	0	(0.0)	0	(0.0)
30歳以上	0	(0.0)	0	(0.0)	1	(50.0)
合　計	17	(100.0)	42	(100.0)	2	(100.0)

コラム　合併の評価

　広島県北広島町は2005年2月，4町（芸北（2,756人）・大朝（3,437人）・千代田（10,542人）・豊平（4,122人））が合併してできた，山あいの町である（カッコ内，2005年国勢調査人口）．われわれはこの町で，合併の評価について，住民意識調査を行った．それによれば，① 合併を肯定的に評価する者は多くない（「よかった（まあ，よかった）」16.8％）．② とくに，人口のもっとも少ない芸北での評価が低い（表1）．また，「（あまり）よくなかった」理由を聞くと，「きめ細やかな行政サービスが難しくなった（57.4％）」「住民の意見が行政に反映しにくくなった（52.2％）」「周辺部が取り残される（44.0％）」「地域への愛着や一体感を感じるのが難しくなった（42.0％）」などがあがってきた（表2）．

　同様の結果は，熊本大学徳野貞雄研究室が実施した，熊本県山都町（2005年2月，矢部町，蘇陽町，清和村が合併）調査でも得られた（2006年8月18歳～80歳未満住民対象で実施）．それによれば，「合併によって生活や暮ら

表1　合併の評価

(単位：％)

	よかった	まあよかった	どちらともいえない	あまりよくなかった	よくなかった	不明
北広島町 (916人)	4.7	12.1	35.5	24.0	15.7	8.0
芸　北 (111人)	3.6	9.0	26.1	27.0	27.9	6.3
大　朝 (146人)	3.4	13.0	32.2	29.5	13.0	8.9
千代田 (437人)	4.6	12.6	38.4	24.5	12.6	7.3
豊　平 (218人)	6.4	12.4	36.7	17.0	17.9	9.6

　注）調査は2006年8月1日～11日に郵送法で実施．調査対象は16歳以上の住民（2,000人）．回収率45.8％，916人（ただし，地区不明4人を含む）．

しがよくなった」0.3％（1人），「合併しても生活は変わらない」37.8％（112人），「合併によって生活や地域は逆に厳しくなっている」45.3％（134人），「どちらとも言えない」15.5％（46人），「無回答」1.0％（3人）と報告されている（『山都町地域社会調査報告書』2007年，同研究室刊）．

　両調査とも，合併の評価は芳しくないことを示している．合併の影響は，「地方からの社会学」の今後の大きな研究課題である．

表2　合併がよくなかった理由（北広島町）

（単位：％）

行政規模が大きくなり，住民の意見を行政に反映しにくくなった	52.2
行政区域が広がり，きめ細かな行政サービスが難しくなった	57.4
中心部だけが発展し，その他の周辺部が取り残される	44.0
基盤整備が思ったより進んでいない	17.0
地域の伝統・文化の維持や地域生活における連帯・協力が難しくなった	17.0
行政規模が大きくなり，地域への愛着や一体感を感じるのが難しくなった	42.0
公共料金などの住民負担が増えている	39.6
役場が遠くなり，不便になった	17.3
その他	3.6
とくにない	0.5
不　明	3.6

注）表2は，表1で「よくなかった」「あまりよくなかった」と答えた者に「その理由は何ですか．あてはまるものにすべて○印をつけて下さい」と尋ねた結果である．

～69歳）から「制度化した転出」（女性25～59歳・女性保護者）への変化が示される．すなわち，女性25～59歳・女性保護者でも，18歳の転出が突出して多く（64.7％，90.5％），次いで15歳の転出にいくぶん大きな山がみられる．これに対して，女性60～69歳では，Uターン自体が例外的（少数，2人）である．

　さらに帰郷（西城町にUターンしてきた時）の年齢をみる．表5―11，表5―12によれば，男女ともに帰郷の年齢は，25～59歳・保護者では，20代前半が多く，次いで20代後半となりここまでで7割弱から8割強の帰郷がみられる．次いで，30代に多少の（3割弱から10数％程度）帰郷がみられ，40歳以上

表5―11　Uターンしてきた男性の帰郷時の年齢

(単位：人（％）)

	男性25～59歳		男性保護者		男性60～69歳	
20～24歳	11	(35.5)	36	(50.0)	0	(0.0)
25～29歳	11	(35.5)	21	(29.2)	0	(0.0)
30～34歳	5	(16.1)	5	(6.9)	2	(40.0)
35～39歳	4	(13.0)	6	(8.3)	2	(40.0)
40～49歳	0	(0.0)	4	(5.6)	1	(20.0)
合　計	31	(100.0)	72	(100.0)	5	(100.0)

表5―12　Uターンしてきた女性の帰郷時の年齢

(単位：人（％）)

	女性25～59歳		女性保護者		女性60～69歳	
20歳未満	2	(11.8)	0	(0.0)	0	(0.0)
20～24歳	7	(41.2)	30	(71.4)	1	(50.0)
25～29歳	4	(23.5)	5	(11.9)	0	(0.0)
30～34歳	2	(11.8)	1	(2.4)	0	(0.0)
35～39歳	1	(5.9)	3	(7.1)	0	(0.0)
40～49歳	1	(5.9)	3	(7.1)	0	(0.0)
50歳以上	0	(0.0)	0	(0.0)	1	(50.0)
合　計	17	(100.0)	42	(100.0)	2	(100.0)

になるとわずか（数％程度）の帰郷しかみられない．また，60～69歳層は該当のサンプル数が小さいので，明確にいうのは難しいが，30代以降に帰郷がみられる．

つまり，人口Uターンの最頻値的なパターンを描けば，25～59歳・保護者層では，18歳に高校卒業とともに地域から転出し，20代で地域に帰ってくる，ということになる．これに対して，60～69歳層では，25～59歳・保護者層よりもやや転出が遅く（表5―9，5―10），かつ，地域に帰ってくるのも，30代以上になるのが一般的である．

Uターンの経路分析には，①転出先の地域，②転出後主に暮らした地域，③帰郷直前の居住地，④Uターン者の兄弟姉妹順（長男・長女など），⑤Uターン者の家族構成，職業，⑥転出の動機，⑦帰郷の動機，などの分析が今後，是非必要である．[8]

8. むすびにかえて

　本章では変容した過疎の特質を示した．「少子・高齢者人口中心」社会の到来，「集落分化」型過疎の出現がそれである．次に，その変容を経ても変わらない過疎農山村の土着的人口供給構造を示した．これらの知見の延長上にあるのは，地域の縮小であるといわざるをえない．そしてこのような人口趨勢は程度の差はあれ，多くの地方地域社会の問題である．序章で広島県市町村の人口動向から例示したように，地方地域社会は軒並み人口減少・自然減社会に突入している（表序—1）．地方の地域社会の現実からは，縮小再生産の地域社会学が要請されている．

注
1) ただし，本郷小学校の児童数には1987年開始の山村留学の児童数を含む．たとえば，2006年度は15人の児童が山村留学にて本郷小学校に通っている（本郷村山村留学センターへの聞取りによる．なお，同年度の中学生の山村留学生は6人である）．しかし，それでもここでの結論は変わらない．山村留学の児童数を除いても，本郷小学校の児童数の減少がもっともゆるやかなのである．
2) このような生活を都市的生活様式とする理解は，倉沢（1987）による．
3) ここには「過疎化家族」の問題（＝農村家族員の流出による小家族化→イエによるムラ機能の発揮困難→地域論的過疎の発現（渡辺，1986：63-88)），あるいは「世帯の極小化」の問題（＝農村家族の小家族化→村機能不全集落（徳野，2005：122-133)）がある可能性が大きい．渡辺（1986：72-73）の「過疎化家族」とは，「世帯員の単独的流出が原因となって残存世帯の所得形成力や「生活」力が停滞ないし低下した世帯」のこと．過疎化家族は村機能を十分に果たせぬために，「いわゆる地域論的過疎は……過疎化家族の累積から発現する」とされる．
4) 保護者データの年齢層は24～29歳16人，30歳代94人，40歳代153人，50歳代11人，60～70歳代2人である．
5) 土着（社会），流動（社会）という用語を本章では，頻繁に用いる．これは，鈴木（1993）の提唱する概念であり，以下のように定義される．土着型社会とは，「社会を構成する大部分の生活構造が，空間的にも時間的にも，また規範的にも，一定の範囲のうちに完結して可変性に乏しい社会」をいい，流動型社会とは，「大部分のメンバーの生活構造が空間的・時間的に，また規範的に多様であり可変的であり，かつ非固定的である社会をいう」．

6）筆者は,「津軽出身,大学,初職を東京ですごして,旧君田村（合併で,広島県三次市）に婚入の戦後生まれの男性」と調査で知りあった.このような（伝統的通婚圏の範囲外の）定住経歴が,過疎地域にどのくらいあるのか,興味深い研究課題と思う.
7）この課題は山本（1998）で試みたが,さらなる分析が必要である.
8）これらの課題は山本（1998）で試みたが,さらなる分析が必要である.

参考文献
安達生恒,1981,『過疎地の再生の道（安達生恒著作集④)』日本経済評論社.
池上徹,1975,『日本の過疎問題』東洋経済新報社.
過疎対策研究会,2006,『過疎対策データブック』丸井工文社.
倉沢進,1987,「都市的生活様式論序説」鈴木広・倉沢進・秋元律郎編『都市化の社会学理論』ミネルヴァ書房:293-308.
祖田修,1986,「日本農業の展開と農業・農村の新しい役割」『農林業問題研究』85:174-183.
祖田修,2000,『農学原論』岩波書店.
鈴木広,1993,「土着型社会／流動型社会」森岡清美・塩原勉・本間康平編『新社会学辞典』有斐閣:1105.
徳野貞雄,2005,『少子・高齢化時代の農山村における環境維持の担い手に関する研究』（平成13年度〜平成16年度科学研究費補助金（基盤(B)(2)）研究成果報告書).
辻正二,2006,「農山村—過疎化と高齢化の波—」山本努・辻正二・稲月正『現代の社会学的解読』学文社:97-128.
渡辺兵力,1986,『村を考える』不二出版.
山本努,1996,『現代過疎問題の研究』恒星社厚生閣.
山本努,1998,「過疎農山村における人口還流と生活選択論の課題」山本努・徳野貞雄・加来和典・高野和良『現代農山村の社会分析』学文社:29-50.
山本努,2000,「過疎農山村問題の変容と地域生活構造論の課題」『日本都市社会学会年報』18:3-17.

付記：本章は『社会分析』第34号,2007年に掲載の拙稿に改稿を加えたものである.本章は2007年度科学研究費基盤研究（c）課題番号19530458・山本努研究代表による.

6章 混住化と地域社会

学習のねらい

「混住化」は，日本の地域社会における「都市化」のひとつの側面を示す言葉である．本章では，まず高度経済成長期以降の「混住化」がどのように進展してきたのか，それは地域社会がどのように変化することなのかを明らかにすることによって，「混住化」を理解しよう．さらに，混住化に対する地域の事例を通して「混住化」の多様性にふれるとともに，「混住化」とは人びとの生活において地域社会との関わりや地域の意味も多様化・個人化することであることを理解する．その上で，混住化社会における地域社会の意味や役割（＝地域的共同性）がもつ可能性について考えを深めたい．

1．混住化とは何か

（1）混住化の定義

「都市化とは何か」この問いに明快に答えることはなかなか難しい．たとえば，どのような変化を「都市になる」と感じるのかについて，人口が多い，商業・娯楽施設が多くある，街ににぎわいがあるなどいろいろな具体例を挙げることができよう．都市社会学を中心として「都市化」については多様な側面から説明されているが，そのひとつの側面は地域社会における「異質性の増大」として理解することができる．つまり，いろいろな職業や社会的属性をもつ人

びとが行き交い，集まるのが都市である．日本における都市化は，それまでの伝統的な地域社会を変化させつつ進行してきた．

元来，日本の伝統的な地域社会の典型は農村的社会であった．日本の農村社会は，血縁による「いえ」と，その集合体としての地縁による「むら」によって構成され，多くが農業を営む，同質的な社会であった．

その農村社会がもっとも劇的に変化したのは，1960～70年代の高度経済成長期である．この時期を境に，それまで日本の産業人口の中心であった第1次産業従事者の割合は激減し，第2次・第3次産業に従事する，いわゆるサラリーマンの割合が増大した．さらに，このような産業構造の転換が農村から大都市へ（=地方から都会へ）という大きな人口の地域移動を伴っていたことから，農村社会は若年労働力の流出による過疎化，農家における通勤兼業化の進行や離農，宅地開発などによる農村への都市住民の流入などの大きな変容をとげることになった．つまり，高度経済成長期以降，農村の都市化（=異質化）は，兼業化や離農という農家自体の変化と都市住民の流入による非農家の増大という2つの側面で急激に進行したといえるだろう．

とりわけ，都市近郊の農村地域には都市化の波が急激に押し寄せた．「都市に近い」という地理的条件は，農家の兼業化と宅地開発による非農家の急激な流入を招くことになり，もはや「農村=農業者の住む集落」という従来のイメージでは捉えられない新しい地域社会が誕生することになった．このように，都市近郊の農村にとくに顕著な現象である住民の多様化（=異質化）と，それ

> **キーワード いえ**
>
> 「いえ」は，日本の伝統的な家族制度である．農家や商家など家業的な経営を中心として，農地やのれんといった先祖伝来の家産を継承し，家族の生活のために家業を営むのが「いえ」である．

に伴う農業をとりまく環境の変化を総称して「混住化」とよぶようになったといえる．

「混住化社会は，従来農家のみによって構成されていた農村村落が，非農家が流入してきたことによって変貌を遂げ，新しいタイプの地域社会として性格付けられることを余儀なくされてきた社会である」（二宮・中藤・橋本，1985：viii）という定義は，混住化を説明するものとして一般的な理解が得られるものであるだろう．すなわち，「農村か都市か」といった伝統的な二分法による地域社会の見方に対して，そのどちらともいえない新しい地域社会として混住化社会が登場したのである（表1-1参照）．

(2) 統計からみる混住化

ここで，混住化を統計的に理解するものとして農林業センサスにおける農家率と農業集落数の推移をみてみよう．2000（平成12）年の時点において，全国の農業集落数は1970（昭和45）年からの約30年間で約7,500減少している．これは，全体として農業を行う地域が少なくなっていることを示している．集落の農家率別にみると，農家率80％以上の農業集落数は約6万も減少する一方，農家率の低い集落数が増加している．つまり，農業集落とみなされる地域においても，農家の割合は減少している．また，1990～2000（平成2～12）年までを農業地域類型別に比較してみると，農家率80％以上の集落数がすべての地域類型で50％以上減少しているとともに，都市的地域では農家率10％未満を除くすべての農家率において集落数が減少している．農業集落の減少は，もはや農業集落としての機能が失われた結果であり，都市的地域ではこの傾向がとくに目立っている．つまり，農業集落全体において農家率が低下し，とくに都市的地域ほど農業集落自体が減少していることがよく理解できる．

ところで，「混住化」という言葉がはじめて活字として登場したのは，1970年の農業白書とされ，それ以降，現在に至るまで混住化問題は多くの農業白書のなかでふれられている．その意味で，混住化は，政策的に取り組む必要があ

表6—1　農家別農業集落数の推移

(単位：集落，%)

	農家率					計
	10%未満	10～30	30～50	50～80	80%以上	
1970年	4,854 (3.4)	12,506 (8.8)	13,455 (9.4)	39,215 (27.5)	72,669 (50.9)	142,699 (100)
1980年	14,418 (10.1)	18,813 (13.2)	17,193 (12.1)	41,886 (29.4)	50,067 (35.2)	142,377 (100)
1990年	21,285 (15.2)	22,988 (16.4)	22,014 (15.7)	46,279 (33.0)	27,556 (19.7)	140,122 (100)
2000年	26,546 (19.6)	28,651 (21.2)	26,783 (19.8)	40,463 (29.9)	12,736 (9.4)	135,179 (100)
増減率(2000年/1990年)	24.7	24.6	21.7	▲12.6	▲53.8	▲3.5
都市的地域	13.9	▲14.0	▲21.2	▲42.4	▲67.9	▲6.7
平地農業地域	74.3	50.3	27.7	▲18.2	▲53.7	▲0.8
中間農業地域	39.5	40.6	32.8	▲5.4	▲53.7	▲3.1
山間農業地域	36.9	42.7	30.7	▲4.7	▲51.5	▲4.7

注）1．下段（　）内は，構成比率（%）である．
　　2．農業集落とは，市町村の区域の一部において農業上形成されている地域社会のことである．
　　3．ここでいう農家とは，経営耕地面積が10a以上（60年以前の旧定義では西日本5a以上）の農業を営む世帯または経営耕地面積が10a未満であっても年間の農産物総販売金額が15万円以上（60年以前の旧定義では10万円以上）あった世帯のことである．
資料）農林水産省「農林業センサス」
出所）『平成12年度食料・農業・農村白書』農林水産省：226

る課題としても理解されてきたと考えられる[1]．

　これまでの白書では，混住化現象がもたらす具体的な問題点として，混住化による農業環境の悪化や農業に関わる共同作業への悪影響，地域における伝統的な祭祀や共同活動の減少など集落の共同性の衰退が指摘されることが多かった．つまり，混住化する地域社会において，農業者の割合が減少するなかで農業を営み続けることの難しさに関する問題に加えて，住民の多様化・流動化による地域社会の衰退をどうするか，が政策上の大きな課題として位置づけられてきたといえるだろう．

　もともと農業集落としての日本のむらは，協力して農業を営む集団としての「生産機能」と，隣近所の地縁組織として生活上の相互扶助を行う「生活共同体の機能」を併せもつ組織であった．農業を営む暮らしは，生産活動はもちろ

ん生活も他の人びととの共同によって支えられる側面が強い．したがって，混住化によって集落における農家率が減少することは，その地域社会において生産や生活を共にする人びとが減っていくことでもある．では，混住化は地域社会のまとまりを一方的に弱めてしまうのだろうか．この点については次節で事例を紹介しつつ再考していくことにしよう．

（3）混住化の社会学

これまで述べてきたように「混住化」を理解すると，混住化が進行する地域は次のように2つの側面から捉えることができる．すなわち，都市地域が拡大することに伴う非農家層の集落への流入＝「外からの混住化」「転入混住」と

図6―1　混住化社会の基本類型図

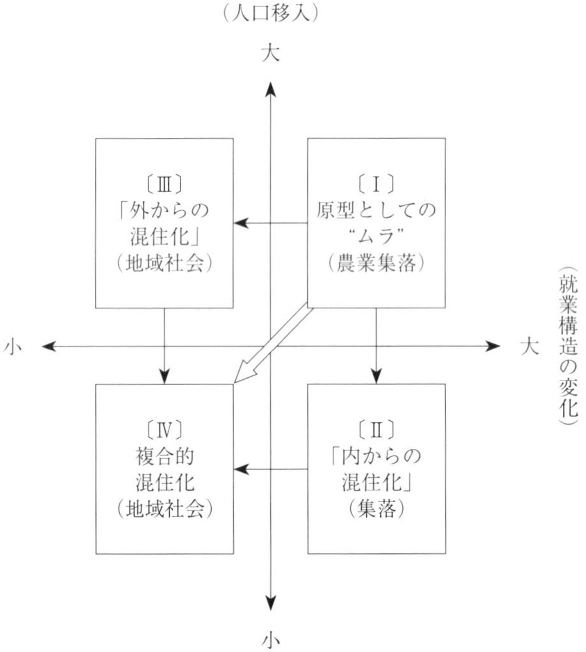

（人口移入）大

〔Ⅲ〕 「外からの 混住化」 （地域社会）	〔Ⅰ〕 原型としての "ムラ" （農業集落）
〔Ⅳ〕 複合的 混住化 （地域社会）	〔Ⅱ〕 「内からの 混住化」 （集落）

小←　　→大（就業構造の変化）

小

出所）徳野，2002：228

いわれる側面と，農村側の変化として農家の兼業化や離農=「内からの混住化」「転職混住」といわれる側面である．この2つが交錯する場所として混住化地域は位置づけられる．

混住化の社会学は，混住化地域を都市の側からみるか，農村の側からみるかによって異なる．

「外からの混住化」に注目すると，住民が多様化する混住化社会における新たな地域的共同性をもつことができるかが問題となる．つまり，地域社会としてのまとまりや一体感をどのように保つことができるのかである．

地域社会が生産と生活の両面での共同の上に成り立っていた農村と異なり，職住分離を基本とする都市的生活者の流入は，地域社会を運営する上での地域的共同性を揺るがせるものであった．これまで当然のように行われていた伝統的祭祀や共同作業をはじめ，地域自治活動に至るさまざまな地域活動は，生活上の地域との関わりが薄い都市的生活者にとっては農村の古臭い伝統や閉鎖性の象徴のようにうつることもある．これらへの参加をめぐって，しばしば混住化地域における農家層と非農家層のあつれきが指摘された例もあった．都市に通勤するためだけに新興住宅地としての混住化地域に住む人びとには，地域の共同作業や祭りへの参加などはわずらわしいだけであり，参加するのが当たり前という土着住民とは意識の上でも大きな隔たりがある．個々人にとって，生活する上での地域の意味が多様化する混住化社会が，地域社会としてどのような一体性をもてるのか，その可能性が問われることになったのである．

キーワード　職住分離

職場と居住地が距離的に離れるとともに，生産・生活が機能としても分離した状態であるのが「職住分離」である．農村社会では職住一致であることが多く，職住分離になるのは都市型社会の特徴であるともいえる．

一方，混住化社会における「内からの混住化」に注目すると，農村の兼業化と宅地化・都市住民の流入が，混住化社会としての農村にどのような地域生活問題をもたらすのかが問われることになる．

とくに大きな課題となるのは，地域の土地利用の多様化と土地利用の管理の難しさである．地域社会内での兼業化の進行と非農家の増大により，土地＝地域への関わりが住民ごとに異なってくると，地域内の土地の利用管理に関わる問題について住民の総意をまとめることは以前の農村社会に比べると容易ではない．これまで農村における生産と生活両面での地域的共同の要は，同じ地域で共に農業を営み生活時間の多くを過ごすという，住民の地域社会との関わりの同質性である．それが多様化することは，土地をはじめとする地域空間の利用の仕方が大きく変化することである．非農家の新住民にとっては居住のみの場であっても，農家を営む土着住民にとっては仕事場でもある．たとえば，新住民からは肥料の匂いや農薬散布などへの不満や苦情が寄せられたり，土着住民からは地域内のマンション・住宅開発への反対運動が巻き起こるなど，地域の土地をどのように利用するかについて新住民と土着住民の意識が大きく異なることが多い．したがって，混住化する地域において，異なる住民間の意見をまとめ，いかに農業を継続できる環境を維持できるかが課題となったのである．

では，実際の混住化地域の状況はどうであったのか．内外からの混住化に対

キーワード　地域自治活動・自治組織

一定の地域に居住する住民が，日常的な生活課題に対応して活動するものが地域自治活動である．町内会・自治会などが自治組織の典型である．日本における地域自治組織は自治活動だけでなく行政末端機能を担う場合もあり，その役割と機能は幅広い．

して地域社会としてどのような対応を示したのか，具体的な事例をみてみることにしたい．

2．混住化の進展と地域社会の対応—混住化地域の現実からわかること—

　これまで述べてきたように，混住化は従来の農村が都市化の影響を受けて変化していくことである．しかし，その変化はどこでも同じように「サラリーマン世帯が増加して農業世帯が減り，地域社会のまとまりや伝統的共同性がどんどん失われていった」とはいえない．ここで重要なことは，現実に混住化していく地域社会において，土着の農家の人びとはどのように農業環境を守ろうとするのか，新住民の人びとは地域との関わりをどのようにもとうとするのか，両者の交流から「新しい地域社会」としての混住化社会が誕生する可能性があるのかについて，具体例から学ぶことである．

　本節では，福岡県糸島地域の2つの集落を事例としてみてみよう．糸島地域は政令指定都市・福岡市に隣接し，昔から福岡都市圏の食糧基地としての役割を果たしてきた．1975年頃には福岡市へ1日60本以上のバスが運行されていたが，1980年代からJRと福岡市営地下鉄の相互乗り入れが行われるとともに，福岡市までの国道にバイパスが完成するとさらに利便性が増した．それと相前後して糸島地域の人口は増加し，福岡市の近郊住宅地の役割が大きくなりつつある[2]．

図6−2 糸島地域（前原市，志摩町，二丈町）と福岡市の位置

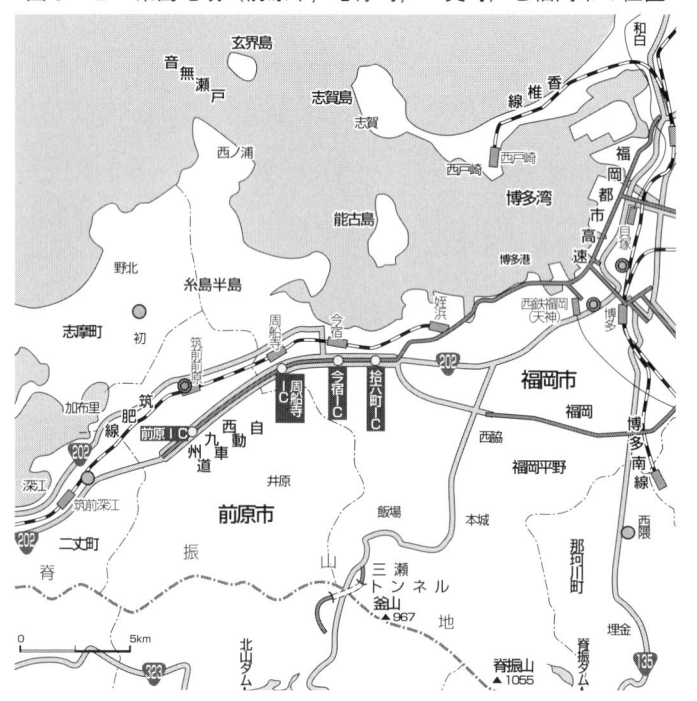

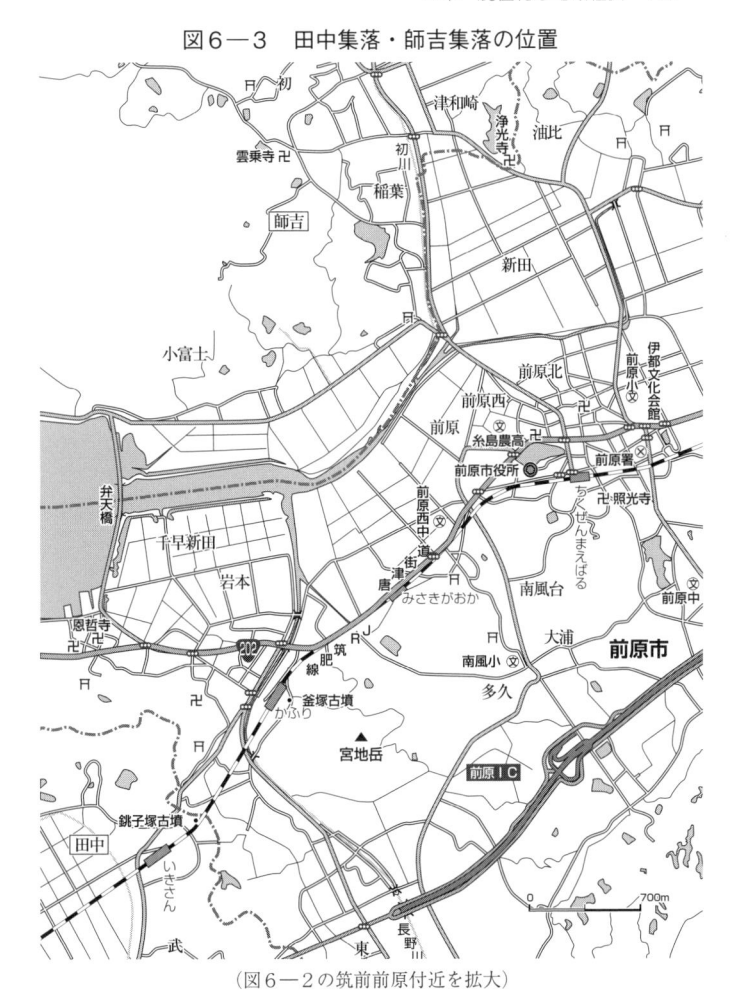

6章 混住化と地域社会 173

図6-3 田中集落・師吉集落の位置

(図6-2の筑前前原付近を拡大)

(1) 混住化地域の実際

次に紹介するのは，福岡県糸島郡二丈町田中集落と糸島郡志摩町師吉（もろよし）集落の事例である．表6－2に各年次の農業センサスと聞き取りからまとめた両集落の総戸数と農家数を挙げている．田中集落は，1970年からの20年で戸数が約2倍になり，農家数は半減した．また，師吉集落は1970年以降，あまりにも急激に混住化が進んだため，師吉集落がセンサスの単位である大字師吉と一致しなくなり，1980年以降の農業センサスの数字は師吉集落を含む大字師吉の全体での集計である．師吉集落の戸数については注記している通りである．

① 二丈町田中集落

二丈町田中集落は二丈町と前原市の境界に近く，福岡市へ続く国道から分かれた県道沿いに転々と家が立ち並ぶ集落である．地下鉄と乗り入れるJRの駅に近く，利便性の高まりとともに戸数が増え，1970年の99戸から90年には200戸以上となっている．現在の農家率は10％以下となり，さらに実際に農業を営んでいる農家は総農家数の約半数といわれる．残りの半数は，農業を営む農家に土地を貸している名目上の農家となっている．

混住化のなかで地域内の農業を守るために，田中集落では地域の中心的な農家に集落内の農地と農作業の受委託を行う営農組合を二丈町でもっとも早く1978年に作った．この背景には，集落の農業が昔からある程度のまとまった農地を必要とする米麦と野菜を生産するものであり，早くから混住化に対して

表6－2　各集落の戸数と農家数

		1970年	1980年	1990年	1995年
田中	総戸数	99	163	215	－
	農家数（内専業）	41 (7)	33 (6)	19 (5)	18 (5)
師吉	総戸数	118	290 (注1)	670 (注2)	注3
	農家数（内専業）	84 (19)	64 (17)	42 (6)	35 (2)

注）1．大字師吉での数値
　　2．師吉集落は209
　　3．師吉集落は318

農地を守る必要があったためである．1970年代から本格的に始まった集落での宅地開発に対して，兼業・離農化による遊休農地を解消して農地が集落外に流出するのを防ぎ，意欲的な農家に土地を活用して農業を営んでもらうために組合が誕生した．つまり，集落の中心的な農家に集落の農地を使って農業をやってもらうことによって，やる気のある農家が混住化地域でも農業を営める環境を維持できる仕組みを作ったといえる[3]．

一方，集落が伝統的に共有財産としてきた山林，公民館，神社の管理や集落内の清掃・お祭りや親睦行事などの地域活動については，集落全世帯を対象とする共同作業になっている．これは混住化が進んでも変わらず，集落内の農道の管理や清掃など農業関係の行事以外の地域活動は，自治会を中心として新しく居住した人びとにも参加してもらうようになっている．混住化が進み始めた1970年代後半から集落の規約を明文化し，新しい居住者には印刷物として配布し，集落活動や慣習を文章にして理解してもらうように努めている．田中集落では，自治会の下に11の「隣組」があり，住民にとっては隣組が実際の集落活動の中心組織となる．宅地開発などで世帯数が増えると，そこから新たな隣組を分離する形をとっているが，新住民が集落活動に慣れるまでは隣組同士で活動のノウハウを教えるなど支援を行い，新住民にも積極的に隣組・集落自治会の役員などをまかせるようにしているという．

② 志摩町師吉集落

志摩町師吉集落は志摩町の中心部近くに位置する．昔は100戸程度の純農村地帯だったが，1970年代以降急激に宅地開発が進み，集落戸数は激増するとともに農家率は急減している．とくに1980年代後半に志摩町の土地利用計画において，師吉地域が住宅専用地域に指定されたことが宅地開発に拍車をかけた．しかも，師吉集落にわずかに残る専業農家は花卉生産で大きな農地を必要としないため，田中集落のように農地を集落で守ろうという動きには至らなかった．その一方で，新住民の参加を促す集落自治会活動は1970年代から非常に活発である．

志摩町のなかでも早くから混住化が始まった師吉では，1971年にいち早く集落の規約を明文化し，新住民にもわかりやすい形にした．同時に，集落の自治組織を農業生産組織と完全に分離した．現在，自治会を中心に行われる地域の行事の中心は伝統的な神社祭祀やスポーツ・文化祭など住民同士の親睦を図るものがほとんどであり，年間を通して活発である．これらの行事への参加・運営の中心は自治会の下に位置する15の隣組の単位である．師吉では，20～30戸で構成される隣組ごとに月1回の組会を開き，自治会費用の徴収と自治会からの連絡の伝達を行うとともに住民の要望・意見をまとめる機会となっている．住民にとって隣組は，組会を通して地域で顔の見える付き合いを行う場となっているといえる．

　このように集落活動において隣組が重要な役割をもつようになった背景には，師吉集落は世帯数が多く，自治会の総会に全戸を集めることも難しくなったことに加えて，住民も総会に出席できないとお互いの顔もわからないというのでは困るといった事情があった．新しく師吉に居住するようになった住民には，集落の行事表と規約に加えて，自治会関連費の徴収をお願いするお知らせ文「新しく師吉に転入された方へ」が手渡され，その後の組会で他の住民に紹介されて集落活動に参加することとなるのである．

　田中と師吉の事例から，従来は同じ集団であった農業生産と自治組織が，混住化の進展とともに別の組織として機能分化していき，自治組織は新住民も取り入れた新しい地域のまとまりを生んでいることがわかる．もちろん，その地域社会が直面する混住化のスピードや規模によっては地域社会自体が弱体化していくこともあるだろう．しかし，混住化は一方的に地域社会の崩壊につながるとは必ずしもいえないのではないか．むしろ，混住化のなかでも地域的共同性を保っていこうとする地域活動が活発となり，地域の必要に応じて地域住民組織が機能するようになる場合もある．

　師吉に転入すると配布される「新しく師吉に転入された方へ」には，「温かい，住みよい師吉の歴史を先人が培ってきた……人口が急増して転換期を迎え

ている……連帯感のある住みやすい師吉を皆さんと一緒に造りたいので協力をお願いしたい」といった文言が添えられ，自治会に関わる費用（自治会費，運動場会計，子ども育成会費，下水会計など）についてなぜそれが必要なのかという説明の上で協力が要請されている．これまで伝統的慣習として暗黙のうちに行われてきた地域共同活動について，その目的や背景を明快にし，まちづくりにとって必要であることを土着住民と新住民の間で共有しようとするものである．さらに，多様な人びとによる多数の参加による新しい地域共同活動を可能にするために，従来の隣組の役割を重視した運営方法がとられるなどの工夫がなされている．

　混住化によって，各々の住民にとっての地域の意味は多様なものとなるかもしれない．しかし，その地域に「共に生活する」ことにはさまざまなルールが必要であることを，伝統的な慣習の明文化や自治活動の合理化と開放によって新旧住民がお互いに共有しようとする試みとして田中・師吉集落の事例をみることができる．

（2）都市・農村の枠組みを超えた混住化社会への視点

　混住化社会は都市でも農村でもない，新たな地域社会としての側面をもつことはすでに述べた．したがって，これまでの社会学の枠組みのなかでの都市・農村という視点だけでは混住化の実態は明らかにはしえない．しかし，混住化社会として登場する地域社会はいきなり人工的に作られた地域空間ではなく，農村集落として存在しつつ新住民の流入と農家の兼業化や離農といった社会変動を経験した歴史の上にある．その地域の歴史の連続性を無視して「混住化によって地域社会はこうなる」と一般化した議論を行うことにも無理があるのではないだろうか．つまり，「混住化」への地域社会の対応において地域の個別性や多様性のもつ意義が重要であることが混住化社会の現実からも理解できる．

　すでに紹介した田中・師吉集落の例からも，集落組織が自治組織と農業生産

組織とに分離しつつ，それぞれの集落の状況に応じて混住化を乗り越える地域づくりをめざすものとして機能してきたことがわかる．混住化という社会変動が実際の地域社会にどのようなインパクトをもたらし，それに対してそこに暮らす人びとがどのような地域社会の形成を志向し実現していったのか，について土着住民・新住民の多様な相互作用の過程を明らかにすることが求められる．

現代において，ほとんどの地方都市は広い意味で多かれ少なかれ混住化社会といえる地域である．同時に，人びとの生活様式は都市においても農村においても以前ほどの大きな格差や相違がみられなくなっている．それぞれの地域社会が都市的か農村的かという見方から分析できるものではなく，むしろ，地域の個別性や多様性によって，どのような地域社会が形成されようとするのか，という視点が重要となっている．都市・農村の軸に代わり，混住化社会の分析軸は，地域社会の個性や多様性すなわち「地域性」が，混住化への対応の相違にどのように作用・影響するかであろう．

3．混住化社会の生活構造と地域社会の意味—地域選択の多様化がもたらすもの—
（1）混住化社会論における生活構造の重要性

混住化社会についてみていくためには，個別の地域社会が混住化にどのように対応したか，地域の個性や多様性に基づく混住化のさまざまなありようを明らかにすることが重要である．多様な人びとが多数居住するようになる混住化社会では，各々の住民にとって地域社会との関わりや地域の意味も多様化し個人化するため，個人レベルでの生活構造に注目する必要があるだろう．

「生活構造」とは，もっとも簡潔に述べるならば生活がどのように成り立っているかということである．私たちの日々の生活は，居住する地域社会・家族類型のあり方・社会経済的階層などを通して社会の枠組みのなかで生活自体が規定され位置づけられる側面（構造的側面）と，一方で，自らの意思や価値観

による自由な選択と決定によって生活をデザインできる側面（主体的側面）という両方から成り立つ．ここでは，生活の構造的側面と主体的側面を日本社会の混住化・都市化との関連で少し考えてみたい．

日本全体が農村的社会から都市的社会へ移行するにしたがい，生活において自給自足でまかなう部分や他人との共同・相互扶助の場面は少なくなった．それに代わって個人が貨幣と引き換えにモノやサービスを買うことによって生活するスタイルが一般的になった．今や，日本中どこに住んでもコンビニエンスストアや大型ショッピングセンターを利用できる便利な生活様式が浸透している．

これは，個人生活において自由な選択と決定による消費の役割が大きくなるという点で，生活の主体的側面が強まっている結果である．同時に個人の生活圏は拡大し生活自体が個人化したものになっている．現代の農山村においても人びとの暮らしは狭い地域空間内で完結するものではなく，個人の生活は多様な生活構造として存在する．たとえば，地方の都市ほど乗用車の保有率が高く，また既婚女性の有職率が高い．このことなどをみると，生活空間の拡大と生活の個人化は大都市よりも地方都市のほうがさらに進んでいるといえる．こ

> **キーワード　生活の個人化**
>
> 　自給的・相互扶助的な農村の生活に代わって，都市的な生活の特徴は必要な生活資源を貨幣と引き換えに外部からまかなうことで成り立っていることである．「生活の個人化」は，さまざまな生活課題が家族内では解決できなくなり，外部の専門サービスに処理されるようになることから起こる．専門サービスへの依存が高まることは，生活問題が社会的にゆだねられ，生活の自立性が弱化することであり「生活の個人化」は同時に「生活の社会化」でもある．

のことからも，ローカルな地域社会のありようを明らかにするためには個人の生活構造に注目せざるをえないことがわかる．

　混住化社会をみるにあたって生活構造の視点が必要となるポイントは，個人の生活において地域社会との関わりや関係性がどこから生じるのかという問題にある．たとえば，農業者・農家にとっての地域社会は，家族代々が農業を営むための土地であり，その場所に生活するのが当たり前のものとして存在する．同時に，農業は周りの人びととの共同が不可欠であり，生活するために住民の協力的参加によって地域社会を維持していくことも当然のこととして伝統的に継承されてきた．一方で，都市的生活者にとって地域社会が居住の場として選択される背景は，所得に対する不動産価格の経済性や通勤・通学の利便性などのように，生活上の合理性に基づくものがほとんどである．居住する地域社会は個人的理由によって選択されたにすぎず，サラリーマンにとっては「寝るために帰るだけ」というように生活時間の一部しか居住の場ですごさないことも多い．

　「なぜ，その地域に住むのか」という背景が異なると，住民個人の生活において地域社会がもつ役割や重みも大きく異なる．とくに混住化地域においては，居住の場として選択された地域背景が農業を営むために代々受け継がれたというように土着的かつ伝統的なものから，個人的な選択（社会経済的属性や生活の価値観）によるものまで多様性をもつことによって，個人の生活構造における地域社会の意味づけも大きく異なるのである．このような点からみれば，

キーワード　ローカル

　Local の直訳は「（ある）場所・地方の」であるが，本章では Global に対置する意味での「ローカル」として使用している．この意味での「ローカル」は一定の領域であり，身近な範囲というイメージである．

地域社会の混住化は，生活における地域社会の存在意義や意味づけが個々人によって多様化していく過程である．

前節で紹介した田中・師吉集落の事例は，混住化に伴って個人化し多様化する地域社会の役割を個人の生活との関わりにおいて共有し，地域社会の意味を見出そうとする取り組みといえる．個人の生活における地域社会の役割や意味を共有して，混住化しつつも地域的なまとまりを保つことができるかどうか，は前述したように地域の個性や多様性によるところも大きいと思われる．地域社会が総混住化の様相をみせる現代の日本において，地域社会の役割や意味を共有すること＝地域的共同性の意義はどこにあるのか，次に述べよう．

（2）現代社会における地域的共同性の意義

これまで述べたように，地域との関わりが個人化・多様化するのに伴い，多様な混住化地域が存在する．個人レベルでの混住化地域住民の生活構造もさまざまである．どのような地域的なまとまりをもつ地域社会が形成されようとするのか，それともまとまりのある地域社会は形成されないのか，最後にその可能性についてまとめておこう．

今日，私たちの生活は閉ざされた地域空間で営まれるのではなく，広い生活圏を移動しながら生活するスタイルが一般的である．さらに，自由で選択肢が広い消費活動を通して生活における個人の主体性が強まっていることを指摘した．しかし，生活の個人化が進んでいるようにみえて，現実の私たちの生活は，より大きな社会システムとのさまざまな相互作用のなかで構造的な規定性をもたざるをえない．つまり，生活の構造的側面も無視できない．

近年のグローバリゼーションはますますその傾向を強めている．たとえば，日本人の衣食住のどれをとっても，企業がグローバルな市場から商品を調達することによってまかなわれている部分が大きく，世界規模での社会的経済的変動が日本人の生活を直接左右することが多くある．近年，BSE の発生によりアメリカ産牛肉の輸入がストップされた例や原油価格の高騰が日本のあらゆる

モノの値段に影響した例を思い浮かべることができるだろう．一見，便利で豊かなようにみえる現代日本の都市的な生活は，グローバルな社会変動にとても弱い仕組みの上に成り立っていることに日本の消費者は気づきにくい．世界中からやってくる豊かなモノたちに消費者は甘やかされているが，実際には消費生活は一方的にコントロールされており，いざという時に消費者自身が必要な生活物資をまかなっていくことは非常に難しいといえる．つまり，現代日本の消費生活はとても自立性が低いのである．

日本中どこに住んでも同じものが食べられ，同じ情報を目にすることができる便利で楽な生活の背景には，それを支えるグローバルな世界市場の存在がある．では，今や私たちの生活にとってローカルな地域社会はまったく必要がないのだろうか．

むしろ，現在は具体的なテーマを伴ってこのようなローカルな地域社会の役割や機能が見直されているように思われる．たとえば，山形県の長井市ではゴミ問題への対応としてリサイクルも含めた循環型地域社会をめざして，台所ゴミを堆肥化し市内農家でそれを利用するシステム（通称レインボープラン）づくりに取り組んでいる．また，BSEや鳥インフルエンザ，ポストハーベスト問題が食の安全を大きく脅かしていることから，生産者と消費者の協力によって食料の流通をみえる形にするために農産物の地産地消をめざそうとする動きが日本国内にもみられるようになっている．この他，1995年の阪神・淡路大震災での町内会や自治会など近隣コミュニティの活躍などを通して，福祉活動や防犯・防災のために近隣による相互扶助の見直しと地域社会関係の重要性が注目されている．

ここに挙げたような事例からは，現代の私たちの生活がグローバル化する一方でグローバルな社会の枠組みでは解決できない生活問題があらわれつつあること，さらにそういった問題は身近な地域社会において人と人が向き合い協力しあうことによって解決に向かわざるをえないことがわかる．また，これらの問題の解決には，自分勝手で個人主義的な欲求を充足させることより，そこに

「住むこと」による共同性が優先される．そうでないと生活がなりたたなくなるような深刻な問題である．

現代の私たちの生活は個人化すると同時にグローバル化しているようにみえても，再度それを地域社会という空間における共同性の問題として考察せざるをえないようなさまざまな社会状況があることは明らかである．福祉や環境などの問題をはじめとして，生活空間における地域的共同性が必要となる場面は多くある．身近な生活のなかでますますそれらが必要とされているのではないだろうか．

さらに，どのような場面で地域的共同性が機能するのかは地域社会ごとに異なり，そこには地域の多様性や個性が反映される．地域において住民が積み重ねた生活の歴史は，その地域にふさわしい独自の生活様式や仕組みを創り上げてきた．伝統的には，これらの生活様式や地域の仕組みが「地域的共同性」として，地域的に共有される生活の諸課題の解決をはかり，地域生活を維持する機能を果たしてきたといえよう．たとえば，農村においては伝統的に共有地水利管理，共同作業・祭りなど生産活動を伴って地域生活を秩序づけるものでもあった．

日本の都市化に伴い，生活の個人化とグローバリゼーションの深化が同時に進行するにしたがって，このような地域的共同性は弱化していったのも事実である．しかし，現在，混住化が進展する大多数の日本の地域社会において，個人によって異なり，多様化している地域との関わりをいかに新たな地域的共同性として共有化できるのか，地域におけるさまざま生活構造のありようから考察することが求められている．

注）
1）なお，『農業白書』は1999年度版から，その名称が『食料・農業・農村白書』と変更されている．
2）糸島地域の混住化についての報告の詳細は，山本（1981）ならびに速水（2000）を参照のこと．

3）田中営農組合は1988年に全国表彰（構造改善局長賞）されるほど高い評価を得たが，1997年には組合を解散した．集落内で農家が少数派になったこともその理由だが，それ以上に集落内の農業条件の良い土地を少数の農家に集約できたことによって，ある程度その役割を終えたといえる．

参考文献

速水聖子，2000，「混住社会を創る」『日本の農業』214号，農政調査委員会．
木下謙治，1997，「農村集落の変動過程」『村落社会研究』Vol.3, No.2：35-41．
三浦典子・森岡清志・佐々木衛編，1986，『生活構造』（リーディングス 日本の社会学5），東京大学出版会．
森岡清志，1984，「生活構造と生活様式」鈴木広・倉沢進編著『都市社会学』アカデミア出版会：211-237．
中田実，1993，『地域共同管理の社会学』東信堂．
二宮哲雄・中藤康俊・橋本和幸編著，1985，『混住化社会とコミュニティ』御茶の水書房．
西澤晃彦，2000，「居住点から拡がる社会」町村敬志・西澤晃彦著『都市の社会学——社会がかたちをあらわすとき——』有斐閣：175-201．
徳野貞雄，2002，「現代農山村の内部構造と混住化社会」鈴木広監修，木下謙治ほか編『地域社会学の現在』ミネルヴァ書房：217-237．
山本努，1998，「過疎農山村における人口還流と生活選択論の課題」山本努・徳野貞雄・加来和典・高野和良『現代農山村の社会分析』学文社：29-50．
山本陽三，1981，『農村集落の構造分析』御茶の水書房．

第四部

農業・環境

7章 農業の現代的意義

学習のねらい

農業と人間の関係について学ぶ．すなわち，農業を農学的なモノの視点ではなく，社会学的なヒトの暮らしの視点から学んでいく．

まず第1に，農業が人間の生活や社会の基本構造とどのように結びついているかを，人間の生存条件や社会・文化システムの発生とからめて学ぶ．家族や村落，科学や宗教，法律や思想，文学や芸術などは，人間が生きていくための営為である農業を基盤として発展してきたものであることを理解してほしい．

第2に，われわれの社会の基礎条件である人口や就業構造が，農業とどのように関わってきたかを学ぶ．【現代的消費者】の発生に象徴されるように，われわれの暮らし方や社会のあり方が大きく変わったことを学んでほしい．現代日本社会の変動を農業から学習する．

第3は，現代日本の非常に歪んだ「食と農」の構造と，超我が儘な現代的消費者＝【妖怪飽食丸】の実態に迫る．自国の米の生産を40％も減反（生産中止）しながら，世界の農水産貿易量の1／10も日本一国で輸入し，食の安全性を声高に叫びながら，冬にスイカが食べたいという消費者の非常に矛盾した実態について考えていく．そして，このような状況を，どのように具体的に変革していけばいいのかを学んでほしい．

とくに，現代の「食と農」のあり方への危機感をともに考えていく．

1. 農耕と人間

　人間は，空気と水がなければ生きていけないのと同様に，食べ物がなければ生きていけない．この意味で，人間は基本的に動植物と同じ生きものであることを，深く認識しておかなければならない．砂漠やヒマラヤ，南極や北極に人はほとんど住めず，動植物が少ないのは，水と空気と食べ物の関係である．だから，空気と水はさておき，食べ物（エサや養分）を確保することは，その動植物にとって生死を決定する最重要課題である．すなわち，【生存すること＝食べ物を確保すること】であり，動物の日々の活動は捕食にほぼ費やされる．そして同時に，捕食とは他の動植物の生命を直接的に断って，自分の生命に転換させている行為であることも深く認識してほしい[1]．

　しかし，人間だけが，ある時期から他の動植物と異なって，自分たちが必要とする食べ物（食糧）を，自分自身で安定的に確保する術を創りだした．それが，畜産（家畜の飼育）を含む農耕である．農耕を始める以前の採取・猟捕時代の人間は，他の動物同様，常に餓えており餓死することも多かった[2]．農耕が人類の歴史を，他の動物の歴史とは異なったものに変え，現在の人間社会のシステムの基盤を生み出したといっても過言ではない．

　すなわち，安定的な食糧の確保は，第1に，人間の生命維持を安定化させ，家族や親族などの基本的集団の形成や維持に大きく寄与した．また，第2に，農耕に伴う共同労働は，人びとの社会関係やコミュニケーション手段を発展させた．生産労働に伴う社会関係と社会組織を高度に発展させ，さらに，言語や文字などの人間社会の文化や科学の基盤を発展させた．第3に，農耕による定住は，集落やムラさらにはマチや都市などの集団的生活空間の場を形成させ，地域社会の原型を生み出した．これらの農耕によって発達した社会システムの基盤が，現代の人間社会の原型といえる共同体的社会（community）といわれるものである．すなわち，農耕＝Agricultureが，社会（人間）の文化＝Cultureを生み出したといわれる由縁である．現代社会は，高度産業化社会や

工業化社会などといわれ，農耕をベースとした共同体的社会からかけ離れた社会だと思われているが，一皮めくれば，農耕によって生み出された共同体的社会の厚い地層の上に成り立っている．

現代のわれわれ日本人は，8割が都市部に住み，農林業や畜産，漁業とは無関係な生活をしている人の方が多い．しかし，わずかわれわれの父母，そして祖父母の代（約60年前）まで遡れば，現代人といえども，ほとんどの人が，農山漁村の出身者である．それゆえ，われわれの暮らし方の原型や行動様式，価値観などは，ほとんど農耕社会をベースとした共同体的社会（community）のなかで培われてきたものである．たとえば，家族を中心として子どもを育て，日々の食事や家事を家族で行い，近隣の知り合いにはキチッと挨拶をし，協力し合って日々の生活を営んでいる．また，幼児や高齢者に対して親切にしたりすることなどである．さらに，自然を大切にする気持ちや，汗水流して真面目に働くことに高い価値観をもつことなどである．このように，われわれの現在の基本的な生活構造や行動様式・価値観は，農耕をベースとして発展し，受け継がれてきたのである．

しかし，現代社会では，この農耕をベースとした共同体的な社会構造や生活構造，さらには行動様式や価値観などが大きく変容してきた．産業革命を起点とする工業化や商業の急激な発展による変動であり，産業化・近代化と呼ばれるものである．日本では，明治期以降に産業化・近代化は緩やかに発展したが，1960年（昭和35年）頃までは，まだ農業・農村をベースとする暮らしが基本的であり，共同体的社会（community）は大きく崩れていなかった．大きく変化するのは，高度経済成長期（1960年～）以降である．

2．人口と農業

高度経済成長期以降の産業化・近代化は，われわれの暮らし方を一変させた．まず第1に，就業構造が大きく変わった．図7—1は，この100年間の産

業別就業人口の推移である（1章図1－1は50年間の産業構造変化）．明治初期には80％以上あった農業就業人口が，戦後急速に低下し，2005年には4.1％にまで減少している．一方，二次産業，三次産業ともほぼ一貫して増加しているが，二次産業は1970年代からOA化やIT化が進むなかで雇用は減少気味である．すなわち，現在では，サービス業や販売業務を軸とした第三次産業が就業人口の4分の3を占めるようになってきた．

ただ，この図7－1の産業別就業者の比率の変化だけでは，日本の社会変化の詳細はわからない．明治以降農業就業人口の比率は一貫して低下しているが，実数としては明治から1960年頃までは農業就業者数（1,500万人），農家数（600万戸），農地面積（600万ha）は一定数を確保しており，農業・農村は日本の基礎的社会として大きく変動はしていなかった．すなわち，図7－2に示す

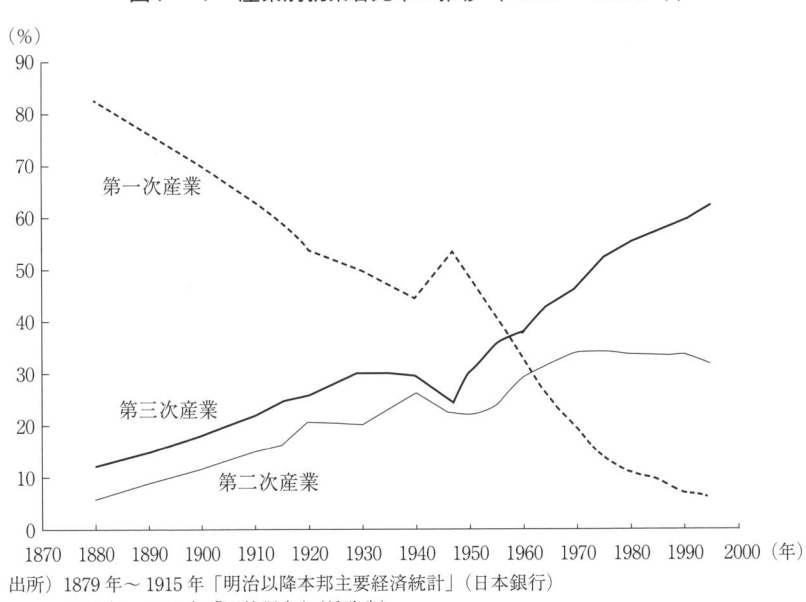

図7－1　産業別就業者比率の推移（1870～2000年）

出所）1879年～1915年「明治以降本邦主要経済統計」（日本銀行）
　　　1920年～1995年「国勢調査」（総務省）
　　　1947年は臨時国勢調査の数値

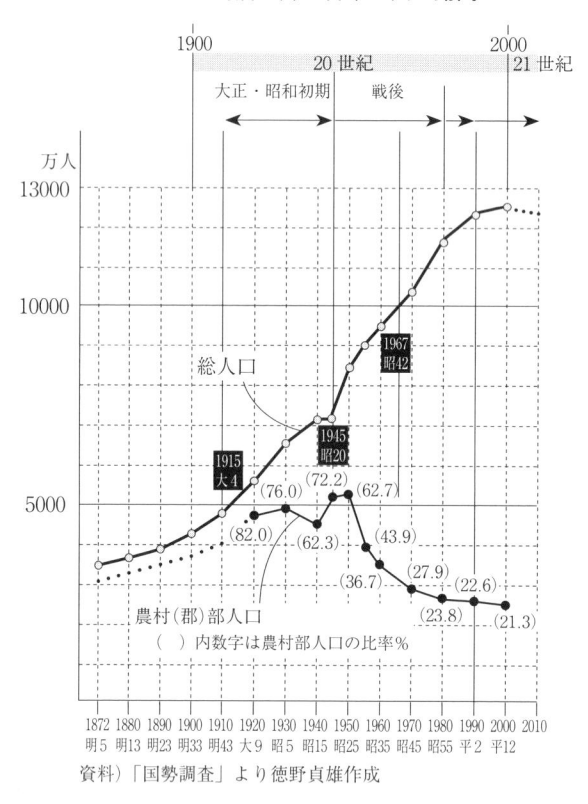

図7－2　明治以降の日本の人口動向

資料）「国勢調査」より徳野貞雄作成

ように明治以降急激な人口増加が発生するなかで，農家・農村の過剰人口（次・三男）が都市に徐々に出て行き二次・三次産業に就職していた．このように，1960年代の高度経済成長が始まるまでの日本社会と人びとの暮らしは，江戸時代とも繋がる農業・農村を軸とした伝統的な安定的社会が続いていた．わずか50年前のことである．日本全体や地域社会が大きく変わるのは，1960年代の高度経済成長期以降の民族大移動ともいえる社会移動が起こってからである．現代社会は，日本人が経験している有史以来の【第2の大変動期の真っ只中】にいるということである．

　その結果，農業就業人口は，1960年の1,196万人（総就業人口の26.8％）から2005年の252万人（同4.0％）まで減少している．しかも，その農業就業人口のうち約半数の119万人（47.2％）が65歳以上の高齢者である．一方，若い人たちが農業に就く新規学卒就農者数は，1970年の6.8万人から2005年には2.5千人に減っている．すなわち，20歳頃の同一年齢の若者約140万人の内，

2.5千人（0.18％）しか農業に就農していない．わかり易くいえば，若い人たち1,000人に対して，農業を職業としている人は2人弱ということである．「あなたたちの未来は本当に大丈夫ですか」と真剣に問いたい．このように日本という国は，農業という最も基本的な社会基盤を崩壊させつつある．

　高度経済成長による大変動の第2は，都市への人口移動による都市部での過密化，農村部での過疎化と移動型社会・移動型生活様式の出現である．過疎・過密化については，第三部で記述した．また，第3の変動である家族・世帯の縮小を軸とする生活様式の変化については，第一部で記述した．ここでは，これらの変動により発生した「食と農」の変化について焦点を絞って考えてみたい．

3. 農業危機と農業の現代的意味 ―農業の危機＝食料の危機＝農村の危機＝環境の危機―

　「食と農」の大変動のなかでも，農林業の変化は非常に激しい．まさに，危機的状況である．そして同時に，現代日本の社会や生活の危うさをも浮き彫りにしている．農林業の機能は，まず第1に，食料生産の機能である．コメや野菜を作り，国民の命の糧を生産する機能である．第2に，農林産物などの販売を通して，農家の家計や地域の経済を支える経済機能である．第3に，田んぼや山林を手入れすることによって，水や緑などの資源や景観など守り，維持する自然環境保全機能である．

（1）農業の危機＝食料の危機

　以上の農林業の三大機能は，高度経済成長後おおきく変化した．まず，農業の食料生産機能からみていこう．図7－3は，戦後の食糧自給率と輸入食料の推移表である．1960年には80％近くあった総合自給率は，2007年には39％にまで下落している．総合自給率は，カロリーベースの自給率であるので，牛や豚，鶏などの飼料の輸入分が含まれない．すなわち，肉や牛乳，卵などは輸入飼料がなければ国内での自給が極端に低下するということである．また，その

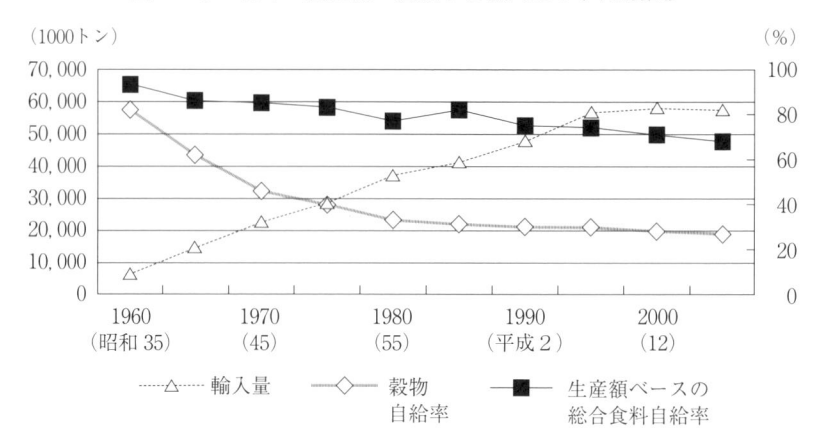

図7－3　日本の農産物の自給率と輸入量の年次別推移

　　　……△……　輸入量　　　—◇—　穀物自給率　　　—■—　生産額ベースの総合食料自給率

　国や社会の食料安全保障に関係する基礎データである穀物自給率は，現在日本は27％であり，飢餓が発生しているアフリカの国々と同じレベルである．なお，アメリカやイギリス，フランスなどの先進国の穀物自給率は，すべて100％を超えており，先進国だからといって農業・食料を低開発諸国に依存している訳ではない．[3]「コンビニの向こうに食料がある」，「お金を出せば，食料を買える」と思っているおめでたい国民は，日本人ぐらいである．

　これ程まで極端な食料自給率の低下にもかかわらず，日本人が飢えず，むしろ飽食状態にあるのは，いうまでもなく農産物の輸入が増加しているからである．図7－3にみられるように，2005年には約6,000万トンの農水産物を世界中から輸入している．この量は，世界で貿易されている農水産物の10分の1に相当する．すなわち，64億人の世界の人びととの食料を，日本人が金の力で食い散らかしているということである．このよう歪(いびつ)な「食と農」の構造は非常に不安定であり，国際的にも長続きするものではない．言い換えれば，【農業の危機＝食料の危機】に直結しているといえる．

（2）農業の危機＝農家・農村の危機と兼業化

　次に，農業のもつ第2の機能である経済的機能の変化をみてみよう．まだ産業資本主義や貨幣経済が浸透せず半自給的体制が強かった1960年以前の農村社会（日本の8割）では，江戸時代と同様に，農林業生産が最大の経済活動であり，それはお金を儲けるための経済活動ではなく，生きていくための経済活動であった．だから，農林業は【生業】ともいわれてきた．また，農林業は家族世帯を中心的な労働力として経営・維持されてきたため，【家業】ともいわれてきた．しかし，1960年以降の日本では，急速に産業資本主義化が進行し，経済活動は貨幣（お金）を軸とする生産力やサービスによって測定されるようになった．農業も，食べるための生産から，売って金銭を稼ぐ生産へと変えられていった．とくに，農学部や農水省などの政策的な指導者は「儲かる農業」「産業としての農業」の育成を声高に叫び，農業の価値を金銭的・経済的価値にだけ偏向した農業政策を取り続けた．その基本的政策が1961年に制定された「農業基本法」である．

　基本法農政は，農業による「サラリーマン並みの所得」を得るために，農地や経営の規模拡大や農作業の機械化・化学化（農薬や化学肥料の多用）といった農業の近代化を強力に推し進めた．しかし，この近代化は，工業やサービス業のようにスムーズに農業に適応できるものではなかった．農業は，基本的に工業などとは異なり，生きもの（動植物と自然）を対象とするため，機械化や化学化には馴染みにくい．だが，農業の近代化を進めた結果，逆に日本は，世界一の農薬散布による農薬中毒や土壌汚染，さらには残留農薬や食品添加物問題など【食の安全性】が損なわれる事態が急速に発生した．このことは，輸入農産物問題でも同様で，中国野菜の残留農薬問題やギョウザの毒物混入など，現在でも大きな社会的問題となっている．このように，分業によって，赤の他人によって作られ加工されたものや遠隔地から持ち込まれた農産物は，経済的には合理的だが，常に人間の命にとっては反合理的なものに変わる．もともと，農産物から生まれる食料は【生命あるもの】である．【生命あるもの】は，い

つかは腐る．腐らないものは食べ物ではないことを肝に命じておくことである．[4]

　農業の産業化・近代化の推進のなかで，最も大きい誤算は農業所得が工業や商業ほど伸びなかったことである．すなわち「サラリーマン並みの所得」は，上がらなかったのである．1960年のGDP（国内総生産額）は16.7兆円であった．その内，農業総生産額は1.5兆円で，農業はGDPの10分の1を支えていた．しかし，2005年には，GDP503.3兆円に対し，農業総生産額はわずか5.3兆円に過ぎず，GDPの100分の1の経済力にまで落ち込んでいる．また，1日の1人当たりの所得は，表7－1に示すごとく，農業職と非農業職では，1960年の1.6倍の格差が，2005年には3.4倍にまで開いている．このように，農業は儲からない職業の代表になってしまった．新規学卒就農者がわずか全国で2,500人前後しかいないのもこの影響である．現在，農業に就農している若者のなかには，農業を単にお金儲けの職業とはみなしていない【哲学百姓】が増えている．[5]

　では，一般の農家はどのような経済状況で暮らしを立てているのかみてみよう．表7－2は，ここ45年間の全国の農家の平均農家所得の構成の変化である．1960年には農家総所得44.3万円のうち農業所得が21.9万円（49.4％）と，農家は農業によって所得の半分を稼いでいた．しかし，2003年では農家総所得771.2万円のうち農業所得は110.3万円（15.5％）にすぎない．現代の農家は，農外所得（兼業などの勤務）が56％，年金等が26％であり，農業所得だけで生活しているわけではない．このことからも，農業を経済的視点に偏重してきた従来の農学・農政に，非常に無理があったと考えられる．このように，農家は，農業所得だけで家計を賄っているのではない．むしろ，農外所得と年金で家計を賄っている．すなわち，現在では「農家とは，農業だけをしている人たちではない」ということを強く認識してもらいたい．

　しかし，農家の暮らしが，極端に惨めかといえば，そうではない．表7－2をみると2003年の一般勤労者の年間平均所得707万円に対し，農家所得は

表7―1　1日1人当たりの所得

(単位：円)

	農業（全国農家平均）	常用労働者（5人以上）平均
1960年	539	847
1980年	4,546	7,255
2005年	5,588	19,140

出所）『食料・農業・農村白書』

表7―2　農家総所得の構成と勤労者世帯の年間所得

(単位：万円)

	農業所得	年金・被贈与等	農外所得	農家総所得
1960年	21.9	3.2	19.2	44.3
1980年	95.2	107.9	356.3	559.4
2003年	110.3	172.1	432.3	771.2
2003年	一般勤労者世帯の年間所得			707.3

出所）『食料・農業・農村白書』，『国民生活白書』

771万円である．農家の方が所得は高い．確かに，農家の家族世帯員数は，勤労者世帯より世帯員数は多い．だから働く人が多い．ゆえに，家計所得も多くなる．それだけではなく，家族世帯員が多いということは，豊かな人間関係資源をもち，総合的な暮らしの水準を引き上げる．農家・農村の暮らしを農業の経済的（金銭的な農業所得）だけで分析してはいけない．あまりにも多くの暮らしの資源を見落としてしまう危険があるからである[5]．

だから，農家は1960年以降の産業化に対して，兼業化という現実的な対抗手段を講じてきた．その結果，2005年の日本の総農家戸数284.8万戸のうち，男子生産年齢人口（65歳以下の男子）のいる中核的な専業農家は，わずか18.7万戸（6.6％）にすぎない．また，65歳以上の専業農家（実質的には【高齢者年金型兼業農家】）は25.6万戸（9.0％）になっている．一方，兼業農家は，152.7万戸（53.4％）となっており，農業が主な第一種兼業農家は308.8万戸（10.8％）であるのに対し，農業が従である第二種兼業農家は121.2万戸（42.5％）に達している．さらに，経営面積が10～30a未満もしくは50万円以下の農産物

販売額しかない非販売農家が88.5万戸（31.1％）いる．

　このように，現代の日本の農家は，農業だけの所得で生活しているのではなく，圧倒的に兼業（勤務）によって生計を立てながら，農地を耕し維持してきた．しかし，既存の農学・農政は「兼業化は農業の衰退である」というテーゼの下に，兼業化の評価を低くし続けてきた．そして，農業の生産力や生産性の高い専業型農業や規模の大きな農業にのみ執着してきた．しかし，「農家（ヒト）は，農業のために生きているのではない．生きていくための手段として，農業をして来たのである」という基本的認識を再度確認して欲しい．それゆえ，農家・農業を経営面積や農産物販売額からだけで判断するのではなく，「農家とは，何らかの形で農作業に関わりながら，地域で生活している人びとの家族世帯」と規定して，農作業に関わるということの現代的意義や機能を重視して欲しい．現代において，農業を過度に「産業」として捉えようとしてきた従来の農学・農政は，逆に農業・農村の維持に関して桎梏となりつつある．すなわち，農業とは経済活動のなかに収まりきれないさまざまな重要な社会的・自然的機能をもつ暮らしの営為であるのに，経済的視点からのみ政策を考えてきたことは「角を矯めて牛を殺す」結果となりつつある．

4．農業と自然

　農業の第3の機能である自然環境保全機能について考察してみよう．人間は生きていくために長い時代にわたって，自然を変化させてきた．だから，現在，地球上で人間の活動の影響が及んでいない【しぜん】は，非常に少ない．アマゾンの密林やサハラ砂漠，そして南極大陸といえども，産業化によるCO_2の増加や地球温暖化の影響を受けている．ここでいう【しぜん】とは，人間活動の影響をほとんど受けていない原生的自然という意味での自然である．だとすると，現在，人間が地球上から【しぜん】を消滅させつつあるともいえる．

考えてみれば，他の動物や植物も自然に影響を与えながら，自己の生命の維持や種の保存を行ってきた．しかし，人間以外の動植物のこの営みは，【しぜん】そのものとみなされたり，【しぜん】に埋没した営みとして認識されてきた．人間と他の動植物では，自然との関わり方が質と量において圧倒的に異なるのである．この差は，人間が意図的に長期間にわたって自然に働きかけること（労働すること）によって，【しぜん】を大きく改造してきたことに起因する．歴史上，人間が意図的かつ長期間にわたって【しぜん】を大規模に改造し始めたのが，「農耕」であり「農業」である．

だから，稲穂がなびく田んぼやひまわり畑はけっして【しぜん】ではない．乳牛が草をはんでる牧場も【しぜん】ではない．当然，棚田の風景も杉や檜の美林も【しぜん】ではない．田んぼや畑，牧場や杉林は，人間の労働によって改造された【人工自然】なのである．現在，われわれが「自然が豊かだ」とか「自然が残っている」とかいっているときの自然は，ほとんどがこの【人工自然】のことである．緑や自然は偶然にあるのではない．農耕という労働の産物なのである．そして，われわれ日本人は，日本特有の原生自然（【しぜん】）を基礎にして，稲作を軸とする農耕や農業という労働を通じて，日本特有の景観や風土（【人工自然】）を作り，日本独特の自然観を造り出してきた．

たとえば，夏の蛍や稲穂の上を飛び交う赤トンボに，自然を感じる人は多い．確かに蛍や赤トンボ自体は昆虫であり，原生的自然の賜である．しかし，用水路を飛び交う蛍や秋空に群れている赤トンボは【しぜん】の賜ではなく，日本の稲作が作りだした【人工自然】の産物でもある．すなわち，赤トンボは田植期の水の張った田んぼで95％が産卵し孵化しているのである．蛍も6割近くが農業用水路で産卵・孵化しているのである．すなわち，赤トンボも蛍も日本の水田稲作が育ててきた【稲作生物】といってもおかしくないのである[6]．そして，この赤トンボや蛍が飛び交う様をみて，われわれは「自然が豊かだ」と認識しているのである．このように，農耕や農業と自然の関係は非常に密接であり，農作業がわれわれの自然を作ってきたのだという認識が非常に大事で

ある．そして，ただ漠然と自然を守ろうということではなく，具体的に農業を守り維持することが自然を守ることだということである．だから，農業の危機は，自然や環境の危機に直結している．

5．田んぼと畑

　ここで，日本の国土がどのような【人工自然】によって形成されているのか，別の見方をすれば，どのような農林業の種類と面積によって利用されているのかを整理しておこう．日本の国土37.7万平方kmのうち，森林が66.5％と3分の2を占め，農用地が13.3％，宅地が4.6％になっており，国土の8割が農林地である．この農林地の上に温帯モンスーンの気候が，日本の風土と歴史を作ってきた．

　では，この農林地の利用形態をみてみると，まず，農業の種類には，田んぼや畑を耕して米や野菜を作る【耕種農業】と，牛や豚，鶏などの家畜を飼う【畜産農業】に分かれる．また，杉や檜などを育てる【林業】も農家によって担われていることが多い．日本の農耕地は，明治以降から1960年頃まで，約600万haであまり変化がなかったが，2005年には469万ha（-23％）にまで減少している．外国からの輸入農産物の増加や農業者の高齢化や後継者不足が，大きく農耕地を減らしてきた．そして今後は，現在農業を中心的に担っている高齢者の人が農業からリタイヤすることで，もっと急速に減ることが予測されている．

　次に，【耕種農業】では，田んぼは一般的には水田として水稲（米）が植えられるが，田畑転換という方法で，田んぼから水を抜いて畑として利用し，野菜や大豆，飼料などさまざまな農作物も作られる．田んぼは，日本人にとって主食であった米を作り続けてきた最も重要な生産装置であり，日本の風土を決定的に特徴づけてきた空間でもあった．しかし，この水田面積は，1963年の400万haをピークに減り続け，2005年には255万ha（-36％）にまで減って

いる．さらに，近年消費者が米を食べなくなったため米が余る現象が続き，この255haの水田のうち現在米が植えられている作付け面積は約170万haで，水田面積の67%にすぎない．すなわち水田面積の3分の1を越える減反（米を作らない）政策が行われている．現在，この減反面積は，集めると沖縄から兵庫県ぐらいまでの水田の総面積に匹敵する．すなわち，昔に比べれば日本の田んぼの半分近くが，米を作れずに大豆などを作るか，耕作が放棄されている．だから，近頃は雑草などが生えた荒れた田んぼ（耕作放棄地）をみることが多い．

　畑は，野菜などを作る【普通畑】とミカンやリンゴなどの【樹園地】，および牛の飼料などを作る【牧草地】の3つに大別される．この畑も1960年の269万haから2005年には213万ha（-21%）まで減っている．畑のなかでも，かつて日本の輸出産業の花形であった絹糸を作るための養蚕用の桑畑は，日本国内からは一部を残し，ほとんどなくなった．また，タケノコや椎茸など林間作物も，畑作ではないが大切な農業である．ただし，近年，タケノコと椎茸の国内生産量は急速に減少している．作り手がいなくなっていることと輸入が増えているからである．

　ここで改めて，田んぼと畑の違いについて考えてみよう．見た目には，田んぼには稲，畑には野菜など植えている作物の違いがある．しかし，もっと根本的な違いが田んぼと畑にはある．田んぼは，すべて水平でしかも水が溜められることである．一方，畑はほぼ自然の地形の上に畝（うね）を作り，主に天水（雨水）に頼る農業である．言い換えれば，田んぼは，非常に精密な土と水でできた生産装置である．棚田のように，傾斜地を水平にし，土が崩れないように石垣を積み，水が漏れないように粘土を張ってあるだけではない．遠くから用水路を引き，ため池を築くなど灌漑施設も必要なのである．われわれの先祖は，このような高度な生産装置を長い年月をかけて築き，近隣の人びとと水路管理などを共同して維持してきた．この水田の維持管理が，多くの日本人の暮らしそのものであり，歴史であった．お米は，土に種を播けばできるような簡単なもの

ではない．米作りは，ほんとうに手間暇がかかるものなのである．

　なぜここまで日本人は，お米（水田稲作）に執着してきたのか考えてみよう．一言でいえば，米に勝る農作物がないからである．まず第1に，米の再生産能力である．1粒の米から約2,500～3,000粒の米が生産される．田植え時には2～3本だった苗が，稲刈り期の稲穂には，数え切れないぐらいの籾となって実っている．麦の収量は，米の5分の1ぐらいであり，イモは芋づると呼ばれているが，数えられる程しかできない．米は最も再生産能力の高い作物である．

　第2に，米は，ほぼ完全栄養食品である．米を玄米で食べれば足りないものは塩分や鉄分などのミネラルだけである．だから，塩の付いたオニギリや沢庵と味噌汁だけで御飯が食べられるのである．西洋料理には肉や野菜，チーズや牛乳など多くの品目が並ぶのは，小麦をベースにしたパンに充分な栄養素がないから，それを補食するためである．第3に，米がもつ永年作物としての持続可能性である．永年作物とは，毎年々同じ所で作ることができる作物のことである．畑作の野菜や小麦は，嫌地現象(いやち)[7]と肥料の枯渇によって，同じ場所には毎年作れない．数年間作った畑は，牧草地にして牛や羊を放牧し，その堆肥によって養分を供給しなければならない．これを輪作という．しかし，米は，4000年の昔から，同じ水田で作られ続けてきた．水稲は，土からよりも水から主に養分を取るので毎年作れるのである．また，稲藁は，翌年度の稲作の元肥(もとごえ)として使われる．さらに，水田の水は陸生の雑草などを抑制する機能がある．水田稲作は，このように非常に複雑かつ高度なシステムをもつ持続可能な循環型農業生産システムなのである．

　以上のように，米は生産量，栄養価，永続性など非常に優れた特質をもつ農作物であり，今後予測される世界の食糧不足に対して最も有用な作物として，【世界の宝】ともいえる作物なのである．だからこそ，米は日本のような小さい面積に1億2千万人もの人口を養い，アジアの30億もの人口を支えている主作物なのでもある．そして，現代の日本人の暮らしや社会の根幹を型作って

きた．しかし，われわれ現代の日本人にとって，米はあまりにもありふれた農作物であると同時に，現代の社会経済変動のなかでその価値が見失われようとしている．

6．コメとご飯

　コメ（農作物としては米，食料品としてはコメ，食べ物としてはご飯）は，現在苦境に立たされている．日本人がコメを食べなくなったからである．かつて，高度経済成長が始まる頃の1968年には，国民一人当たり年間のコメの消費量は127kgであった．しかし，現在は60kgにまで減少している．コメの味は非常に良くなった．コシヒカリ系列の美味しいコメが主流となり，現在日本にはまずい御飯はほとんどない．コメの値段も，物価指数を加味すれば1960年代の4分の1にまで下落している．現在，お茶碗一杯のご飯の値段が，自炊すれば約35円前後である．ペットボトルのお茶が，1本150円と比べれば，ご飯の値段がどれほど安いかがわかる．しかし，日本人はコメを主食としているにもかかわらず，ほとんどの人がご飯一杯の値段も知らない．

　現代の日本人が「コメを食べなくなった」最大の理由は，コメ以外の食べ物（パン・うどん・ラーメン・パスタ・クッキー・ケーキなど）がスーパーやコンビニ，飲食店にあふれている【飽食】の状況が発生しているからである．第2の理由は，日本人が「コメをご飯に出来なくなった」からである．コメのご飯はおいしくて安い．しかし，コメをご飯にするのには，手間ひまがかかり面倒くさいのである．だから，一人暮らしの人はご飯をあまり炊かない．すなわち，高度経済成長期以降の急激な家族世帯の縮小が，コメの消費減少を直撃しているのである．驚くべきことに，現代日本の家族世帯は，一人家族世帯（29％）や二人家族世帯（23％）が全世帯数の2分の1を占める超極小世帯化が進行している．この家族世帯の構成員数の極小化が，日本人の基本的な食生活の形態を大きく変化させた．その結果，人びとはコメをなかなかご飯にしない（炊かない）

のである．さらに，家族員が5人いる世帯でも，仕事や学校への通勤・通学のため家族全員が同じ食卓を囲むことができなくなってきた．人びとが，忙しい現代社会の生活のなかで，バラバラに食事をする【コ食化】が進行しているのである．【コ食】は，孤食や個食であり，エ食でも子食でもある．コメのご飯は，家族を軸とした共食形態が基本形態であり，【コ食】にはむかない．だから，コメの消費が減り続けているのである．

このように，現代の農業問題は，農業生産の技術や生産性の問題というよりは，より消費者の生活様式と食生活の変化に関係している．すなわち，農家の人が，いくらおいしい米を作り，努力して米の値段を下げても，消費者がご飯を食べない，コメをご飯にできない状況が急激に拡大しているのである．これが，現代の最大の農業問題である．では，なぜこのような「食と農」の問題が，高度経済成長期以降に発生してきたかを考えてみよう．

7．【現代的消費者】の出現と特徴

(1)「危機を危機として感じない危機」の発生

産業化・工業化によって，人びとが労働力として農山村から都市へ大量に移動するということは，単に農家や田舎・故郷から出て行くということだけでなく，それまで自分で作っていた食料を作らなくなり，農産物を商品として購入する【現代的消費者】が大量に発生するということでもある．人間は，有史以来農耕をし，その生産物を食べるという意味で，【本源的生産者】であると同時に【本源的消費者】でもあった．【本源的生産者】＝【本源的消費者】という形態が崩れ，少数の生産者が農産物を作り，多数の消費者が農産物を商品として買うという形態が，高度経済成長期以降一般化した．あたかも「あなた作る人，私食べる人」が当たり前のような状態を生み出し，「食」と「農」が大きく分離した．その結果，自給率の低下，農業後継者の過度な不足，偽装食品問題など食と農に関するさまざまな現代的課題が生み出されてきた．

わが国の高度経済成長は，われわれを豊かにした．しかし，同時に食と農において"作る人"と"食べる人"を完全に分離してしまった．問題は，"食べる人"の欲求をそのまま受け入れ続けた結果，消費者が恐ろしい"妖怪飽食丸"に変身してしまったことである．前述したように，日本だけで世界の貿易農水産物の10分の1を輸入するという異常な状況のもとで，食料自給率は極端に低下し，輸入食材の検査体制は限界を超えている．このような状況のなかで，「中国ギョウザ」事件に象徴されているように，「食と農」の危機は深く進行していた．しかし，多くの消費者のなかには，より安く，より簡便な食材が供給される飽食状態の中で，「危機を危機として感じない危機」が発生していた．

では，農作物を自分で作らず，買うものだと考えている現代の消費者は，どのような特徴や性格であるのかを，福岡市で行った「食と農」の意識調査からみてみよう．[8]

（2）化け物になった消費者

福岡市民の「食と農」の意識調査をした結果を要約すると，次のような我が儘(わがまま)な消費者像が浮かんでくる．

まず，①消費者の90%が，「農業は，自然の摂理に従うべきだ」，「食べ物は，安全でなければならない」という健康や自然志向が非常に強い．

そして，②同じ人が「いつでもトマトを食べたい」，「イチゴのないクリスマスケーキは考えられない」といい，なかには「冬でもスイカが食べたい」という．これでは，自然の摂理に則していない．①とは矛盾している．しかし，農家は仕方ないので，ビニールハウスで農薬を使いながらスイカを作る．

すると，③消費者は「近頃の野菜や果物には，季節感がない」と，一年中トマトやスイカが食べられるようにした農家が悪いがごとくに，不平をいう．現代の消費者は，完全に矛盾している．

このように，農産物の生産現場から分離された人たちは，本当に我が儘(わがまま)な「化け物のような消費者」として，現代日本の食の主役になっている．

また，日本の消費者ほど何でも食べる消費者はいない．和・洋・中華，エスニック，ハンバーガー，そしてキャビアから鮪の大トロまで何でも食べる．まるで，"妖怪飽食丸"である．その結果，世界中から農水産物を集めて輸入している．再々度強調するが，なんと日本の輸入農水産物は，全世界の貿易されている農水産物の10分の1になる．一国で世界の10分の1である．この数字の異常さは，なんだろう．その結果，日本の食糧自給率は，カロリーベースで39％，穀物自給率では27％という，とんでもない数値にまで低下した．

　農政担当者や研究者のなかには，この輸入農水産物の激増に，危機感を抱く人も多くいる．しかし，日本社会全体が，「そんなこと言っても，いろんなものが食べられて，しかも安い方が良いでしょう」といって無理矢理目をつむり，歪（いびつ）な「食と農の構造」を意識しないように世論を誘導してきた．その結果，「コンビニの向こうには，食べ物がいっぱいある」と錯覚している若い消費者が数多く生まれた．一言でいえば，「危機を危機として感じられない危機」が深く進行している．それゆえ，「お金を出せば食糧は買える，貿易で農水産物は確保できる」と考えている若い人たちも多くなってきている．

（3）「外材和食」と食生活の見直し

　世界のあらゆる国の料理を食べ散らかしている日本人だが，もちろん和食も食べている．舌が無国籍化してきたため，逆に，おふくろの味や郷土料理といった和食へのあこがれも強い．しかし，現在，和食や日本型食生活をしても，国内の農産物自給率は高くならない．なぜならば，和食や日本型食生活の原材料が，国産より輸入農水産物の方が多いからである．私が【外材和食】と名づけた現象である．

　典型的な日本食である朝の和定食も，大豆がアメリカや中国からの輸入であるから，みそ汁は味噌も豆腐も油揚げもほとんどが外材食品である．おかずが鮭と蒲鉾だと，塩鮭はカナダ産，鮭が鯖に変わってもノルウェー産．蒲鉾は，原料がスケソウ鱈だから9割が輸入物．卵焼きの卵はほとんど国産でまかなえ

るが，卵を産む鶏のエサはほとんどが外国産．見事に外材和食で，朝の和定食ができあがっている．皆さんも，コンビニなどの幕の内弁当で，総菜のどれぐらいが外材和食でできているか調べてみると実感できるだろう．

ちなみに，国内自給率の向上に貢献したいと思われるなら，そばやうどんよりも，カレーライスを食べて欲しい．カレーライスは米がメインになっているから，食品としての自給率は65％ぐらいになるからだ．そばやうどんの自給率は，10％程度である．

8．現代的消費者の四類型

以上のように現代日本における「食と農」の状況は，非常に複雑怪奇なものとなっている．このような状況のなかで，近年，地産地消や自給率の向上，さらに食の安全・安心が叫ばれ，食育問題に取り組む人たちも増えた．しかし，「食と農」の現状はそれほど改善されていない．その理由は，教育や意識改革だけでは効果がなく，行動まで直結する活動になっていないからである．とくに，消費者の意識と行動が分裂している．

以下，私が福岡市で行った消費者の意識と行動のずれを，「現代的消費者」の四類型として示しておきたい．図7－4は，縦軸は現代日本の消費者の"農"に対する意識であり，価値観である．単に，農業を食べ物やお金を得るためだけでなく，暮らしや環境，家族のあり方などとも深く結びついていることを認識できているか，否かで分けている．横軸は，非常に単純に農産物に対して適正なお金を払うか，払わないかで分けている．

【期待される消費者】

農家からみれば，一番いい消費者は，農の価値がわかって金を払ってくれる消費者である．この人たちを【期待される消費者】と呼ぶ．この消費者たちは，我が儘な化け物ではない．安全で安心なものであれば，ちゃんとお金を払う．時には援農にも行ったりする．できればUターンして農業したいと思って

図7—4　消費者の四類型

農作物の価値がわかる

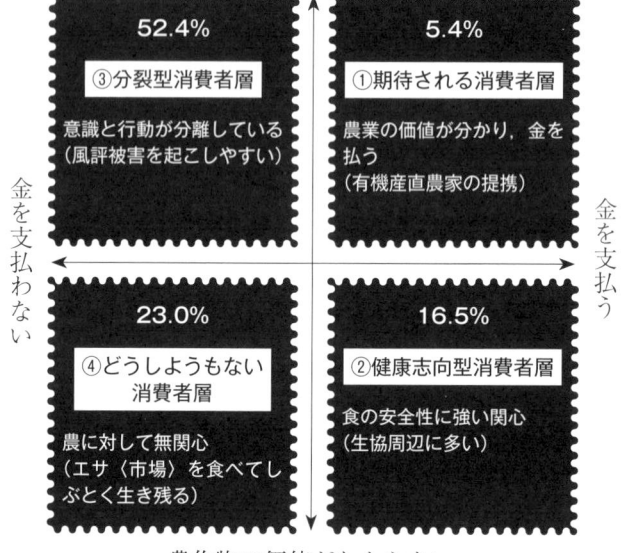

	③分裂型消費者層 52.4%	①期待される消費者層 5.4%
金を支払わない	意識と行動が分離している（風評被害を起こしやすい）	農業の価値が分かり，金を払う（有機産直農家の提携）	金を支払う
	④どうしようもない消費者層 23.0%	②健康志向型消費者層 16.5%
	農に対して無関心（エサ〈市場〉を食べてしぶとく生き残る）	食の安全性に強い関心（生協周辺に多い）

農作物の価値がわからない

注）数値は，福岡都市科学研究所＋徳野貞雄（2003年）

いる人もいる．この積極的な消費者の最大の問題は，5.4％しかいないということである．有機産直型農家と直接取引きしたり，援農活動にも積極的に参加する人たちであるが，わずか5.4％しかいない．しかし，有機産直農家も少ないので十分対応できる．

【健康志向型消費者】

次は【健康志向型消費者】である．生協周辺に生息していることが多い人たちである．【期待される消費者】ほどではないが，ちゃんとした農産物にはソコソコのお金は払う．食の安全性や家族の健康には強い関心をもっているが，汗を流してまで援農することはあまりない．楽して，安心安全を求めるため，『中国ギョウザ』事件でただいま動揺している．16.5％いる．

【分裂型消費者】

　現在，日本で一番多いのが【分裂型消費者】である．52.4％と日本人の過半数になる．この人たちは，アンケートなどでは地産地消とか安心・安全が第一と答えるけれども，いつもスーパーの外国産安売りコーナーに屯している消費者である．意識と行動が一致せず，分裂している人びとである．最もやっかいな消費者でもある．すなわち，意識だけは安心・安全，地産地消というが，行動が伴っていない．また，TVやマスコミの風評に非常に影響を受けやすい人たちでもある．TVでみのもんたが，「この商品が体にいい」といえば，翌日その商品を買っている人たちである．

【どうしようもない消費者】

　最後が，【どうしようもない消費者】である．農の価値もわからない．食べられれば，何でもいいという人たちである．"論外である"．この人たちは，食べ物ではなく，エサを食べている．だから，市場関係者に「農産物は値段だ」といわれて，この人たちと付き合うと，農家が経営的に立ちゆかなくなる．23.0％いる．だから，農家の人たちはあまり付き合わない方が得策である．

　このように，現代日本の消費者は，【分裂型消費者】と【どうしようもない消費者】を合わせると，全消費者の4分の3になっている．このような消費者の存在構造をどう転換するかが，現代の「食と農」の問題の最大の課題である．

9．農業と現代社会

　農業が，人間にとって単に食糧を確保するためだけでなく，われわれが日々生きていくための，家族や集落や集団などさまざまな社会システムや，言語，科学，宗教，思想，芸術など文化システムなどを生み出してきた社会的基盤であったことは先に述べた．すなわち，農業がわれわれ人間社会の歴史を築いてきたといっても過言ではない．また，農業が，われわれ人間が快適に生活でき

るための環境だけでなく自然観も創り出し，維持してきた最大の営みであったことも理解できたと思う．

しかし，日本では1960年以降の高度経済成長以降，急激に農業を取り巻く環境が変わった．農業環境というよりは，人びとの暮らし方，生活様式が大変動したのである．日本人の大部分が，農山漁村に住み農林漁業を営んでいた暮らしから，急激に都市に移動し産業労働者としてのサラリーマンになっていった．その結果，農林業をする人が激減し，農業者の高齢化と後継者不足が発生し，農地や林地の耕作や管理の放棄が各地で起こっている．当然，われわれの先祖が代々農林業によって築いてきた自然環境や風土が大きく崩れ始めている．

この最大の理由は，農林業のもつ所得形成力の弱さである．わかりやすくいえば，お金になかなか成らないのである．農林漁業は非常に大切な仕事であることがわかっているが，現代のグローバル化した産業資本主義システムのなかでは，なかなかお金にならないのである．すなわち，われわれ現代の日本人が，安ければ安い方の農産物を買うし，さらに，もっと安い外国の農水産物の方を買うからである．また，水や環境は農林業によって守られ維持されてきたが，国民みんなが農林業をしている時代は，誰も水や環境にお金を払わなかった．相身互いだったからである．だから，日本人は誰も，水や環境に対してお金を払う意識がきわめて希薄だったのである．とくに，企業は水や土地，木材，農産物などの資源を，大量により安い価格で利用することによって収益や業績を上げてきたため，河川や海などの公共空間の環境破壊を急速に進めてきた．

すなわち，高度経済成長期以降の日本人は，食べ物や水，環境といった生活の基盤にコストを払わず，お金儲けを目標とした，安上がりの資源を利用した経済活動を最優先させてきた．その結果，われわれの生活は，その基盤が揺らぎ，不安定で危険な社会の真只中に放り出され，イラだっている．しかし，現在の政治・経済界のリーダーや多くの国民は，「危機を危機として感じない危

コラム　コーヒー・フレッシュはサラダ油

　「違いのわかる男の味，ネスカフェ」とともに普及したコーヒー・フレッシュは，現代の高度産業化した日本社会の象徴的食品である．多くの消費者は，コーヒー・フレッシュは牛乳を加工したものと思っているが，本体の大部分はサラダ油である．サラダ油を乳化剤という化学薬品でクリーム状にしたものである．すなわち，コーヒーを飲むたびにコーヒー・フレッシュを入れている人は，コーヒーを飲むたびにサラダ油をのんでいるのである．しかし，コーヒー・フレッシュは，まろやかで美味しく安価である．さらに，小さなカップに入っていて便利で，保存も1年間の長期保存ができる．この味覚・価格・利便性・保存性という食品の四大要素を，日本の産業化学の粋を集めて創ったモノがコーヒー・フレッシュである．まさに，日本の産業化の象徴的食品である．ただし，ヨーロッパやアメリカなど，コーヒーを昔から飲み続けてきた国には，コーヒー・フレッシュはない．フレッシュ（生の牛乳）しか入れない．日本人とどこが違うのか考えてみたい．

　コーヒー・フレッシュだけでなく，ラーメンに入っているゆで卵の輪切りも，本物の卵ではなく化学的に加工した加工品である．これら偽装食品が，日本の食卓にあふれている．これが，科学立国ニホンでもある．現代の日本人の食が，「農の恵み」からかけ離れ始めている．とくに，若い人たちは，気をつけないと偽装食品でパーティをする羽目になる．

機」のなかで，さらなる経済発展を夢見ている．しかし，このような農林業や自然環境に対するフリーライダー（コストを払わずただ乗りする）的システムは，すでに現代日本では限界にきている．いくら，TVや車など商品を作りお金儲けしても，人間の方がついていくことができないのである．高度経済成長期か

らのパラダイム（経済発展第一主義を基本とする考え方）を変えなければ，人間は子どもも産み育てられないし，安心・安全に生きていくこともできない．お金より人間の方が大事である．

　このパラダイム転換には，人間のライフライン（生命線）である，①「食と農」と，②生活環境，および③家族・近隣といった社会的生活基盤の見直しと再編成が必要となってくる．とくに，人口が急激に減少するなかで，家族・世帯のあり方を再検討していくことが非常に重要である．すなわち，20世紀の日本は，農業・農村を軸とする多産中死型の社会システムのなかで，人口を急激に増やし，その農村人口を元手に，都市の産業労働力に転換・移動させることで驚異的な経済成長を達成してきた．言い換えれば，農業・農村社会で作られた人間資源をバラバラにして都市部に移動させると同時に，彼らを，産業労働力と現代的消費者に変化させることによって，高度産業資本主義型の社会を形成してきた．家族や故郷からバラバラにされた人間は，食べ物だけではなく，住むことから洗濯や掃除，遊びなど日常生活の全般が商品・サービスとして購入される「私食べる人，あなた作る人」型生活様式にならざるをえない．その結果，経済は非常に発展したが，人間の暮らし方に，「食と農」の安全性や少子・高齢化問題，環境問題など生活基盤に関わるさまざまな歪みが発生してきている．

　この20世紀型パラダイムの流れを変えるためには，政治の転換や個人の欲望の抑制などさまざまな提言がなされているが，ここでは，家族・世帯のあり方の再構築を提言しておきたい．なぜ家族・世帯の再検討が有効かといえば，家族・世帯のあり方がすべての人に関わることであると同時に，最も現代社会が抱えている課題に有効だからである．すなわち，すべての人にとって最も取り組みやすく，かつ，効果が上がる方法だからである．このことを，「食と農」から考察してみる．

10. 暮らしと「食と農」のゆくえ

　昭和30（1955）年には，一人暮らしの独居世帯は，わずか3.4％しかいなかった．しかし50年後の2005年には，一人暮らしの独居世帯は全国平均で29.5％にもなっている．また夫婦2人を軸とする二人世帯も23.0％と，全日本の世帯の過半数が2人以下の極小世帯になっている．このことは前述したが，非常に重要なことなので再確認しておく．なお，この極小世帯は，農村部より都市部の方が多い．その結果，朝食などを食べない欠食者が増えている．また，共食を軸とするコメ（ご飯）は，おいしいから好きだけれど，炊けないから食べられない人が急増し，コメ余りが農業問題の最大課題ともなっている．また，極小世帯では，調理するのが面倒だからといって，外食や加工食品に依存することも多く起こる．すなわち，「食と農」を便利だからといって，急速に赤の他人に任せてしまった．その結果，中国ギョウザに代表されるような食の安全性が常に不安にさらされてくる．

　すなわち，学生諸君が，大学生になり実家から離れて一人暮らしを始めた場合，当初は，自分の好きなものを好きなだけ自由に食べられると思うが，気がついてみるとコンビニの弁当やカップラーメンなどの簡便食に頼る貧しい食生活に陥っていることがよくみられる．半年後の「学生の食の自由は，カップラーメンの銘柄を選ぶ自由しか残っていない」状態になっている．このように，人間が，家族から分離されバラバラにされると，生活のいろんな水準が低下し，より強大な資本や企業に支配されやすくなり，画一的な味や化学調味料に馴らされ，輸入された海外の農産物を多用した食材を食べざるを得ない状況に追い込まれる．

　このような状況から抜け出す方法は，まず第1に，現代日本の歪（いびつ）な「食と農」の構造を十分に認識し，安さや利便性を追いかける"妖怪飽食丸"にならないよう，日常的に食行動に気をつけること．また，「コンビニの向こうに，食べ物はいっぱいある」などとは，絶対思わないこと．第2に，【コ食】，とく

に，孤食，個食などの一人で食べる習慣をなるべくさける努力を行って欲しい．確かにコ食は簡便である．しかし，コ食の向こう側には確実に，食生活だけではなく，あなた方の生活全般にわたる水準を低下させる魔物が潜んでいる．「スローフード」や「スローライフ」[9]は，一人で行うよりも，確実に家族や友人（恋人）などの身近な人と共同で行う方が，長続きもするし，楽しい．食事は，社会的共同生活の基礎である．第3に，できる限り農業の現場に足を運んで欲しい．とくに，農家の人に会って欲しい．田んぼや畑でなくても農産物直販所などで農家の人と話し合って欲しい．できれば，昵懇（じっこん）な関係の農家を一軒でも作って欲しい．農業の大切さ，楽しさ，魅力を知るには，モノではなくヒトである．各地の安全・安心の有機無農薬野菜を求めて駆けずり廻るより，近場の知り合いの農家に足繁く通う方が，確実に「食と農」に関する問題は解決しやすい．

　最後に，ここ近年世界の農産物の動向は，従来とは異なる動きを見せ始めてきた．すなわち，世界の食糧事情が急激に逼迫（ひっぱく）し始めてきたのである．地球温暖化による天候不順が引き金となって，食糧基地であったオーストラリアでの干ばつやアフリカ等の砂漠化で農作物の収穫が減り，海水温度の上昇によって各地で漁獲高の減少が続いている．また，世界の総人口が66億に増加するとともに，中国が急激な経済発展による食生活の変化（肉消費の増加に伴う穀物の飼料転化による輸入穀物の増加）や，バイオエタノールへのトウモロコシの転用なども急増し，量的に世界の食糧が急激に不足してきている．また，アメリカ

表7−3　先進国の穀物自給率の推移

	1961	1970	1980	1990	2000	2003
カナダ	126	126	176	223	164	146
フランス	116	139	177	209	191	173
ドイツ	63	70	82	113	126	101
イギリス	53	59	98	116	112	99
アメリカ	115	114	157	142	133	132
日本	75	46	33	30	28	21

出所）『世界農林センサス』

10. 暮らしと「食と農」のゆくえ

　昭和30（1955）年には，一人暮らしの独居世帯は，わずか3.4％しかいなかった．しかし50年後の2005年には，一人暮らしの独居世帯は全国平均で29.5％にもなっている．また夫婦2人を軸とする二人世帯も23.0％と，全日本の世帯の過半数が2人以下の極小世帯になっている．このことは前述したが，非常に重要なことなので再確認しておく．なお，この極小世帯は，農村部より都市部の方が多い．その結果，朝食などを食べない欠食者が増えている．また，共食を軸とするコメ（ご飯）は，おいしいから好きだけれど，炊けないから食べられない人が急増し，コメ余りが農業問題の最大課題ともなっている．また，極小世帯では，調理するのが面倒だからといって，外食や加工食品に依存することも多く起こる．すなわち，「食と農」を便利だからといって，急速に赤の他人に任せてしまった．その結果，中国ギョウザに代表されるような食の安全性が常に不安にさらされてくる．

　すなわち，学生諸君が，大学生になり実家から離れて一人暮らしを始めた場合，当初は，自分の好きなものを好きなだけ自由に食べられると思うが，気がついてみるとコンビニの弁当やカップラーメンなどの簡便食に頼る貧しい食生活に陥っていることがよくみられる．半年後の「学生の食の自由は，カップラーメンの銘柄を選ぶ自由しか残っていない」状態になっている．このように，人間が，家族から分離されバラバラにされると，生活のいろんな水準が低下し，より強大な資本や企業に支配されやすくなり，画一的な味や化学調味料に馴らされ，輸入された海外の農産物を多用した食材を食べざるを得ない状況に追い込まれる．

　このような状況から抜け出す方法は，まず第1に，現代日本の歪（いびつ）な「食と農」の構造を十分に認識し，安さや利便性を追いかける"妖怪飽食丸"にならないよう，日常的に食行動に気をつけること．また，「コンビニの向こうに，食べ物はいっぱいある」などとは，絶対思わないこと．第2に，【コ食】，とく

に，孤食，個食などの一人で食べる習慣をなるべくさける努力を行って欲しい．確かにコ食は簡便である．しかし，コ食の向こう側には確実に，食生活だけではなく，あなた方の生活全般にわたる水準を低下させる魔物が潜んでいる．「スローフード」や「スローライフ」[9]は，一人で行うよりも，確実に家族や友人（恋人）などの身近な人と共同で行う方が，長続きもするし，楽しい．食事は，社会的共同生活の基礎である．第3に，できる限り農業の現場に足を運んで欲しい．とくに，農家の人に会って欲しい．田んぼや畑でなくても農産物直販所などで農家の人と話し合って欲しい．できれば，昵懇な関係の農家を一軒でも作って欲しい．農業の大切さ，楽しさ，魅力を知るには，モノではなくヒトである．各地の安全・安心の有機無農薬野菜を求めて駆けずり廻るより，近場の知り合いの農家に足繁く通う方が，確実に「食と農」に関する問題は解決しやすい．

　最後に，ここ近年世界の農産物の動向は，従来とは異なる動きを見せ始めてきた．すなわち，世界の食糧事情が急激に逼迫し始めてきたのである．地球温暖化による天候不順が引き金となって，食糧基地であったオーストラリアでの干ばつやアフリカ等の砂漠化で農作物の収穫が減り，海水温度の上昇によって各地で漁獲高の減少が続いている．また，世界の総人口が66億に増加するとともに，中国が急激な経済発展による食生活の変化（肉消費の増加に伴う穀物の飼料転化による輸入穀物の増加）や，バイオエタノールへのトウモロコシの転用なども急増し，量的に世界の食糧が急激に不足してきている．また，アメリカ

表7－3　先進国の穀物自給率の推移

	1961	1970	1980	1990	2000	2003
カナダ	126	126	176	223	164	146
フランス	116	139	177	209	191	173
ドイツ	63	70	82	113	126	101
イギリス	53	59	98	116	112	99
アメリカ	115	114	157	142	133	132
日本	75	46	33	30	28	21

出所）『世界農林センサス』

のサブプライムローン問題から端を発した世界的投機筋の穀物市場への参入によって，小麦やトウモロコシ，大豆，飼料などの穀物価格が急騰し始めている．

その結果，海外では，発展途上国の食糧事情が急激に悪化し，約10億人の飢餓が発生すると予測され，国連の緊急課題となってきている．また日本でも，輸入原材料の急激な上昇に伴い，国内のパン，味噌，醤油，マヨネーズ，卵，乳製品などの価格が高騰し始め，日常生活を圧迫し始めた．すなわち，安い農水産物を海外の輸入品に頼る戦後50年間の日本の食糧構造が，根幹から揺らぎ始めたのである．言い換えれば，「危機を危機として感じない危機」として指摘してきた日本の極端に歪んだ「食と農」の状況が持続できなくなり，現実的な『危機』に直面し始めてきたのともいえる．構造的に不安定な「食と農」の状況は長続きしない．

われわれのなすべきことは，農業がわれわれの生活や社会の基盤であり，その上に「食」や「暮らし」や「環境」が築かれているという，当たり前といえば当たり前のことを再度深く認識し，具体的な行動を始めることである．

注
1) 仏陀の教えのなかで「生きとし生けるものの業」として捉えられており，仏教の根幹をなしている．食事の前の「いただきます」は，他の動植物の「生命をいただきます」との意味をもつ．
2) 人間の歴史は，約7000万年前に哺乳動物が出現してから，約400万年前に猿人（最古の人類）となり，約10万年前にわれわれの直接の先祖となる新人（原生人類）といわれるホモ・サピエンスが出現した．彼らの暮らしは，石器や火を使い，弓矢や釣り針も作ることはできたが，基本的には原生の稲やアワ，ヒエ，木の実や野草の採取と小動物や魚介類の猟捕によって行われ，常に食糧は不足し飢えていたと推定される．約1万年前（BC8000年頃）には，イモや豆などの農耕や牧畜を始めた人たちもおり，食糧の自己生産を始めた．地球上の人口100万人ぐらいと推計され，以降，食糧の生産が始まり人口は増加し始める．約4500年前（BC2500年）には，ナイル川やチグリス・ユーフラテス川，黄河流域に文明が発生し，人口も1億人ぐらいになる．科学や宗教なども発達し，貧富の差もでき国家や法律など現代社会の基盤が形成される．以降，農耕，畜産の各地への

普及が進み，人口増加もその農産物の生産量によって決定されてきた．以降，世界の人口は，BC 0 年で約 2 億人，AC1000 年で 3 億人，1650 年で 5 億人，1800 年で 10 億人と増加し，20 世紀の 1900 年代初頭には，約 20 億人まで増えた．しかし，現在，21 世紀初頭には世界の人口は 66 億人まで，100 年間で 45 億人も増える爆発を起こしており，食糧問題ほか地球環境問題など人類史上の存続を左右する問題が続発している．

3）先進国の穀物自給率の推移は「表 7－3」に示す如くである．ここで注目すべきことは，2 点ある．第 1 の特徴は，先進国の穀物自給率は 1980 年代後半以降は，日本を除いて，すべての先進国で 100％以上であること．日本だけが 27％と極端に低いことである．このことは「日本は先進国で，TV や車を作って輸出するのだから，農産物は海外から買うのも仕方がない」という経済界や政治家のいっていることが，どれほど世界の実態とかけ離れた虚偽の理屈であるかがわかる．むしろ，「先進国とは，自国で食糧を確保した上に，工業や商業の発展した国である」といった定義の方が，事実に近い．だとすると，「日本はまだ先進国ではない」という言い方もできる．

　　第 2 の特徴は，1961 年に穀物自給率が日本（75％）より低かったドイツ（63％）やイギリス（53％）が，1990 年には 110％を超える自給率に回復しているが，日本だけが急激に穀物自給率を低下させている点である．お金や経済を第一に考える日本の政治や社会風潮に対して，食糧や環境などの生命のライフラインの確保を第一に考える成熟したヨーロッパの先進国との差でもある．逆に考えれば，日本の穀物自給率も十分回復させることは，努力次第で可能だということでもある．とくに，コメの消費を復活させることである．

4）「食べ物」が生命あるものであることに関しては，熊本県菊池養生園の竹熊宜孝先生の『いのち一番』西日本新聞社，2000 年，『土からの医療―医・食・農の総合を求めて―』地湧社，1983 年を参照．

5）農業を生産力や経済的視点からだけでなく，人間の暮らしの視点からもみていく農業理論を「生活農業論」という．「生活農業論」は，従来の農学的視野からでなく，社会学的視野から農業を再構成したものである．「生活農業論」に関しては，徳野貞雄，1998，「生活農業論から見た有機農業運動」『年報　村落社会研究―33―有機農業運動の展開と地域形成』農文協，などを参照．

6）稲作生物は，赤トンボや蛍のほかに，メダカやタニシなどの水生動物もいる．詳しくは，宇根豊，2007，『天地有情の農学』コモンズ．宇根豊，2000，『田んぼの学校入門編』農文協を参照．

7）嫌地現象とは，同じ場所で同じ品種の作物を作り続けると，生育が悪くなり収穫量が減少すること．ナス科やウリ科に顕著に見られる．

8）徳野貞雄，2003，『福岡市民の食生活に関するアンケート調査』福岡市都市科学研究所刊．有効サンプル数 781 票，郵送留め置き法にて実施．

9）スローフードは，1980年代にイタリアで発生した食生活を見直す運動．①伝統的な食材や料理を守り，②質のよい食材を提供する小規模生産者を保護し，③消費者，とくに，子どもに対して味の教育を行う運動．ファーストフードへの対抗軸としての意味ももつ．島村菜津，2000，『スローフードな人生』新潮社を参照．

参考文献

農林水産省大臣官房情報課編『食料・農業・農村白書』，『食料・農業・農村白書参考統計表』農林統計協会（毎年刊行）．

梶井耕・祖田功ほか，2005，『戦後日本の食料・農業・農村』第1巻〜第17巻，2005年，農林統計協会．

『食糧・農業問題全集』全20巻，1990年，農文協．

徳野貞雄，2007，『農村の幸せ，都会の幸せ』NHK出版．

安達生恒編，2007，『"たべもの"を求めて』三一書房．

8章　地域開発と環境破壊

学習のねらい

この章では，明治以降，日本社会の近代化過程において発生した地域開発に伴う環境破壊について，水俣病問題と苫田ダム問題を中心に，発生の社会的要因，被害・加害の構造，被害住民の対応と救済策，残された課題などを理解する．また，従来の地域開発とは異なる別の方法で地域社会の再生を図ろうとする事例を通して，地域の自立・再生とは何かを考える．

1．はじめに

(1) 地域開発の意義と現実

地域開発（regional development）は，「ある一定範囲の地域の経済的・社会的生活秩序の安定と生活水準の向上を目的に，一国の中央政府あるいは地方政府が，生活基盤・産業基盤の整備等を中心に進める広範な地域政策．地域内の社会経済的問題の解決をめざすとともに，一国全体の経済水準を引き上げ，地域格差を是正して各地域の均衡ある発展をはかり，雇用の安定と社会の安定をめざすもの」と理解されている（森岡ほか，1993）．

しかし，戦後日本の地域開発の歴史をたどってみると，「一国全体の経済水準引き上げ」や「地域格差是正」「各地域の均衡ある発展」が達成されてきた

とはいいがたく[1]、むしろ、1960年代以降、公害、過疎・過密、ダム建設による住民の生活破壊等、重大で深刻な社会問題が発生、顕在化していった[2].

(2) 本章の目的

本章では、明治以降の日本社会における地域開発を環境破壊の観点から捉えると共に、環境破壊を経験した人びとが、どのように暮らしを再構築しようとしてきたかをみる。また、従来の地域開発に代わる手立てを探るいくつかの事例を通して、今後の社会のあり方を展望してみたい。

地域開発による生活破壊を理解するために、以下の2つの事例を取り上げる。1つは、公害問題の典型として、熊本県水俣市におけるチッソの企業活動とそれによる水俣病の発生、その後の対応の概要について。もう1つは、公共事業による問題の典型として、岡山県奥津町（現・鏡野町）における苫田ダム建設計画と住民の生活破壊および地域社会の崩壊についてである。

2. 公害問題による生活環境破壊

(1) 公害問題と環境問題

公害（pollution）は、公害対策基本法（1967年制定）では「事業活動その他の人の活動に伴って生ずる相当範囲にわたる大気の汚染、水質の汚濁、土壌の汚染、騒音、振動、地盤の沈下及び悪臭によって、人の健康または生活環境に係る被害が生ずることをいう」と定義されている。環境基本法（1993年制定）でも、同様の規定である。しかし、一般にはより広義に、薬害、食品公害、放射能や電磁波、化学物質被害なども含んで使われてきた。

環境問題（environmental problems）は、公害概念ではカバーできない自然環境や大規模な地域環境の破壊をも包含する、より包括的な概念である。公害・環境問題の社会学的研究は、1990年の環境社会学研究会設立以前は、社会変動論、村落社会学、地域社会学、組織社会学や社会運動論などの領域でなされ

てきた．

　環境社会学では，環境問題の時期区分を大きく以下の3つに分けている（飯島，1993；古川，1999）．①「公害問題型」は，工業化が主として産官主導で進み，日本の高度経済成長を支えていた1960年代から70年代前半までの環境問題で，1）問題の発生源が単一，2）被害—加害の関係が比較的明瞭，3）被害が局地的，という特徴をもつ．全国各地で発生した公害問題はこの時期に主として位置づけられる．②「生活環境型」は，1970年代前半以降，ライフスタイルの変化（日常生活全体が工業化されること）により発生したもので，1）発生源が特定しにくい，2）被害—加害関係が不明瞭，3）被害が広域化，という特徴をもつ．③「地球環境型」は，1980年代後半，地球環境問題（熱帯雨林の破壊や地球温暖化問題，森林伐採や過放牧等による砂漠化の進行など）が強く意識されていく時期の環境問題をさす．

　ただし，古川彰の指摘にもあるとおり，時期区分はあくまでも全体像を把握するための作業仮説的なものであり，公害問題が解決された後に生活環境問題が発生したわけではない（古川，1999）．生活環境問題期にも公害期の特徴的な問題が存在し続け，地球環境問題期にあたる現在でも公害型の環境問題はなお発生し，あるいは未解決のまま残されている．生活環境問題も同様である．

　にもかかわらず，近年の社会的雰囲気としては，省エネやリサイクル運動の推進といった住民自身の啓蒙・啓発が強調されたり，生活全般の見直しといった個々人の意識レベルでの実践が重視されたりすることが目立っている．そのために，公害問題が今なお未解決の問題を抱えていることや今も新たに発生しているといった現状は，非常にみえにくくなっている．

（2）公害問題発生の歴史とその社会的背景
① 国家政策との関連
　社会学では，公害問題を何らかの物質による環境への汚染が原因となって発生する問題であるとしても，そこには必ず何らかの人と人との関わりや人と自

然との関わりがある，という視点からみる．すると，仮に同じような環境汚染でも，その時代や社会的諸条件により，被害の状況や対応，救済の中身などが大きく異なることがわかる．たとえば，明治以降の近代化政策および戦後の工業化政策の下，公害の発生・激化，対応の遅れがみられたのは，国家と企業の共犯関係下では必然的ともいえることであった．明治時代に栃木県足尾銅山で発生した足尾鉱毒事件はその典型例である．足尾銅山の鉱害があまりにもひどかったために，その後に続いて近代化開発が進行した各種の鉱山においては，ある程度の公害対策が取られていった．しかし，戦争が始まるとそうした蓄積は再びほとんど省みられなくなる．戦時下における被害者運動は国益に反するとして徹底的に弾圧されていった．

② 高度経済成長と四大公害病

　戦後の高度経済成長は，公害防止に関わるコストをほとんど無視して生産性・効率性を優先させた企業，それを支援した政府，地方自治体の協力体制の下，成し遂げられた．現在よりもはるかに人命や人権が軽視された時代である．とくに甚大な被害を発生させた公害病を，後に「四大公害病」とよんだ．「四日市ぜんそく」「水俣病」「イタイイタイ病」「新潟水俣病」である．

　「四日市ぜんそく」は，三重県四日市市で，1959（昭和34）年に操業開始した四日市石油化学コンビナートから排出された硫黄酸化物（SOx）による大気汚染が原因で発生した呼吸器疾患である．操業開始からわずか1，2年後に呼吸器疾患が増え始め，当初はその土地特有の原因不明の病気とされていた．政府は1963（昭和38）年にようやく調査団を派遣し，その報告は翌年の国会に提出されたが，それをふまえた行政上の対策が怠られ，結果，被害は拡大した．四日市は，1965（昭和40）年，市が公害病と認定した市民に対し，市費で治療費を補償する制度を始めた．当時は国側には，公害患者を公費で救済する制度はなく，四日市の試みは全国ではじめてのものとなった．

　「水俣病」は，熊本県水俣市とその周辺において，チッソ株式会社が排出した工場排水に含まれたメチル水銀化合物により汚染された魚類を食べてきた人

表8—1　水俣病問題の経過

1932年5月	日本窒素肥料（50年新日本窒素肥料，65年チッソに社名変更）水俣工場がメチル水銀化合物を含む排水を始める．
1956年5月	新日窒付属病院が「原因不明の脳症状患者4人発生」と保健所に報告．水俣病公式確認．
1963年2月	熊本大学研究班が，水俣病原因物質は工場から排出されるメチル水銀化合物と発表．
1965年5月	新潟水俣病公式確認．
1967年6月	新潟水俣病第一次訴訟．
1968年5月	チッソ水俣工場がアセトアルデヒド製造中止．メチル水銀化合物の排出終わる．
1968年9月	国が「チッソ水俣工場の排水中のメチル水銀化合物が原因」と公式見解発表．公害病に認定．
1972年9月	新潟水俣病判決．原告勝訴．
1973年3月	熊本水俣病第一次訴訟で原告勝訴．
1973年7月	チッソが患者と保障協定．慰謝料1600万〜1800万円．医療費も補償．
1977年7月	環境庁が以前より厳しい水俣病の患者認定基準通知．認定申請棄却が増加し，各地で訴訟相次ぐ．
1995年12月	政府が未認定患者に260万円の一時金支払いなど政治解決策を閣議決定．
2004年10月	関西水俣病訴訟最高裁判決で，国の基準より緩やかに水俣病被害を認める司法判断が確定．
2005年10月	未認定患者が熊本地裁に集団提訴．
2006年5月	水俣病公式確認から50年．

出所）新聞記事など文献資料に基づき筆者作成

びとの間で発生したものである．1956（昭和31）年5月，病気の発生が「公式確認」されるが，病気の原因については不明なまま年月が過ぎ，チッソの工場排水に含まれるメチル水銀化合物が原因の公害病であると政府が正式見解を発表したのは，1968年9月であった．この間の遅れは，被害を拡大し，後々の賠償・救済制度の未整備や不十分さと深く関連している．水俣病問題の経過については，表8—1を参照願いたい．

「イタイイタイ病」は，1967（昭和42）年，その汚染源が富山県神通川上流の神岡鉱山（岐阜県三井金属工業）にあることがわかった．汚染物質のカドミウムは，神通川およびそれを引いた用水を通して摂取され，骨を脆くさせた．咳をするだけで骨が折れたり，医者が脈を取ろうと手首をもっただけで骨折した

りと，患者がいつも「痛い，痛い」と訴えていたことから病名がついた．

「新潟水俣病」は，熊本での公式発見から9年後の1965年に発見された．新潟県阿賀野川流域で操業する昭和電工株式会社鹿瀬工場が排出した工場廃水に含まれたメチル水銀化合物により，川と海の魚介類が汚染され，それらを摂取したために発生したものである（飯島・舩橋, 2006；堀田, 2002；関, 2003）．

これら四大公害病をはじめ，公害問題の多くは，人びとの命を奪い，あるいは甚大な健康被害を残し，さらに社会的差別や生活状況の激変など，多大な苦しみを被害者とその家族に与えてきた．そして，多くの場合，それらの公害問題は今もなお「終わっていない」．

（3）社会学による公害問題研究
① 被害の捉え方

公害問題についての社会学的研究は，加害論・原因論，被害論，解決論の3つに分けることができる（古川, 1999）．被害論において，「被害構造論」を定式化したのは飯島伸子である．飯島は，生活者としての被害者という見方に立つことで，公害による被害は生命・健康を脅かされるというレベルだけでなく，被害者を取り巻く社会関係のなかで，被害がさまざまなレベルに派生し，被害者本人とその家族に多大な苦痛と苦悩がもたらされていくことがみえてくるとした．

飯島は，公害被害を，① 生命・健康，② 包括的意味における生活，③ 人格，④ 地域環境と地域社会，の4つのレベルに分けて捉えた[4]．健康被害を受け，そのために仕事や家事，子どもの世話などができなくなる．それは，家族を経済的・精神的に追い詰める．また，病気から来る人格の変化も深刻である．その上，地域社会においてはさまざまな偏見や差別を受ける．公害の被害を受ける時，多くは以上のようなさまざまな問題を引き起こし，被害者とその家族を苦しめていく．飯島の被害構造論は，生活者としての被害の状況を捉えることを可能にした（飯島, 1995）．

② 公害問題の特徴

　公害問題が発生する時代や地域，原因や被害の状況は，さまざまであるが，共通点も多い（飯島，2000；宇井，1968，1977，1985；原田，2002）．公害の被害者は，多くの場合，当該社会におけるもっとも弱い立場にある人びとで，そこには差別の問題があることが多い．文化の問題として捉える視点が必要である．

　また，公害病の発生をはじめとする環境悪化に至るまでには，政府や産業界，学界・教育界，自治体，出版界，報道機関などの組織の対応が適切でなかった場合が多い．したがって，被害者や支援する人びとが自ら立ち上がり集団的に行動を起こすことではじめて，問題解決に向けての動きが始まる場合が多かった．

　宇井純は，「地域住民の自治が強く，地域の自決が達成されたところでは，公害は出しにくくなる．ここに政治的な地方分権の重要性がある．地域の環境を住民と企業がどのように分け合い，共有するかの問題は，住民の参加なくしては解決できない」と述べ，人権意識の高揚，民主主義や地方自治の浸透・推進，地域自治の重要性を指摘する（宇井，1985）．

　また，飯島と宇井は，企業と政府の役割，裁判の問題，科学技術の役割，メディアの効果，科学者・研究者の役割などについて重要な指摘をしている．ここでは，とくに科学者・研究者の役割について紹介しておく．公害問題が社会科学の研究対象となったのは1960年代後半頃からである．飯島は，1960年代に公害問題の社会学的研究を志した時，周りにはほとんど理解者がいなかったとしている．実際，飯島はほとんど一人で研究を続けていった（飯島，1995）．宇井も同様のことを述べている．日本の公害を食い止め，環境を改善していく取り組みにおいて，住民運動が果たす役割は決定的に重要である．にもかかわらず，社会科学者のなかからその解析と指針を与えてくれる動きがないこと，社会学者が住民運動の社会学的な解析で，運動論，組織論と結びつき，運動が利用できるような形で住民の前に示すことを期待している（宇井，1974）．この宇井の指摘は1974年になされたものであるが，その時点において社会学をは

じめ社会科学研究者のほとんどは,公害問題に関わることがなかったことを表している.

(4) 地域社会再生の取り組み

すでに述べたように,公害問題の発生は,当該地域住民の健康被害や生活破壊に加えて,既存の社会関係や地域社会そのものを大きく変える.一度壊れた社会関係や地域社会を再構築するのは,並大抵のことではない.熊本県水俣市においては,患者とその家族,支援者の団体,水俣市民,行政,チッソなど,それぞれの間で壊れてしまった社会関係をもう一度結び直す取り組みが1990年代に入って始まった.そうした関係性の再構築を「もやいなおし」とよんでいる.

きっかけとなったのは,水俣市の姿勢が大きく変わったことである.企業城下町としてチッソと運命共同体的な歩みをしてきた水俣市行政の,水俣病発生とその被害拡大,その後の救済制度の遅れなどに対する責任は,きわめて大きい.1990年代,水俣市はその責任をようやく認め,市民同士,市民と行政が新たな関係を作り出していくことを強い決意をもって始めた(進藤,2002).水俣市行政は,水俣市をどのようなまちにしていくかについての基本姿勢のなかに,水俣病の教訓をしっかりと位置づけようとしている.ごみの分別やリサイクルタウン,市民への環境学習など,「環境都市水俣」を作ろうと動いている.

患者とその家族や支援者と水俣市民との関係も,今,次第に変わろうとしている.水俣病発生当初から,患者とその家族に対する地域住民や一般の水俣市民の態度は冷たかった.あからさまな差別のほか,無視・無関心・陰口・噂話などがあった.そうしたなか,水俣病による健康被害に加えて患者とその家族の受けてきた苦しみは大変なものであった.

近年,主として患者とその家族の側からの積極的な働きかけをきっかけに,互いの交流を通して,許し,理解しあうことが個人個人のレベルで進みつつある.交流の場のひとつとして,市役所職員であり水俣市の住民でもある吉本哲

郎とその仲間たちとの地元学の実践が果たしてきた役割は大きい（農文協，2001）．水俣市は，山と海の間に広がるまちである．それぞれの地域で人びとがどのような暮らしをしてきたかを自分たち自身で調べ，価値の再発見をしていく過程で，その活動に参加した住民一人ひとりが自分でものを見，考える力をつけていく．そして，改めて水俣病も含めた水俣市の歴史や自分の住む集落の歴史を知り，これからどうしていくかを考えていく糧とする．こうした地元学の取り組みが，静かに広がり，定着していっている．

　また，患者とその家族や支援者たちの活動は，これまであまり一般の水俣市民には知られてこなかった．患者と市民が出会って話をしたり，何かを一緒に考えたりするといった場の共有がほとんどなかったためである．今，そうした状況を変え，市民とともに生きていけるような地域を作ろうとしている人びともある（加藤・小峯，2002）．

　ただ，残された課題は多い．最大の課題は，未認定患者の問題である．2004年の最高裁判決は国の認定基準より幅広い救済を認めたが，2008年現在でもその判決を生かす国側の動きはみられない．患者の高齢化も進むなか，認定基準の見直しによる未認定患者の根本的救済が強く求められている．

3．公共事業による生活環境破壊

（1）公共事業の役割とその見直しの動き

　公共事業とは，一般には，国や地方自治体が，公共の福祉実現のために行う事業をさす．道路，空港，ダム，橋梁，港湾，鉄道，病院，上下水道，住宅団地などの社会資本整備を行うことにより，経済活動の発展を支えたり，住民の生活基盤の充実を図ることが，公共事業の大切な役割である．

　しかし，現実には，多大な環境破壊や住民の生活破壊が引き起こされてきた．道路，空港，鉄道などの交通網の整備の場合，騒音，排気ガスによる大気汚染と健康被害，事故などが予測され，予定地周辺の住民の生活を大きく変え

る可能性をもつ．ダム建設の場合，建設予定地住民の立ち退き移転は不可避である．住民の多くは住み慣れた土地を離れ，新たな生活を余儀なくされることになる．

　公共事業は「走り出したら止まらない」とされ，多くの場合，住民の間にはあきらめも強かった．政府や地方自治体は，住民による反対運動に対しては「地域エゴ（イズム）」という負のレッテルを貼り，「公共の福祉」や「公共性」を掲げてその事業の正当性や意義を認めさせてきた．

　1990年代後半，国の財政状況悪化が明らかになり，公共事業の見直しに関するさまざまな検討が政府，自治体，研究者，地域住民などの間から出されるようになってきた．見直しの方向としては，事業内容の転換，たとえば，大規模施設・設備建設事業ではなく，それぞれの地域社会において必要な福祉関係の事業への転換を求める声がある（五十嵐・小川，2002；岡本，2000；蔦川・久野・阿部，1999）．

　また，事業主体の転換，国ではなく地方自治体におろして事業内容を常にチェックできる体制にすることを求める声もある（五十嵐・小川，1997；五十嵐・小川，2001）．

（2）「受益圏・受苦圏」概念と「公共性」の問い直し

　公共事業で事業推進側がしばしば口にする「公共性」とはどのようなものとされてきたのだろうか．舩橋晴俊らが提示した「受苦圏・受益圏」概念は，公共性を問い直す際のひとつの有効な視点となった（舩橋・長谷川・畠中・勝田，1985）．「受益圏」とは，ある事業や問題に関連して，受益する主体（人びと，集団，組織など）の総体であり，「受苦圏」とは何らかの苦痛や損害を被る主体の総体のことである．受益圏と受苦圏が重なっているか，分離しているかによって，反対運動など，地域紛争の展開の仕方は大きく異なってくる．両者が重なっている場合は，社会的合意形成が相対的に可能であるが，ずれていたり，分離している場合は，社会的合意形成が困難となる．後者の例として，たとえ

ば,「ダムが出来たら,下流の人らぁは電気も水も手に入り,洪水の心配ものうなる,ええことばあじゃ.でも,私ら,移転せにゃいけん,村がのうなる,仕事も探さにゃいけん,農業ができんようになる,何もええことない.みんなのためじゃ,言うけど,私らそのみんなのなかに入っとらんのんで,せぇでまた,下流の人らは,私らの犠牲を知らん,これもまたおかしなことよな」.これは,筆者が,フィールドでたびたび耳にした,岡山県奥津町苫田ダム問題の当事者の声であるが,受益圏と受苦圏が分離している典型例である.

社会学では,受苦圏・受益圏概念を使い,これまで錦の御旗のように掲げられてきた公共性を問い直すことの重要性を指摘してきた.公共性とは,公共の福祉を目的とする社会的価値,社会的有用性を指すことが多く,公共事業や社会資本の建設により達成されるものである.しかし,現実には,受苦圏と受益圏はズレており,私権の制限や被害・不利益の受忍はどこまで求められるのか,公共事業の正当性や必要性をめぐる紛争の主要な争点となってきた.公共性の問い直しが意味をもつのは,住民にとって望ましい生活環境や地域社会とは何かを考え,作り上げていく際に,避けて通ることのできない問題だからである.私権の制限や不利益の受忍をどの程度まで認めつつ,よりよい社会を作るかは,結局,住民自治や民主主義の浸透と深く関わってくる.

(3) ダム建設と住民・地域社会への影響
① 戦後の地域開発とダム建設計画

戦後の電源開発および1950年代の多目的ダム建設を中心とする河川総合開発が進められるなか,全国各地でダム建設計画による住民の生活破壊が起こった(田中,2000;浜本,2001;帯谷,2004;鷲,2004a,2004b).ダム建設計画の多くは,高度経済成長期前後に策定され,都市の水利用・電力・治水のために,山間地住民の多大な犠牲を払って遂行されてきた.公共事業のもつ悪しき特徴として,計画の硬直性,費用対効果への鈍感さ,国家事業としての面子など,時代の変化のなかでも中止も含めた見直しや変更がなされにくい.そのた

めに，ダム建設地の住民の多くは反対運動を展開するが，数十年もの間翻弄された後，結局，計画が実行されていく，ということも多くみられる．岡山県奥津町（現・鏡野町）の苫田ダムはその典型である．

② 苫田ダム問題

苫田ダムは，岡山県の三大河川のひとつ，吉井川の上流奥津町に，治水および上水・工業用水・発電などの利水を目的として建設されたダムである．1957（昭和32）年の新聞紙上による計画表面化以来，2001年に最後の1世帯が同意するまでの40年以上にわたって反対運動が続けられてきた．水没面積330ヘクタール，504世帯が移転を強いられた大規模な事業で，計画表面化直後に反対運動の住民団体が作られ，行政も「町是」としてダム建設反対を掲げ，住民の大半が反対運動を展開した．しかし，表8－2に示したとおり，40年以上の年月の後に本体工事が開始され，2005年に完成した．

苫田ダム問題をめぐる動きは，3つの時期に分けることができる．

第1期は，1957年から1975年頃までの初期の段階．当初，村議会と村が一体となって反対した．町村合併後もその方針を堅持，外部からは，完全に一枚岩と映り，事業推進側としてはまったく手出しができない状態で，町と住民の間にはダム問題はこのままうやむやになるのではないか，という期待が広がっていった．

第2期は，1975年頃から1995年までの，ダム問題再燃からほぼ全戸同意までの時期．長野士郎が岡山県知事に当選すると，ダムをめぐる状況は一変した．県の強引な推進の動き，条件闘争派住民団体の台頭，県による「行政圧迫」の開始のなか，条件闘争派の広がりと対照的に，反対運動は弱体化していく．有利な移転補償制度の整備による移転者の増大，町議会議員の勢力図も変化，反対運動の衰退が加速化された．1990年，森元町長の方針転換で県との話し合いが始まり（町が反対運動から離脱），住民による反対運動の分裂と孤立が進んだ．1995年，2世帯を除く反対世帯が移転に同意，奥津町と町民による反対運動の事実上の終結となった．これをもってダム問題は決着したという

表8—2　苫田ダム年表

1957年11月	苫田ダム構想が明らかになる．旧苫田村で村民大会が開かれ，絶対阻止を決議．「苫田ダム建設阻止期成同盟会」結成．
1959年4月	苫田，羽出，奥津の旧3村が合併し，奥津町が発足．
1959年6月	ダム阻止特別委員会条例を制定．（ダム阻止が「町是」に．）
1967年4月	建設省と奥津町が「吉井川総合開発事業苫田ダム調査協定書」（四二協定）を締結．
1975年10月	長野士郎知事が9月県議会で，苫田ダム問題について「地元と話し合い，向こう1年くらいをめどに解決したい」と答弁．
1977年4月	岡山県がダム専任職員を津山地方振興局に置く．
1977年5月	水没地区に建設容認派の「苫田ダム地権者協議会」が発足．以後，1979年にかけて建設容認派3団体ができる．
1977年12月	補償額400億円が公表される．
1978年12月	苫田ダム問題協力会がダム建設に必要な実態調査に同意することを前提に，1世帯100万円の無利子，無担保の移転先選定資金の貸し付けを始める．
1979年4月	県が「苫田ダム対策本部」を設置．吉井川下流受益17市町が「吉井川水源地域対策基金」を設立．
1981年12月	建設省が苫田ダム建設基本計画を公示．
1986年5月	地権者3団体と，建設省が損失補償基準協定．吉井川水源地域対策基金が生活再建対策費などの協定を結ぶ．
1988年2月	日笠大二町長が町議会で町長期計画策定，ダムに対応する行政窓口の設置，水没者の生活再建対策の3項目を認めることを表明．
1988年4月	町が「ダム対策室」を設置．建設省，県，町の三者による町長期振興計画策定プロジェクトチームが発足．
1989年9月	日笠町長が行政連絡協議会で「ダム阻止を貫き，長期振興計画を策定しない」と表明．
1989年10月	日笠町長辞任に伴う町長選で当選した森元三郎町長はダム絶対反対に固執するつもりはない旨を説明．
1990年4月	森元町長が町議会で「6月末ごろをめどに町内情勢を調整し，県や国の意向を打診して，これが整合するならばダム問題解決に向けて行政努力したい」と表明．中国地方建設局長がはじめて町を訪問，町長，阻止同盟代表と会う．
1990年8月	反対派団体が土地共有運動を開始．
1990年12月	森元町長が町議会で，「ダム建設を前提に，水没地権者の生活再建策や非水没地区の振興事業などの条件整備のため，国，県と協議に入る」と表明．
1991年2月	苫田ダム建設阻止期成同盟会が分裂．ダム建設を前提に条件闘争を進める「苫田ダムを考える会」が発足．
1992年2月	長野知事と森元町長のトップ会談で，1990年度で打ち切られた協力感謝金（水没1世帯当たり500万円）の復活が特例措置として決まる．

1993年1月	行政連絡協議会は町地域総合振興計画の調整案（306事業，1370億円）をまとめる．
1993年10月	町長選で調整案の見直しを訴えた石田守町長が当選．
1994年8月	苫田ダム阻止特別委員会条例が町議会で廃止，ダム建設事業に関わる基本協定書調印が行われる．
1995年3月	2世帯を除く15世帯が同意．阻止同盟解散へ．
1996年2月	水没地権者1世帯が同意し，未同意は1世帯となる．
1998年11月	国道179号線の鏡野町馬場—奥津町黒木までが供用開始．
1999年2月	苫田ダム本体工事着工．
2001年	最後の1世帯，移転に同意．
2005年3月	鏡野町，奥津町，上齋原村，富村が合併し，鏡野町が発足．ダム完成．

出所）フィールドワークにより筆者作成

見方が広がった．

　第3期は，1995年から現在まで．奥津町内の移転対象世帯は477世帯．1983年頃から始まった水没地域住民の移転は，2002年までにほぼ終了した．477世帯のうち，211世帯（44％）が鏡野町へ，129世帯（27％）が津山市へ，その他岡山市などへ121世帯．奥津町内には16世帯のみとなっている[5]．

③ **ダム建設計画による被害**

　ダム建設計画により，住民の生活破壊，地域社会の崩壊（対立，消滅，人口・戸数減による集落機能不全など）が進行した．それは，とくに，第2期（1975年頃～1995年頃まで）に激しかった．住民同士，賛成／反対の色分けをするなか，従来の社会関係が崩れていった．

　長期的な展望をもてない生活は，人びとの心にさまざまないらだちやとまどいを起こさせた．たとえば，自分自身の仕事の将来，子どもの進路選択（進学や就職），5年後，10年後の自分たちの暮らしがまったく予想の立たないものになった．

　地域社会の崩壊も深刻であった．賛成／反対のそれぞれの立場で反目し合う人びと，お互いの腹を探り合い疑心暗鬼になる人びとなど，集落の祭礼その他の行事が行えなくなることも生じた．移転者が増えていった時期には，集落内の戸数の漸減，激減，最後は集落そのものの消滅となった．

賛成／反対，あるいは移転に伴うダムの補償金をめぐって，夫婦，親子，きょうだい間で対立やいさかいが生じ，家族崩壊の危機を迎えた人もあった．

移転後生じた問題は，これまでの友人・知人や親戚・隣近所の濃密な人間関係が失われた・疎遠になった，新しい土地に馴染めない，山林や田畑がなくなり一日中することがない，などであった．その一方で，移転先での新しい仕事が見つからない，新しい仕事に馴染めないという問題は比較的少なかった．これは，ダム問題が数十年の長期に及ぶなか，若者や中年層の就業先として移転先も考慮に入れた選択が行われたことや，家族員の就業先を前提に移転先の選択がなされたためと思われる．また，勉学や就業で毎日忙しい若年層や中年層においては，移転後の生活の変化はさほど問題として顕在化していない．主に，ダム問題に長年翻弄された高齢者層にさまざまな問題が生じている．最後まで反対を続けた人たちの間では，「ダム問題はまだ終わっていない」と感じている人も多い．国・県と自分たち住民団体との圧倒的な力の差のなかで，外側から，上から，押しつけられてきたものをはねのけることができなかった，という無力感や空虚感なども強く残っている[6]．

④ もうひとつの物語

ダム建設計画は，多大な被害をもたらした．それは苫田ダムについての「正史」ともいうべきものである．しかし，もうひとつの物語もある．年表に示したとおり，1977年5月に最初の条件闘争派の住民団体「苫田ダム地権者協議会」ができた[7]．設立準備から会の設立，活動の展開において，常にリーダーとして会をまとめてきた人がいる．T・Nさん（1926年生，男性）である．T・Nさんたち条件闘争派の動きは，ダム反対の人びとからは理解できないもの，あるいは「金に目が眩んで……」と非難されることも多かった．水没予定地の中には，中農以上の生活基盤の安定した層や造り酒屋その他，地域の「旦那衆」とよばれた富裕層があった．しかし，なかには，農地改革でやっとわずかな農地を獲得したものの，それだけでは到底生活が成り立たない，小規模零細農の集落も含まれた．T・Nさんたち条件闘争派団体メンバーの多くは，こう

した集落の住民であった．

　彼らの多くは，日雇いその他農外就労もしながら生活を成り立たせてきた．しかし，高度経済成長期以降，炭焼き・林業・農業が衰退していくなか，大阪など阪神方面への出稼ぎに向かうことが多くなった．1年のうち長期間，家族と分かれて暮らすことの寂しさや不自然さなどが，家族みんなで暮らせるような生活設計へと動かしていった．ダム建設による移転で補償金を得て，新たな生活を始めようとしたのは，そうしたこれまでの生活状況のなかでの判断であった．

4．新たな地域開発のかたち

（1）自立の決意と内発的発展

　被害地の住民や当該地域社会，その他の住民も含めて，人びとが学んだ教訓は，住民自治や住民運動の重要性であり，情報公開と地方分権の重要性であった．そして，大型開発の時代の終わりとそれに代わる別の何かを探そう，ということであった．

　それは，外部資本依存，大型開発依存ではなく，内発的発展（Endogenous Development）をめざす，という新たな視点からの取り組みである．内発的発展とは，「それぞれの地域の生態系に適合し，住民の生活の必要に応じ，地域の文化に根ざし，住民の創意工夫によって，住民が協力して発展のあり方や道筋を模索し創造していくべきだ」という考え方である（鶴見・川田，1989）．第三世界を中心に1960年代後半から1970年代にかけて提示されていった考え方で，西欧を中心とした近代化方式への大いなる疑問から出発している．日本においては，すでにみてきたように，明治以降の近代化政策の下，とくに戦後の急激な経済成長の矛盾として発生した公害問題と大型の地域開発の問題への反省が背景にある．地域住民の間では，国や県からのトップダウン的地域計画，外部資本による収奪などをただ批判するだけでなく，代替案を自分たちで考え

出していこうとする動きにみることができる．

　従来の行政依存を脱し，住民たちが自立の決意をしたり，何らかの「発想の転換」「視点を変えてみる」ことで，地域の良さの再発見をしたことなどから，新たな地域開発のかたちがさまざまに生まれている．

（2）農産物直売所と地域経済の再構築

　たとえば，1990年前後から全国各地に広がった，野菜の無人市や直売所創設・運営の取り組みがある．市場を通した流通では，市場の規格を外れた物は売り物にならない．畑で腐らせるか，自家消費か，友人知人におすそわけするかしかなかった．一生懸命作っても，できた野菜の何割かが必ず「規格外」（売り物にならない）となる状況は，経済的な損失とともに，農家の生産意欲減退にもつながっていた．

　しかし，無人市や直売所ができ，喜んで買って食べてくれる人ができたことで，たとえ大きな儲けにはつながらなくても，生産意欲が大いに高まる結果となった．作る人と食べる人がつながることで，作る側の意識が変化した．大事なことは形や見栄えではなく，味や新鮮さや安全性であるということ，そのためにどのような栽培の工夫をすればよいかを考えるようになった．食べる側の意識も，ただ安ければいいのではなく，安全性や栄養面にも気を配ることやどうやってできているのか，畑や作り手の姿，農村の状況に思いをはせる人も出てきた．畑と食卓がつながることで，作る人と食べる人同士，それぞれの地域がつながることも出てきた（靍，2003，2007）．こうした，比較的小さな単位での地域経済の再構築は，今や全国各地でみることができる．

（3）有機農業と学校給食

　島根県木次町（現・雲南市）は，昭和30年頃から佐藤忠吉たち数人が酪農を中心とした有機農業に取り組んできた，有機農業「老舗」の町である．きっかけは，昭和30年頃，飼っていた乳牛が体調を壊すことがしばしば起きたこと

であった．調べてみると，農薬と化学肥料を使用して栽培していた牧草に原因があることがわかった．それ以来，佐藤たちは，近代酪農とは違う，飼料生産や飼育方法に徹底的にこだわってきた．そして，生乳の加工方法にもこだわり，低温殺菌の牛乳，ヨーグルト，チーズなどの乳製品を製造してきた．近年，有機減農薬栽培のブドウ園を作り，ワイン工場を作り，そのワインやチーズ，その他地元の食材を使った料理を提供するレストランもできた．また，ダムで水没する地域の古民家を移築して改造し，研修宿泊施設を作り，さまざまな会合などに活用している[9]．

木次町の学校給食は，地元産食材の使用率の高さ，野菜好きの子どもたちの多さ（残さがきわめて少ない），旬の食材を使った「畑の状況に合わせた」献立，生産者と子どもたちとの交流による食育，栄養士と調理員のチームワークの良さ，などの特徴をもつ[10]．現在の形は，1980年代，一人の管理栄養士が，有機無農薬栽培の野菜を学校給食に使おうと考え，それに共感した農業改良普及所所長との二人三脚の取り組みから始まった．学校給食センターと行政との連携の下，学校給食に野菜を供給する生産者グループを組織し栽培技術の指導を行う．栄養士と生産者グループ，栄養士と現場の調理員の話し合いによる情報交換，信頼関係構築などを通して，紆余曲折を経ながらも，次第に軌道に乗っていった．年間を通して，非常に高い割合で町内産の野菜が供給されている．

生産者グループメンバーの多くは，大半が中高年の農家女性たちであるが，自分たちの孫や曾孫のような子どもたちが喜んで食べてくれることが，生産意欲を高める大きな要因となっている．金銭的に大きな利益を生み出すものではないが，高齢化が進む地域農業に活力を与え，子どもやその保護者も含めた食への関心，農業への理解の高まりもみられる．こうした木次町の学校給食は木次町民の自慢のひとつとなっている．

栄養士，調理員，生産者それぞれの間では，「～だからできない」ではなく「どうしたらできるか」という姿勢が共有されている．これは，大きな発想の転換であり，それが困難と思われた状況を次々に可能にする原動力となってき

（4）地域福祉とコミュニティ・ビジネス

　食・農業・農村以外の生活領域における「内発的発展」の取り組みもある．公共事業の中身の転換として，近年提唱されている，保健・医療・福祉の充実による地域経済の構築の方向である．たとえば，兵庫県箕面市の豊能障害者労働センターが展開してきた，障害者が地域で暮らすための諸事業はその典型である．ここ数年，自らの事業をコミュニティ・ビジネスと位置づけ，いっそうの事業展開をめざしている．また，商店街を核とした「福祉のまちなおし」「ご近所型福祉」と自ら名づけた取り組みを展開しているのは，鳥取県米子市の田園プロジェクトのグループである．

　これらに共通している特徴は，大きな儲けにはなっていないが，多くの人の関わりがそこにはあり，役割や居場所をそれぞれの人がみつけている．行政が運営する公的制度・サービス等とは異なり，融通無碍で柔軟性に富む．一般の企業活動とは異なり，働く・関わる人に優しい．競争を煽られ，職を失う恐怖におびえ，助け合うことを忘れ，失敗を恐れ，間違いを許さない，そのような雰囲気からは程遠い．一人ひとりがそれぞれに居場所をもち，生活できる社会を作ろうとしているという点において，とてもラディカル（根底的）な実践である．

5．まとめ

　本章では，明治以降の日本社会の近代化過程において，経済優先・大規模開発の国家政策と企業活動が結びつくことで，公害問題や公共事業による深刻な生活環境破壊が各地で起きたことをみてきた．そして，被害の把握や救済の制度は今も不十分なままであることも確認した．

　しかし，こうした未曾有の被害を経験するなかで，当該地域の住民はもとよ

り，日本社会の人びとの価値観には変化もみられた．住民運動や裁判などを通して，公害発生抑制のしくみづくり（工学的，社会的）や被害者救済を求めるとともに，持続可能な開発・成長の模索や地域開発のあり方をめぐる住民側の成長も著しい．近年では，住民自治，住民参画を掲げ，外部資本に頼らず，地域の中にあるさまざまな人やものの価値を再発見し，つながりを再構築する動きもみられる．

　結局，社会のなかのインフォーマルセクターをどう育てていくかが，問われているのだといえよう．たとえば，学校給食における地産地消の推進＝農・食を通して地域社会を作り直す試みがある．学校も子どもも変わっていく．そこに関わる人びとの儲けは多くないが，たくさんの実りをもたらしている．人と人のつながり，おいしい給食を食べることができること，自分の作ったものを喜んで食べてもらえることなどを，小さいようだがとても大切なことだと感じる人びとが出てきた．人が生きていく上で，大切なことは何なのか，何に価値を置いて生きるのかについての答えが，今，変わろうとしている．それこそが，誰もが住みやすいまちづくりのベースとなる価値観ではないだろうか．

注
1) 地域開発の歴史と諸問題，展望については，宮本 (1973).
2) 過疎・過密問題については，今井 (1968). 公害問題については，庄司・宮本 (1964), 宇井 (1971, 1985, 1991), 飯島 (1995, 2000).
3) 「環境破壊」とは，発生源を特定せずに環境の変化に焦点を当てようとする概念であり，公害が発生源と被害者の関係を軸として被害実態を深く把握する志向をもつのとその力点の置き方が異なっている（飯島伸子「公害」の項目　森岡ほか (1993))．
4) 患者とその家族の生活について患者自身や支援する人びとがまとめたものとして，岡本・松崎 (1989)，松本 (2002)，新潟水俣病聞き書き集制作委員会 (2003)，里村 (2004) など．
5) 筆者が，1997年から2001年まで継続的に行ったフィールドワークに基づく．歴史的経過については，苫田ダム阻止写真集刊行委員会 (1993)，苫田ダム記念誌編纂委員会 (1997) などに詳しい．
6) K・Hさんは，母親の代から反対を続け，最後まで反対を続けた住民の一人で

ある．折々の生活の中で詠んだ短歌を集めた歌集『土生草』には，ダムに関する歌も多く含まれている．長い間，生活のなかにダム問題があったことをうかがわせる．その他，苫田ダム阻止期成同盟会発行の『こころ』昭和 54 年 5 月号（vol. 1 No. 1）～平成 4 年 1 月号（vol. 12 No. 5），平成 7 年 3 月 21 日会有志による冊子『苫田ダムの是非をかけて　われらかく闘えり』1999 年，には，反対運動の経過，住民の心情が綴られている．

7) 苫田ダム地権者協議会の会報は，『前進』昭和 54 年 6 月号（創刊号）～昭和 60 年 9 月号（第 66 号）．
8) 木次町は，2004 年 11 月 1 日に，大東町・加茂町・木次町・三刀屋町・吉田村・掛合町の 6 町村が合併して雲南市の一部となった．
9) 2003 年の調査．
10) 2004 年の調査．
11) http://www.tumiki.com/toyono/index.html.

参考文献

浜本篤史，2001，「公共事業見直しと立ち退き移転者の精神的被害―岐阜県・徳山ダムの事例より―」『環境社会学研究』第 7 号．
原田正純，2002，『金と水銀―私の水俣学ノート―』講談社．
堀田恭子，2002，『新潟水俣病問題の受容と克服』東信堂．
舩橋晴俊・長谷川公一・畠中宗一・勝田晴美，1985，『新幹線公害―高速文明の社会問題―』有斐閣選書．
古川彰，1999，「第 2 章　環境問題の変化と環境社会学の研究課題」舩橋晴俊・古川彰編著『環境社会学入門―環境問題研究の理論と技法―』社会学研究シリーズ 25，文化書房博文社．
五十嵐敬喜・小川明雄，1997，『公共事業をどうするか』岩波新書．
五十嵐敬喜・小川明雄編著，2001，『公共事業は止まるか』岩波新書．
五十嵐敬喜・小川明雄，2002，『図解　公共事業のウラもオモテもわかる』東洋経済新報社．
飯島伸子，1993，「第 1 章　環境問題の社会史」飯島伸子編『環境社会学』有斐閣．
飯島伸子，1995，『環境社会学のすすめ』丸善ライブラリー．
飯島伸子，2000，『環境問題の社会史』有斐閣．
飯島伸子・舩橋晴俊編著，2006，『新版　新潟水俣病問題―加害と被害の社会学―』東信堂．
今井幸彦，1968，『日本の過疎地帯』岩波新書．
加藤たけ子・小峯光男編，2002，『水俣・ほっとはうすにあつまれ！―働く場そしてコミュニティライフのサポートへ―』世織書房．

森岡清美ほか編，1993，『新社会学辞典』有斐閣．
宮本憲一，1973，『地域開発はこれでよいか』岩波新書．
松本勉編著，2002，『水銀（みずがね）―おツヤ婆さんと水俣病―』第1集　草風館．
新潟水俣病聞き書き集制作委員会，2003，『いっち　うんめえ　水らった―聞き書き・新潟水俣病―』越書房．
帯谷博明，2004，『ダム建設をめぐる環境運動と地域再生―対立と協働のダイナミズム』昭和堂．
岡本達明・松崎次夫編著，1989，『聞書　水俣民衆史　第3巻　村の崩壊』草風館．
岡本祐三，2000，『介護保険の教室―「自立」と「支え合い」の新秩序』PHP新書．
里村洋子，2004，『安田の唄の参ちゃん―瓦職人・新潟水俣病未認定患者　渡辺参治さんの聞き書き―』冥土のみやげ企画社．
関礼子，2003，『新潟水俣病をめぐる制度・表象・地域』東信堂．
進藤卓也，2002，『奈落の舞台回し―前水俣市長・吉井正澄聞書―』西日本新聞社
農文協，2001，『現代農業増刊号　地域から変わる日本―地元学とは何か―』2001年5号．
庄司光・宮本憲一，1964，『恐るべき公害』岩波新書．
田中宣一，2000，『徳山村民俗誌―ダム水没地域社会の解体と再生―』慶友社．
苫田ダム阻止写真集刊行委員会編，1993，『ダムとたたかう町』手帖舎．
苫田ダム記念誌編纂委員会，1997，『ふるさと　苫田ダム記念誌』・『ふるさと　苫田ダム記念誌（写真集）』奥津町発行．
苫田ダム阻止期成同盟会発行，『こころ』昭和54年5月号（Vol.1 No.1）～平成4年1月号（Vol.12 No.5）
苫田ダム阻止平成7年3月21日会有志，1999，『苫田ダムの是非をかけて　われらかく闘えり』
苫田ダム地権者協議会，1979～1985，『前進』昭和54年6月号（創刊号）～昭和60年9月号（第66号）．
鼇理恵子，2003，「農村が都市をリードする時代　交流の主役は女性たち」『自然と人間を結ぶ　21世紀の日本を考える　食料・農業・農村』第22号　農山漁村文化協会．
鼇理恵子，2004a，「ライフヒストリー」苫田ダム水没地域民俗調査団『奥津町の民俗』奥津町・苫田ダム水没地域民俗調査委員会．
鼇理恵子，2004b，「苫田ダム問題への住民の「構え」とその変化―ライフヒストリーの方法を使って―」『岡山民俗』222号．
鼇理恵子，2004c，「地産地消を推進する社会システムに関する環境社会学的研究―学校給食における食材提供の事例―」八雲環境科学振興財団『研究レポート集

2004』第 5 集.
靍理恵子, 2007,『農家女性の社会学―農の元気は女から―』コモンズ.
鶴見和子・川田侃編, 1989,『内発的発展論』東京大学出版会.
蔦川正義・久野国夫・阿部誠編, 1999,『ちょっとまて公共事業―環境・福祉の視点から見直す―』大月書店.
宇井純, 1968,『公害の政治学』三省堂.
宇井純, 1971,『公害原論　合本』亜紀書房.（合本は 1988 年）
宇井純, 1974,「住民運動として自立へ」『展望』11 月号.
宇井純, 1977,『住民を結ぶ旅』筑摩書房.
宇井純編, 1985,『技術と産業公害』国際連合大学発行, 東京大学出版会発売.
宇井純, 1991,『公害自主講座 15 年』亜紀書房.

索引

あ 行

- あとつぎ……………………………50
- 家…………………………………26
- 「家」制度………………………29
- 「家」の継承……………………50
- 生きがい感……………………134
- 異質性の増大…………………164
- 衣生活……………………………47
- イタイイタイ病………………220
- 姻縁………………………………22
- インフォーマルセクター……235
- 内からの混住化………………169
- 営農組合………………………174
- M字型曲線………………………63
- おやこ…………………………112
- 親子関係…………………………23

か 行

- 介護保険制度…………………130
- 外材和食………………………204
- 家業……………………………193
- 核家族化…………………………36
- 格差意識……………………………6
- 家族………………………………22
- ――の規模………………………36
- 家族意識…………………………48
- 家族外の子育て機関…………110
- 家族機能…………………25, 128
- 家族の普遍的機能………………25
- 家族の包括的機能………………25
- 家族経営協定……………………83
- 家族形態…………………………36
- 家族制度…………………………34
- 家族変動・勝沼調査……………58
- 過疎……………………………142
- ――の現段階…………………144
- 過疎地域…………………125, 143
- ――人口の推移………………145
- ――の年齢階層別人口構成…124
- 過疎農山村の女性人口供給構造…157
- 過疎農山村の男性人口供給構造…157
- 合併……………………………159
- ――の評価……………………159
- 家庭教育………………………106
- 環境破壊………………………217
- 環境問題………………………217
- ――の時期区分………………218
- 帰郷の年齢……………………160
- 起業………………………………80
- 期待される消費者……………205
- 基本法農政……………………193
- 決められた人生………………101
- 共食……………………………211
- 共同体的社会…………………188
- グローバリゼーション………181
- グローバル化……………………8
- 血縁………………………………22
- 兼業化…………………………195
- 健康志向型消費者……………206
- 原生的自然……………………196
- 現代的消費者…………………202
- ――の四類型…………………205
- 公害……………………………217
- 公害被害………………………221
- 公害問題………………………218
- ――についての社会学的研究…221
- 公共事業………………………224
- 公共性…………………………225

合計特殊出生率……………………… 91
耕種農業……………………………198
高度経済成長………………………143
高度経済成長期……………………188
高齢化率……………………………… 6
高齢者………………………………121
　　——の参加する中間集団　………135
　　——の社会参加活動　………121
　　——の社会的役割　…………137
高齢者比率…………………………125
高齢世帯の小規模化………………126
コ食，孤食，個食…………………211
子育て………………………………111
　　——の仲間　…………………108
こども110番の家…………………114
コミュニティ・オーガニゼーション……128
混住化………………………………166
　　——の社会学　………………169
混住化社会…………………………166
混住化地域住民の生活構造………181
混住化問題…………………………166
婚入…………………………………152
　　女性の——　…………………156
　　男性の——　…………………154
婚入圏………………………………157
コンビニ……………………………211

　　　　　　　さ　行

在来都市……………………………… 10
サザエさん…………………………… 30
三ちゃん農業………………………… 61
サンドイッチ世代…………………… 63
自給率………………………………… 47
市場化………………………………… 8
しぜん………………………………197
自然増加率…………………………… 94
市町村合併…………………………135
しつけ………………………………107
児童数の減少………………………147
自分で選ぶ人生……………………101

地元学………………………………224
社会的な「おや」…………………112
社会の子育て支援…………………116
住生活………………………………… 47
集落維持の共同作業………………132
集落点検……………………………129
集落において支え合うこと………132
集落の規約…………………………175
集落の自治機能……………………131
集落の自治組織……………………176
集落の葬儀…………………………… 53
集落分化型過疎……………………146
受益圏………………………………225
樹園地………………………………199
受苦圏………………………………225
出生率の低下………………………… 93
出生行動……………………………… 65
生涯現役社会づくり………………118
小家族化……………………………… 37
少産少死……………………………… 90
少子化…………………………… 90, 147
　　——の問題　…………………103
　　——の理由　…………………102
　　——を進めた背景　…………… 99
「少子・高齢者人口中心」社会　………144
小市…………………………………… 5
消費者………………………………203
　　——の四類型　………………206
職住分離……………………………169
食生活………………………………… 47
食と農………………………………191
食糧…………………………………187
食糧自給率…………………………191
食料・農業・農村基本法…………… 76
女性人口……………………………157
女性認定農業者……………………… 77
女性の農業経営における地位……… 59
人口吸収力…………………………… 3
人口供給構造の土着的性格………157
人口供給の基本的構造……………157

人口減少	2
──社会	5
人工自然	197
人口自然減	6
新興都市	10
人口Uターンの最頻値的なパターン	161
新住民	176
親族	22
生活共同体の機能	167
生活構造	178
生活指標	6
生活の構造的側面	181
生活の個人化	179
生活の主体的側面	179
生業	193
生産機能	167
勢力圏	3
世帯	27
世帯調査	27
世帯と家族の違い	28
戦前の日本家族	45
相続制度	51
外からの混住化	168
村落維持	134

た 行

第一次ベビーブーム	30
多産多死	90
頼母子講	131
ダム建設計画	226
男女雇用機会均等法	72
男女共同参画基本法	76
男性人口	157
単独世帯	41
単独世帯率	41
田んぼと畑の違い	199
地域開発	216
──による生活破壊	217
──の歴史	216

地域ぐるみの子育て	115
地域自治活動	169
地域集団の弱体化	129
地域組織化	128
地域的共同性	181
地域福祉	129
畜産農業	198
地方	1
──からの社会学	1
──の家族	45
地方小都市	5
地方中枢都市	4
地方中都市	4
地方別の人口増加率	93
中枢性	2
町内会・自治会	170
直売所	232
直系制家族	35
定住経歴	152
女性のもっとも主流な──	152
男性のもっとも主な──	153
土着的──	150
流動的──	150
定住経歴調査	148
哲学百姓	194
転出年齢	158
都市	15
都市化	164
都市家族	15
都市高齢者	133
都市的生活様式	30
土地の利用管理	170
どうしようもない消費者	207
土着（社会）	162
土着住民	177
土着層	150
都道府県別人口増加率	2
隣組	175
苫田ダム問題	227

な 行

- 内発的発展……………………231
- 新潟水俣病……………………221
- 日本社会の高齢化……………123
- 年齢集団………………………134
- 農学・農政……………………196
- 農家……………………58, 175, 194
  - ——の暮らし………………194
- 農家女性…………………………61
  - ——の家族経歴………………68
  - ——の就業経歴………………68
- 農家数…………………………189
- 農家男性…………………………61
- 農家率…………………………166
- 農業就業者数…………………190
- 農業就業人口……………………59
  - ——に占める女性の割合……61
- 農業集落………………………167
  - ——数………………………166
- 農業所得………………………194
- 農業生産組織…………………176
- 農業の産業化・近代化………193
- 農業の担い手……………………59
- 農業の非経済的側面…………133
- 農業白書………………………166
- 農耕……………………………187
- 農耕社会をベースとした共同体的社会
  ……………………………188
- 農村………………………………15
- 農村家族…………………………15
- 農村家族研究……………………17
- 農村高齢者……………………133
  - ——の社会的役割…………133
- 農村女性…………………………19
  - ——の起業……………………80
  - ——の地位向上………………20
- 農村の高齢化…………………121
  - ——問題……………………119
- 農地相続…………………………51
- 農地面積………………………189
- 農林業の三大機能……………191

は 行

- 倍加年数………………………123
- 被害構造論……………………221
- 夫婦家族制度……………………29
- 夫婦関係…………………………23
- 夫婦制家族………………………34
- 婦人会……………………………73
- 普通畑…………………………199
- フードマイレージ………………47
- フリーライダー的システム…208
- 分裂型消費者…………………206
- 平均寿命…………………………91
- 平均世帯人数……………………38
- 別居子…………………………133
  - ——によるサポートネットワーク
    ……………………………133
- 牧草地…………………………199
- 本源的消費者…………………202

ま 行

- 「マキ」(「巻き」)………………53
- 孫育て…………………………110
- 町…………………………………5
- 水俣病…………………………219
- 無子化…………………………148
- 無人市…………………………232
- 「ムラ」と「マチ」………………9
- もやいなおし…………………223

や 行

- 有機農業………………………232
- Uターン………………………151
  - ——の経路分析……………157
- 輸入食料………………………191
- 四日市ぜんそく………………219
- 四大公害病……………………219

ら 行

ライフコース……………………………… 64
流動（社会）………………………………162
流動層………………………………………150
林業…………………………………………198

老年学………………………………………121
ローカリズム……………………………… 8
ローカル……………………………………180
　　──な地域社会 ………………………182

編者紹介

堤　マサエ
滋賀県生まれ
山梨県立大学　教授
著書・論文「農村直系制家族の役割構造の持続と変容」『家族社会学の展開』（森岡清美監修，共編著）培風館，1993 年
"Succession of Stem Families in Rural Japan; Case in Yamanashi Prefecture" *International Journal of Japanese Sociology,* Blackwell Published, 2001.
『母子の心理・社会学』第 5 巻（共著）日本看護協会出版会　2002 年，2005 年
『日本農村家族の持続と変動』学文社，2009 年

徳野貞雄
1949 年　大阪府生まれ
熊本大学・文学部　教授
著書・論文『ムラの解体新書』全国林業普及協会　1997 年
『有機農業運動の展開と地域形成』農文協（共著）1998 年
『農村の幸せ，都市の幸せ』NHK 出版　2007 年
『グリーン・ツーリズムの新展開』農文協（共著）2008 年

山本　努
1956 年　山口県生まれ
県立広島大学・経営情報学部　教授
著書・論文『現代過疎問題の研究』恒星社厚生閣　1996 年
『現代農山村の社会分析』学文社（共著）　1998 年
『欲望社会』学文社（共編）　2003 年
『現代の社会学的解説』学文社（共著）　2006 年

地方からの社会学──農と古里の再生をもとめて──

2008 年 8 月 5 日　第一版第一刷発行
2014 年 2 月 20 日　第一版第三刷発行

編著者　堤　　マサエ
　　　　徳　野　貞　雄
　　　　山　本　　努

発行者　田　中　千津子

発行所　〒153-0064　東京都目黒区下目黒3-6-1
　　　　☎ 03(3715)1501　FAX 03(3715)2012
　　　　振替　00130-9-98842
　　　　株式会社　学文社

検印省略
ISBN 978-4-7620-1779-7

© 2008 TSUTSUMI Masae, TOKUNO Sadao and YAMAMOTO Tsutomu Printed in Japan
印刷／㈱ 亨有堂印刷所